DÍA A DÍA

De lo personal a lo profesional

Curso intermedio breve

Holly J. Nibert
The Ohio State University, Columbus

Annie R. Abbott
University of Illinois, Urbana–Champaign

PEARSON

Boston   Columbus   Indianapolis   New York   San Francisco   Upper Saddle River
Amsterdam   Cape Town   Dubai   London   Madrid   Milan   Munich   Paris   Montréal   Toronto
Delhi   Mexico City   São Paulo   Sydney   Hong Kong   Seoul   Singapore   Taipei   Tokyo

Senior Acquisitions Editor: Tiziana Aime
Sponsoring Editor: Maria Garcia
Senior Digital Product Manager: Samantha Alducin
Senior Development Editor: Scott Gravina
Director of Program Management: Lisa Iarkowski
Team Lead Program Management: Amber Mackey
Program Manager: Annemarie Franklin
Team Lead Project Management: Melissa Feimer
Media Editor: Regina Rivera
Project Manager: Lynne Breitfeller

Project Manager: Melissa Sacco, Lumina Datamatics, Inc.
Front Cover Design: Lumina Datamatics, Inc.
Cover Image: Maxim Tupikov / Shutterstock
Senior Art Director: Kathryn Foot
Operations Manager: Mary Fischer
Operations Specialist: Roy Pickering
Editorial Assistant: Nathalie Murray
Editor in Chief: Bob Hemmer
Marketing Director: Steve Debow
World Languages Consultants: Yesha Brill, Mellissa Yokell

This book was set in 10/12 Minion Pro.

Credits and acknowledgments borrowed from other sources and reproduced, with permission, in this textbook appear on appropriate page within text (or on pages A-20 to A-21).

Library of Congress Cataloging-in-Publication Data
Nibert, Holly J.
  Día a día / Holly J. Nibert, Annie R. Abbott.
    pages cm
  Includes index.
  ISBN 978-0-205-72202-0 (Student Edition)—ISBN 0-205-72202-4 (Student Edition)
1. Spanish language—Textbooks for foreign speakers—English. 2. Spanish language—Grammar. I. Abbott, Annie R. II. Title.
  PC4112.N523 2012
  468.2'421—dc23

                                                                                    2014014606

6

PEARSON

Student Edition ISBN-10: 0-205-72202-4
Student Edition ISBN-13: 978-0-205-72202-0

Annotated Instructor's Edition ISBN-10: 0-205-81719-X
Annotated Instructor's Edition ISBN-10: 978-0-205-81719-1

BRIEF CONTENTS

CAPÍTULO

PARTE 2
EL ÁMBITO PROFESIONAL

PARTE 3
ACTIVIDADES CULMINANTES

Thank you for turning to *Día a día*! We know that the fourth-semester Spanish course can be especially challenging for students, instructors, and departments alike. It typically concludes a two-year period of basic language instruction; thus, it must meet learners at their current level of second language proficiency and prepare them for the next level of specialized courses, armed with more sophisticated vocabulary, increased grammatical accuracy, sentence- to paragraph-level discourse, and a deeper understanding of Spanish-speaking cultures. This course also needs to sustain or increase students' motivation and interest in continuing their second language studies and their departmental enrollment as majors or minors. *Día a día* faces these challenges head-on. It facilitates a fresh approach to fourth-semester Spanish by engaging learners in purpose-driven activities regarding both their personal lives and professional ambitions. Students will envision how Spanish can become part of their own *día a día* today and tomorrow!

Key features

- **A practical, dual focus on both the personal and professional realms of life in each chapter.** This feature demonstrates to learners the relevance and importance of second-language studies, helps them envision future career possibilities, and motivates them to continue their studies of Spanish beyond the second-year level. The professional realm centers on professions in the U.S. where Spanish is commonly used and deemed an asset in the workplace (e.g., tourism, health care, business, social services, and education). Furthermore, it includes professions that go beyond the usual fare of the languages for specific purposes curricula (including media, arts and entertainment, humanitarian aid, and politics).

- **Use of key communicative functions as a point of departure for chapter themes and content.** Such functions form the basis of real-life human interaction and help ensure chapter relevance and cohesion. Learners communicate to inform and be informed, express themselves, form connections with others, influence others, imagine and create, and analyze and evaluate.

- **Chapter themes that are fresh and multi-faceted.** The chosen themes are uncommon for textbooks but are current and interesting for our targeted group of learners —university students. Their multi-faceted nature allows for rich content and diverse perspectives.

- **Activities that are purpose-driven, culture-infused, and process-oriented.** Beyond simply requiring language practice, our activities aim to engage learners in stimulating, viable tasks that inform them about the world and themselves. Most activities are infused with cultural content, practices, or perspectives —in other words, culture is not treated simply as an isolated component relegated to a particular section of each chapter. Furthermore, most activities are tiered through *Pasos* that build on one another and lead to a purposeful outcome.

A GUIDE TO *DÍA A DÍA* ICONS

eText Activities

This icon indicates that a version of the activity is available in MySpanishLab. eText activities are automatically graded and provide detailed feedback on incorrect answers.

Grammar Tutorial

This icon, located in the grammar sections, reminds students that interactive grammar explanations with audio are available for review in MySpanishlab.

Group Activity

This icon indicates that the activity is designed to be done by students working in small groups.

Pair Activity

This icon indicates that the activity is designed to be done by students working in pairs.

Student Activities Manual

This icon indicates that there are practice activities available in the *Día a día* Student Activities Manual. The activities may be found either in the printed version of the manual or in the interactive version available through MySpanishLab.

Text Audio Program

This icon indicates that recorded material to accompany *Día a día* is available online. In addition, audio for all in-class listening activities and Podcast sections is available on CD.

Video

This icon indicates that a video segment is available for the cultural video that accompanies *Día a día*. The video is available on DVD and in MySpanishLab.

Web Activity

This icon indicates that the activity involves use of the Internet.

- **Activity structure that lends itself well to hybrid or fully online courses.** Learners complete structured input and output grammar activities online and engage in communicative follow-up activities during class or in online forums. For hybrid courses, this feature helps learners view online and classroom environments as interconnected. For fully online courses, an abundance of pair and group activities fosters community and collaboration among students.

- **A strategy-driven approach to skills acquisition.** In addition to adopting a process approach to the development of the four skills (i.e., reading, writing, listening, and speaking) that includes activities at the "pre-", "during", and "post-" stages, each chapter incorporates skills-acquisition strategies —tips and explicit guidelines that learners immediately put into practice to guide and enhance their skills acquisition. Consequently, learners are supported in their progressive language development, and the assumption that linguistic skills are developed easily or without explicit support is thus precluded.

- **A new, strategy-driven, three-step approach to developing transcultural competence.** This process approach involves: 1) recognizing one's own culture, 2) recognizing and validating the practices, perspectives, and products (the 3 P's) of the target culture(s), and 3) implementing strategies to negotiate cultural differences and operate between languages (the learner's L1 and L2). This approach represents a practical response to the 2007 MLA report calling for foreign language education in the U.S. to foment learners' translingual and transcultural competence.

- **A series of culminating activities that end each chapter and utilize the information and linguistic knowledge and skills presented and accumulated over the course of the chapter.** The culminating activities involve critical thinking and learner-driven initiatives: learners engage in Internet- and community-based activities that take them beyond the content of the textbook and the classroom. These activities recycle the lexical, grammatical, and cultural content presented and practiced earlier in both the personal and professional parts of each chapter.

- **A true process-approach to writing.** The section *La expresión escrita* includes a brief writing activity, followed by a longer related writing assignment. The longer assignment begins with a template for creating an outline as a first step in the writing process. This template suggests elements to incorporate into the writing piece and explains their overall purpose for the piece.

- **Explicit practice with the two modes of speaking: interpersonal and presentational.** In keeping with ACTFL's Standards for *Communication* (the first of the Five C's), the section *La expresión oral* includes *Intercambios*, where learners carry out interpersonal role-plays according to an assigned identity, followed by an assignment to prepare and give a brief formal presentation on a topic related to the chapter theme.

- **A dedicated section on service learning.** In keeping with ACTFL's Standards for *Communities* (the fifth of the Five C's), each chapter includes a service learning project. We include virtual volunteering projects for those without easy access to local Spanish-speaking communities. Following best practices for service learning, each project ends with structured reflection using the model of "What?, So what?, Now what?"

Program overview

Día a día consists of six chapters based on major communicative functions and related themes. All chapters have the same organizational structure, starting with an opening reading titled *Explorando el tema* that introduces the chapter theme, followed by three major sections: *El ámbito personal*, *El ámbito profesional*, and *Actividades culminantes*. The first two sections are mainly parallel in structure. They include vocabulary, grammar, a reading (literary or other genre), a section on cultural competence, and listening (a cultural video or podcast), as follows:

- *Vocabulario.* In the personal section of each chapter, students learn and use vocabulary in activities that relate the chapter theme to their personal lives. In the professional section, students learn vocabulary and engage in activities about professional skills and specific career paths tied to the chapter theme. In both sections, *Ponerse de acuerdo* activities encourage students to discuss their opinions and reach a consensus, while *Hablemos claro* activities foster free-form discussions.

- *Gramática.* The integrated grammar sections in Chapters 1-3 offer a comprehensive review of structures known to require extensive input and focus for their eventual acquisition by learners —*ser* and *estar*, *gustar*, object pronouns, the preterit and the imperfect, and others. Chapters 4-6 treat the subjunctive, commands, and the perfect tenses iteratively, by recycling these challenging concepts and forms across three chapters. Activities progress from recognition (structured input) to production (from guided to more open-ended output) and encourage expression within both the written and oral modes. The activities' topics continue in the realms of the personal and the professional, offering further opportunities for personalization and an increased awareness of opportunities to use Spanish in the workplace.

- *Lectura de género variado* (in *El ámbito personal* only). From magazine articles to interviews, a variety of genres are provided to expand learners' exposure to various forms of writing in Spanish. Furthermore, these readings feature real Latinos from various backgrounds and in wide-ranging careers (e.g., science, non-profit work, mental health, creative writing, and more). The activities foster students' reading skills and expand on their cultural knowledge.

- *Lectura literaria* (in *El ámbito profesional* only). Literary selections capture both the historical importance of Hispanic literature and the vibrancy of the contemporary literary scene. Before reading each text, students learn about the author and complete activities to prepare them for the text. Comprehension questions guide the learners' first reading, while subsequent activities ask learners to analyze literary elements. Closing activities connect the text's central themes to the learners' personal lives.

- *Competencia cultural.* In keeping with the 2007 MLA report, these sections foment learners' translingual and transcultural competence and their ability to "operate between languages". These sections go beyond the presentation of physical objects, historical figures, and facts about the target culture. Instead, the activities require students to recognize their own cultural filter, acknowledge alternative perspectives, and then harness that new understanding for real communication and interactions in the target language.

- *Video cultural* (in *El ámbito personal* only). An informal cultural documentary filmed in six episodes —one per chapter— reflects chapter themes and includes unscripted, authentic dialog of real people from various Spanish-speaking countries. The video content is linked to other chapter components to highlight linguistic variations in vocabulary and grammar.

- *Podcast* (in *El ámbito profesional* only). Each podcast contextualizes a global topic (e.g., urban renewal, consumerism, etc.) within a particular cultural context (e.g., historic Mexico City, modern-day culture in Madrid, etc.). Various listening strategies and activities help students better understand authentic native speech and introduce them to the rich world of audio resources available online in Spanish.

Actividades culminantes, the third major section of *Día a día*, recycles lexical, grammatical, and cultural content and entails critical thinking, learner-driven initiatives, and the production of extended text and discourse by learners:

- *La investigación por Internet* invites students to make connections between the course content and additional information gathered from websites in Spanish. *La expresión escrita* guides learners in a brief writing task, followed by a longer task grounded in the communicative goal for the chapter. The writing tasks then function as a springboard for *La expresión oral*, where learners first carry out interpersonal role-plays in the section *Intercambios* and then work on their presentational skills through a formal presentation assignment. Finally, *El servicio comunitario* takes learning beyond the classroom by connecting students to Spanish speakers in their local community or through online communities. Service learning creates mutually beneficial relationships and enriches the students' learning by asking them to use the target language while helping to address a community-identified need. Through guided reflection, students expand their knowledge of Spanish, the community, and themselves.

Program components

For Students

Student text (ISBN 10: 0-205-72202-4)
In addition to traditional printed texts, *Día a día* is available in the following formats to offer students more choices and more ways to save.

À la carte Student Text (ISBN 10: 0-205-80808-5) offers the same content in a loose leaf, 3-hole punched version at a discounted price. Students bring to class only what they need!

CourseSmart eTextbook (ISBN 10: 0-13-379094-0) offers the same content as the paperback text in a convenient online format with highlighting, online search, and printing capabilities. Visit www.coursesmart.com.

MySpanishLab® with eText (One-Semester ISBN 10: 0-205-95526-6)
MySpanishLab is an online homework, tutorial, and assessment product designed to improve results by helping students quickly master concepts, and by providing educators with a robust set of tools for easily gauging and addressing the performance of individuals and classrooms. MyLanguageLabs has helped almost one million students successfully learn a language by providing them everything they need: full eText, online activities, instant feedback, and an engaging collection of language-specific learning tools, all in one online

program. For more information, including case studies that illustrate how MyLanguageLabs improves results, visit www.mylanguagelabs.com.

Audio CD for Student Text (ISBN 10: 0-205-72212-1)

The Audio CD for the Student Text contains recordings for the in-text listening activities and podcasts, identified by an audio icon within the chapters.

Video on DVD (ISBN 10: 0-205-72211-3)

The Video DVD for the Student Text contains the cultural video for the in-text viewing activities, identified by a video icon within the chapters.

Student Activities Manual (ISBN 10: 0-205-81703-3)

The Student Activities Manual consists of workbook and listening comprehension activities directly tied to material in the textbook. The organization of this student resource parallels that of the main text, facilitating the assignment of homework corresponding to specific sections of the text.

Audio CDs for Student Activities Manual (ISBN 10: 0-205-72213-X)

The Audio CDs for the Student Activities Manual contain the audio recordings that accompany the listening comprehension activities in the manual.

Answer Key for Student Activities Manual (ISBN 10: 0-205-72214-8)

A separate Answer Key for the Student Activities Manual is available for instructors who want to have students check their own work.

For Instructors

Annotated Instructor's Edition (ISBN 10: 0-205-81719-X)

Marginal notations in the Annotated Instructor's Edition (AIE) include expanded cultural information, responses to activities, suggestions for implementing activities in the classroom, and other teaching tips. Additional notations include audioscripts for listening activities in the textbook.

Instructor's Resource Manual (Download Only)

The Instructor's Resource Manual (IRM) contains an introduction to the text, providing information for instructors on how to teach with *Día a día*. A complete integrated Syllabus and corresponding complete Lesson Plan are also included.

Testing Program (Download Only)

A highly flexible testing program allows instructors to customize tests by selecting the modules they wish to use or by changing individual items in the pre-built chapter exams, midterms, and finals. The assessment goal, content area, and response type are identified for each module. The full testing program is available within MySpanishLab. MySpanishLab also includes a user-friendly test-generating program known as MyTest that allows instructors to select, arrange, and customize testing modules to meet the needs of their courses. Once created, tests can be administered online.

Audio for Testing Program (ISBN 10: 0-205-72209-1)

Recordings are available to accompany the listening modules in the Testing Program. The audio is also available within MySpanishLab.

Companion Website http://www.pearsonhighered.com/diaadia

The *Día a día* Website contains the in-text audio and the Student Activities Manual audio at no additional cost.

Acknowledgments

Día a día is the result of much hard work and careful planning between ourselves and Pearson, with the helpful input of various reviewers along the way. We gratefully acknowledge and thank the following reviewers:

Joan P. Barrett
Baylor University

Dinora Cardoso
Westmont College

Magdalena Coll
Edgewood College

Barbara Domcekova
Birmingham-Southern College

Conxita Domenech
University of Colorado at Denver

Carolyn Dunlap
University of Texas at Austin

José Luis Escorcia
Baylor University

Florencia G. Henshaw
University of Illinois at Urbana-Champaign

Casilde A. Isabelli
University of Nevada, Reno

Manel Lacorte
University of Maryland

Christopher A. LaFond
Boston College

Kathleen Leonard
University of Nevada, Reno

Frederic Leveziel
Augusta State University

Elisa Lucchi-Riester
Butler University

Laura Marqués-Pascual
University of California, Santa Barbara

Karen Martin
Union University

Iván D. Martínez
Ball State University

Mbare Ngom
Morgan State University

Nancy Noguera
Drew University

Marilyn Palatinos
Pellissippi State University

Nicole D. Price
Northern Arizona University

Renée M. Silverman
Florida International University

Francisco Solares-Larrave
Northern Illinois University

Mary Claire Storey
Loyola College in Maryland

Hilde M. Votaw
University of Oklahoma

Catherine Wood Lange
Boston College

We are indebted to our friends and colleagues at Pearson Education, especially María F. García, Sponsoring Editor, and Tiziana Aime, Senior Acquisitions Editor, for their dedication, insight, and thoughtful advice throughout the editorial process, and to Bob Hemmer, Editor in Chief, for his encouragement on this project. We would also like to thank the many people at Pearson Education who contributed their ideas, efforts, and publishing experience to *Día a día*. We are grateful to Lynne Breitfeller, Project Manager, and Annemarie Franklin, Program Manager, for their attention to art and literary permissions; Samantha Alducin, Senior Digital Product Manager, and Regina Rivera, Media Editor, for their diligent work on the audio and video programs, respectively; and Nathalie Murray, Editorial Assistant, for her hard work and efficiency obtaining reviews and attending to many administrative details. Furthermore, we would like to sincerely thank Steve Debow, Marketing Director, and World Language Consultants Yesha Brill and Mellissa Yokell, for their creativity and efforts in coordinating marketing and promotion for this new title and Phil Miller and Donna Binkowski for their support and belief in this project from its inception.

We would also like to thank Melissa Sacco, Senior Project Manager, and Harriet Dishman, Development Editor. The work of Lumina Datamatics' copy editor and proofreaders has been indispensable, and we thank them for their careful and professional work.

Finally, we want to express our love and deep appreciation to our families for their support and patience: Pete, Valayda, Roger and Britt, Dave, Nancy, Wesley and Megan, Leisa and David, and Tammy; and Beniamino, Giulia, Marco, and Francesco, Ruth, Leticia, Tifani, Darcy, and Patrick.

Holly J. Nibert
Annie R. Abbott

Espacios dinámicos

📖 Explorando el tema

Pregunta: ¿Cómo te sientes en tu casa? Considera estos tres aspectos.

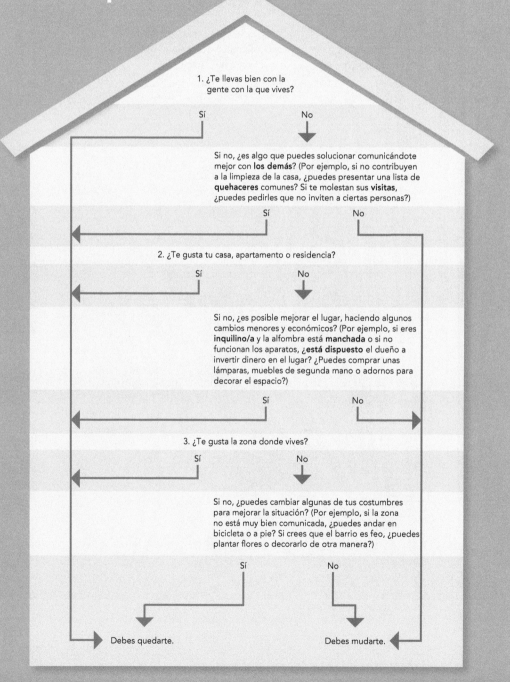

1. ¿Te llevas bien con la gente con la que vives?

Sí   No

Si no, ¿es algo que puedes solucionar comunicándote mejor con **los demás**? (Por ejemplo, si no contribuyen a la limpieza de la casa, ¿puedes presentar una lista de **quehaceres** comunes? Si te molestan sus **visitas**, ¿puedes pedirles que no inviten a ciertas personas?)

Sí   No

2. ¿Te gusta tu casa, apartamento o residencia?

Sí   No

Si no, ¿es posible mejorar el lugar, haciendo algunos cambios menores y económicos? (Por ejemplo, si eres **inquilino/a** y la alfombra está **manchada** o si no funcionan los aparatos, ¿**está dispuesto** el dueño a invertir dinero en el lugar? ¿Puedes comprar unas lámparas, muebles de segunda mano o adornos para decorar el espacio?)

Sí   No

3. ¿Te gusta la zona donde vives?

Sí   No

Si no, ¿puedes cambiar algunas de tus costumbres para mejorar la situación? (Por ejemplo, si la zona no está muy bien comunicada, ¿puedes andar en bicicleta o a pie? Si crees que el barrio es feo, ¿puedes plantar flores o decorarlo de otra manera?)

Sí   No

Debes quedarte.   Debes mudarte.

ESTRATEGIA AL LEER

Usar el contexto para aclarar el significado. Cuando no conoces alguna palabra, el contexto te puede ayudar a comprenderla. El contexto incluye el tema general y las otras palabras en la oración y/o en el párrafo. Pregúntate: Según la posición de la palabra en la oración, ¿parece un nombre (*noun*), un verbo o un adjetivo?

1-1 Práctica con el contexto. Estas palabras están en negrita (*in boldface*) en la lectura. Empareja las palabras con las descripciones.

1. _____ los demás
2. _____ quehaceres
3. _____ visitas
4. _____ inquilino/a
5. _____ manchado/a
6. _____ estar dispuesto/a

a. persona que le paga al propietario del espacio donde vive
b. deberes, actividades que hay que hacer
c. estar de acuerdo y listo/a para actuar
d. sucio/a, marcado/a
e. otras personas
f. personas que vienen a verte a tu lugar de residencia

1-2 Cómo adaptar tu casa o adaptarte tú a ella. Sentirte bien en tu propia casa es muy importante.

PASO 1 Contesta las siguientes preguntas.

1. ¿Cuál fue el resultado de tus respuestas en la lectura previa? [Debes quedarte. / Debes mudarte.]
2. ¿Estás de acuerdo con esa conclusión? Explica tu respuesta.
3. ¿Cuál fue el resultado de las respuestas de la mayoría de los estudiantes de la clase?

PASO 2 Haz una lista de las cosas positivas y otra de las cosas negativas del lugar donde vives. Incluye por lo menos dos aspectos en cada lista.

- Lo positivo: _____   _____
- Lo negativo: _____   _____

PASO 3 Comparen sus listas del **Paso 2**. ¿Qué semejanzas y/o diferencias encuentran? ¿Es posible cambiar las cosas negativas? Si no, ¿pueden ustedes adaptarse a ellas? ¿Cómo? Compartan sus ideas.

📖 Vocabulario

Sobre los espacios / About spaces

el alojamiento	*lodging, accommodations*
el cerro	*hill*
el (des)orden	*(dis)order*
el paisaje	*landscape*
el Patrimonio de la Humanidad	*World Heritage Site*[1]

Otros sustantivos / Other nouns

la calidad	*quality, grade*
el choque cultural	*culture shock*

Verbos / Verbs

alojar(se)	*to lodge, house, stay*
atraer / distraer[2]	*to attract / distract*
convalidar	*to validate*
destacarse	*to stand out*
durar	*to last, go on for*
echar de menos, extrañar	*to miss*
mudarse	*to move, change residences*
quedarse	*to stay*
relajarse	*to relax*

Adjetivos / Adjectives

acogedor/a	*cozy, welcoming*
amplio/a	*spacious, roomy*
apto/a	*suitable*
cosmopolita	*cosmopolitan*
(des)ordenado/a	*(dis)orderly, (un)tidy, messy*
indígena	*indigenous*
tranquilo/a	*tranquil, calm, quiet*
ubicado/a	*located*

Para refrescar la memoria

aprovechar	*to take advantage of*
ayudar	*to help*
cómodo/a	*comfortable*
extranjero/a	*foreign*
el/la extranjero/a	*foreigner*
en el extranjero	*abroad*
la naturaleza	*nature*
el turismo	*tourism*
el/la turista	*tourist*
viajar	*to travel*
el viaje	*trip*

---

[1] A World Heritage Site is a place (such as a forest, mountain, monument, building, or city) identified by UNESCO (the United Nations Educational, Scientific and Cultural Organization) as having special cultural or physical significance.

[2] In all vocabulary lists in this textbook, a slash between two expressions is used to present antonyms, while a comma is used to present synonyms.

En contexto

¿Estudiar en un café te ayuda o te distrae?

1-3 **¿Dónde se estudia mejor?** Los espacios influyen (*influence*) mucho en nuestra concentración y productividad.

PASO 1 Preparen una guía de los mejores sitios donde estudiar en la universidad. Incluyan dos sitios para cada categoría. Al final, comparen las listas de todos los grupos para ver si están de acuerdo o no.

Los dos sitios…

1. más cómodos: _____ y _____.
2. más tranquilos: _____ y _____.
3. más aptos para estudiar en grupo: _____ y _____.
4. más en contacto con la naturaleza: _____ y _____.
5. abiertos toda la noche: _____ y _____.

PASO 2 ¿Cuáles son los mejores espacios en la universidad para las siguientes actividades? ¿Qué elementos de estos espacios se destacan? ¿Están de acuerdo todos los miembros del grupo?

bailar	escuchar música en vivo	relajarse	tomar una cerveza
comer una pizza	hacer ejercicio	tomar un café	(…)

1-4 **¿En qué orden?** Estudiar en el extranjero es parte de un proceso que empieza mucho antes de llegar al país y que termina mucho después de volver.

 PASO 1 Pon estos eventos en orden cronológico, desde el primer paso (1) hasta el último (6).

_____ Tomar la decisión de estudiar en el extranjero por un período de tiempo.

_____ Pasar por momentos en los que sientes el choque cultural y echas de menos a tu familia, tus amigos y tu cultura.

_____ Consultar con amigos, profesores y familia mientras consideras la idea de estudiar en el extranjero.

_____ Pasar por momentos en los que sientes el choque cultural al volver a tu país de origen.

_____ Adaptarte al nuevo país, a su idioma y a su cultura.

_____ Conseguir un pasaporte y, si es necesario, un visado (*visa*).

PASO 2 ¿Qué proceso hay que seguir en su universidad para poder estudiar en el extranjero? Trabajen en parejas para contestar las preguntas y presentar los resultados.

1. ¿Hay un centro dedicado a los estudios en el extranjero? ¿Sí o no? Si existe, cuál es la dirección de su página web y cómo se pone uno en contacto con un consejero (*advisor*)?
2. ¿Qué recursos (*resources*) les ofrece el programa de español a los estudiantes que quieren estudiar en un país hispanohablante? ¿Hay programas específicos?
3. ¿Hay un centro para estudiantes internacionales en su universidad? ¿Tienen programas para conocer a estudiantes de otros países que estudian en su universidad? ¿Cuáles son algunas de las ventajas (*advantages*) de conocer a estudiantes internacionales en su universidad?

1-5 **Ponerse de acuerdo.**

PASO 1 Lee sobre los programas de estudio en el extranjero. ¿Cuál te interesa más y por qué?

Barcelona, España

1. El programa dura un año académico en una ciudad mediterránea y cosmopolita con más de un millón y medio de habitantes, ubicada a unos 130 kilómetros al sur de Francia. Se hablan dos idiomas: el castellano y el catalán. Este programa es de tu universidad, así que recibirás los créditos automáticamente. El director del programa estará presente durante todo el año, pero tendrás que buscar tu propio alojamiento. Se puede hacer algún servicio práctico para recibir crédito académico, pero tendrás que buscar tú la oportunidad.

Valparaíso, Chile

2. El programa dura un semestre en una ciudad con más de 260.000 habitantes, ubicada en la costa pacífica de Chile. La ciudad fue declarada Patrimonio de la Humanidad por la UNESCO en el 2003 por su arquitectura urbana y sus antiguos funiculares (o "ascensores", como los llaman en Valparaíso), algunos de los cuales todavía transportan a los residentes por los 42 cerros que componen la ciudad. El programa lo ofrece otra universidad, pero no es difícil convalidar los créditos, si presentas todos los materiales de estudios al regresar a tu universidad. Los estudiantes se alojan de dos en dos con familias locales.

Querétaro, México

3. Este programa de verano dura cuatro semanas en una ciudad colonial con más de un millón de habitantes, ubicada en el centro de México, a unos 221 kilómetros al noroeste de la Ciudad de México. Su centro histórico fue declarado Patrimonio de la Humanidad por la UNESCO en 1996. El programa es de tu universidad, pero te matricularás en las clases de la Universidad Autónoma de Querétaro (UAQ) que luego podrás convalidar en la tuya. El director del programa permanece presente por una semana al principio. Los estudiantes se alojan de uno en uno con familias locales.

PASO 2 Primero, pónganse de acuerdo sobre cuál de los tres programas es el que más les interesa. Después indiquen las características que prefieren y compartan sus conclusiones con el resto de la clase.

Preferimos los programas…

☐ en Europa.
☐ en Latinoamérica.
☐ en la costa.

☐ que duran mucho tiempo.
☐ que les ofrecen mucho apoyo a los estudiantes.
☐ que ofrecen oportunidades para participar en la comunidad.
☐ ¿otra característica?

1-6 Hablemos claro.

PASO 1 Entrevístense y apunten en una hoja las respuestas de su compañero/a.

1. ¿Qué adjetivos describen el lugar donde vives? Descríbelo, usando cuatro de los cinco sentidos: el tacto, el oído, el olfato y la vista. ¿Cómo refleja tu personalidad el lugar donde vives? ¿Hay un rincón u otro espacio con un significado especial para ti?

2. En tu universidad, ¿qué espacios o edificios son simbólicos y por qué? Si hay monumentos en el campus, ¿qué significado tienen? ¿Qué ejemplos de arte público hay? ¿Qué efecto tienen en el ambiente o en el paisaje? ¿Qué aportan a la universidad los elementos de la naturaleza —las plantas, las flores, el agua, etc.?

3. En tu aula de la clase de español, ¿qué objetos te ayudan a aprender? ¿Qué objetos lo hacen más difícil? ¿Qué otros objetos —muebles, cuadros, aparatos electrónicos, etc.— se deben añadir o quitar? Si usas un espacio virtual para la clase, ¿qué elementos contribuyen a tu aprendizaje?

PASO 2 Escribe en una hoja algunas oraciones, comparando tus respuestas sobre los espacios con las respuestas de tu compañero/a. Después, comparte tus ideas con él/ella. ¿Está de acuerdo contigo tu pareja? Prepárate para compartir los resultados con la clase.

Gramática

I. La concordancia: el género y el número

In Spanish, words that accompany or modify a noun (such as articles and adjectives) reflect the same gender (masculine or feminine) and number (singular or plural) of that noun. This concept is referred to as *agreement* (**la concordancia**). Knowing the gender and number of a noun is an important part of learning Spanish grammar.

Est**e campus** (*m. sing.*) universitari**o** es precios**o**.	*This university **campus** is lovely.*
Utiliza vari**as plantas** (*f. pl.*) indígen**as**.	*It utilizes various indigenous **plants**.*

A. Formación y uso: nombres

¡AHORA TÚ!

Complete 1-1 in MySpanishLab to practice these concepts.

Gender. When a noun refers to a living entity, its gender typically coincides with *biological sex*. In Spanish, a feminine form either is the same as its masculine counterpart (clarified through modifiers like **la**), or it ends in **-a**. In some cases, however, completely different words mark the feminine sex.

Masculine		Feminine	
el herman**o**	*brother*	**la** herman**a**	*sister*
el gat**o**	*cat*	**la** gat**a**	*cat*
el jef**e**	*boss*	**la** jef**a**	*boss*
el profesor	*professor*	**la** profesor**a**	*professor*
el pilot**o**	*pilot*	**la** pilot**o**	*pilot*
el estudiant**e**	*student*	**la** estudiant**e**	*student*
el turista	*tourist*	**la** turista	*tourist*
el hombr**e**	*man*	**la** mujer	*woman*
el tor**o**	*bull*	**la** vaca	*cow*

■ Some nouns naming animals or human beings can be either masculine or feminine.

Masculine noun for masc. or fem. sex		Feminine noun for masc. or fem. sex	
el pez	*fish*	**la** rana	*frog*
el individu**o**	*individual*	**la** persona	*person*
el ángel	*angel*	**la** víctima	*victim*

■ The gender of nouns referring to non-living entities is purely *grammatical*. Particular word endings tend to pattern with one gender or the other: nouns ending in **-o** tend to be masculine, while nouns ending in **-a** tend to be feminine.

Masculine		Feminine	
el edifici**o**	*building*	**la** biblioteca	*library*
el cuart**o**	*(bed)room*	**la** cafetería	*cafeteria*
el diseñ**o**	*design*	**la** forma	*form*

■ However, words of Greek origin ending in **-ma** are masculine. Words resulting from abbreviations and other isolated cases may be either masculine or feminine.

Masculine		Feminine	
el dra**ma**	drama	**la** fot**o**(grafía)	photo(graph)
el dile**ma**	dilemma	**la** mot**o**(cicleta)	motorcycle
el día	day	**la** man**o**	hand

¡AHORA TÚ!

Complete 1-2 in MySpanishLab to practice these concepts.

■ Most nouns ending in **-e** or a *consonant* may be masculine or feminine, so their gender must be memorized or determined from context. Words with the suffixes **-(s/c)ión**, **-(t/d)ad, -tud, -ez(a)** are feminine.

Masculine		Feminine	
el coch**e**	car	**la** noch**e**	night
el sol	sun	**la** sal	salt
el análisis	analysis	**la** crisis	crisis
el rin**cón**	corner	**la** habita**ción**	(bed)room
el césped	lawn	**la** cali**dad**	quality

¡AHORA TÚ!

Complete 1-3 in MySpanishLab to practice these concepts.

■ Feminine nouns that begin with a *stressed* [a] sound take the masculine articles **el** and **un** in the singular, for reasons of pronunciation. Exceptions include the names for letters: **la a, la hache**.

Feminine nouns that begin with a *stressed* [a] sound	
el agua cristalina (*versus* **las a**guas cristalina**s**)	crystalline water(s)
un águila cal**v**a (*versus* **unas á**guila**s** cal**v**a**s**)	a/some bald eagle(s)
versus **la** ardi**ll**a ro**j**a (**las** ardi**ll**a**s** ro**j**a**s**)	red squirrel(s)

¡AHORA TÚ!

Complete 1-4 in MySpanishLab to practice these concepts.

Number. Singular nouns ending in a *vowel* add **-s** to form the plural, while those ending in a *consonant* add **-es**. Note that in plural forms, the final consonant **-z** becomes **-c**, and written accent marks may be affected.

Singular	Plural	
el edificio	**los** edificios	building(s)
el café	**los** cafés	café(s), coffee(s)
el rin**cón**	**los** rinc**ones**	corner(s)
el lápi**z**	**los** lápi**ces**	pencil(s)

■ Singular nouns already ending in **-s** that are stressed on the second- or third-to-last syllable do not add **-es**. Such nouns have identical singular and plural forms; the meaning is clarified through modifiers like a definite article.

¡AHORA TÚ!

Complete 1-5 in MySpanishLab to practice these concepts.

Singular	Plural	
el lunes	**los** lunes	Monday(s)
la crisis	**las** crisis	crisis/crises
el mi**é**rcoles	**los** mi**é**rcoles	Wednesday(s)
versus **el** mes	**los** m**e**ses	month(s)
versus **el** entrem**és**	**los** entrem**eses**	appetizer(s)

B. Formación y uso: adjetivos

Adjectives in Spanish vary in gender and number according to the nouns they modify. Their forms follow patterns similar to those of nouns. Typically for gender, masculine adjective forms end in **-o,** while their feminine counterparts end in **-a.** Some feminine forms add **-a** to a masculine counterpart ending in a consonant.

Singular	Plural	
el chic**o** alt**o**	**los** chic**os** alt**os**	*tall boy(s)*
la chic**a** alt**a**	**las** chic**as** alt**as**	*tall girl(s)*
el jefe trabajador	**los** jefe**s** trabajador**es**	*hardworking boss(es)*
la jef**a** trabajador**a**	**las** jef**as** trabajador**as**	*hardworking boss(es)*

¡AHORA TÚ!

Complete 1-6 in MySpanishLab to practice these concepts.

■ Most adjectives ending in **-e** or a *consonant* do not vary for gender, but they do for number. Some adjectives ending in **-a** or **-í** likewise do not vary for gender.

Singular	Plural	
el jefe impacient**e**	**los** jefe**s** impacient**es**	*impatient boss(es)*
la jef**a** impacient**e**	**las** jef**as** impacient**es**	*impatient boss(es)*
el chico difícil	**los** chico**s** difícil**es**	*difficult boy(s)*
la chic**a** difícil	**las** chic**as** difícil**es**	*difficult girl(s)*
el señor realist**a**	**los** señor**es** realist**as**	*realistic gentleman/men*
la señor**a** realist**a**	**las** señor**as** realist**as**	*realistic lady/ladies*

¡AHORA TÚ!

Complete 1-7 in MySpanishLab to practice these concepts.

■ Descriptive adjectives generally *follow* the nouns they modify. However, a few may *precede* them, with or without a meaning change, and a few of these have shortened forms before masculine singular nouns. The adjective **grande** shortens to **gran** before masculine and feminine singular nouns.

Masculine Singular		
un chico **bueno**	un **buen** chico	*a good boy*
un amigo **viejo**	un **viejo** amigo	*an elderly friend/an old friend*
un hombre **grande**	un **gran** hombre	*a big man/a great man*
una mujer **grande**	una **gran** mujer	*a big woman/a great woman*

En contexto

 1-7 **Los espacios que nos atraen.** ¿Qué tipos de espacios te atraen más para vivir?

 PASO 1 Completa cada oración con una frase de la columna a la derecha para formar oraciones lógicas.

A. Quiero…

1. vivir en una ciudad _____
2. comprar un condominio _____
3. caminar a eventos _____

    a. culturales locales.
    b. ubicado en el centro.
    c. mediana y segura.

B. Prefiero…

4. vivir en un pueblo _____
5. estar en una región _____
6. ver paisajes _____

    d. montañosa.
    e. pequeño y tranquilo.
    f. verdes y naturales.

C. Voy a…

7. vivir en una ciudad _____
8. aprovechar el transporte _____
9. frecuentar restaurantes _____

    g. grande y cosmopolita.
    h. étnicos interesantes.
    i. público barato.

 PASO 2 En parejas, entrevístense acerca de las ideas expresadas en el **Paso 1.**

1. ¿Te identificas con alguna de las afirmaciones? ¿Con cuál(es)? ¿Por qué?
2. ¿Cómo puedes cambiar los adjetivos o las oraciones para expresar tus gustos?

 PASO 3 ¿Qué tienen en común ustedes? ¿En qué se diferencian? Preparen un breve resumen para la clase.

1-8 **Nos mudamos.** La familia Núñez se acaba de mudar a otro estado.

PASO 1 Escucha las siguientes descripciones de la madre sobre varios aspectos de su nueva casa e indica el sustantivo al que se refiere cada descripción.

1. a. unos cuadros nuevos   b. unos sillones nuevos   c. unas camas nuevas
2. a. su apartamento   b. el edificio de su apartamento   c. su casa
3. a. un parque cercano (*nearby*)   b. un restaurante cercano   c. la biblioteca local
4. a. el pueblo   b. la ciudad   c. una playa cercana
5. a. unos lagos cercanos   b. los cerros cercanos   c. las montañas cercanas

CONCLUSIÓN: ¿Tiene la madre una actitud positiva o negativa sobre la nueva vida de su familia? ¿Cómo lo sabes?

PASO 2   En parejas, conversen sobre la experiencia de una mudanza. ¿Cómo se sienten al experimentar las siguientes situaciones? Pueden usar las palabras de la lista o dar otras respuestas: contento/a, emocionado/a, enojado/a, nervioso/a.

1. mudarse a una nueva casa
2. mudarse a un nuevo pueblo o ciudad
3. mudarse a otro estado
4. mudarse a otro país

1-9 **¿Es verdad o mentira?** ¿Quién es más capaz de averiguar (*find out*) la verdad: tus compañeros o tú?

PASO 1   Primero completa cada oración, según la pista (*clue*) dada entre paréntesis y los adjetivos de la lista. Presta atención a la concordancia de los adjetivos. Cada oración puede ser una situación verdadera o falsa.

amplio/a	frío/a	peligroso/a	seguro/a
difícil	histórico/a	pequeño/a	tropical
emocionante	interesante	rápido/a	viejo/a
exótico/a	lento/a	romántico/a	¿...?

1. Mi habitación es _____ (color) y _____.
2. Mi coche es _____ (color) y _____.
3. Prefiero viajar a lugares _____, _____ y _____.
4. Crecí en _____ (un lugar), un lugar _____ y _____.
5. Cuando era pequeño/a, visité _____ (un lugar), un lugar _____ y _____.

 PASO 2   Túrnense para leer sus oraciones en voz alta. Después de cada oración, hagan dos o tres preguntas para pedir más información. Apunten en una hoja si creen que lo que dice la oración es verdad o mentira. ¡La persona que adivine (*guesses*) más oraciones de acuerdo con la realidad, gana!

MODELO   E1: *Mi habitación es rosada y muy amplia.*
   E2: *¿Vives en un apartamento o una casa?...*

Gramática

II. *Ser* versus *estar*

 Spanish has two different verbs that express the meaning *to be*: **ser** and **estar.** Context defines which verb to use. In general, **ser** is used to express traits, and **estar** is used to express states.

Santiago **es** la capital de Chile. **Es** un centro urbano moderno y seguro.

*Santiago **is** the capital of Chile. It **is** a modern and safe urban center.*

Santiago **está** en el valle central de Chile.

*Santiago **is** in the central valley of Chile.*

Formación y uso

- Both **ser** and **estar** have irregular conjugations in the present tense. Note that neither **yo** form ends in **-o,** and that the second- and third-person forms of **estar** carry a written accent mark.

  ser: soy, eres, es, somos, sois[1], son

  estar: estoy, estás, está, estamos, estáis, están

---

[1]The subject pronoun **vosotros** (second-person plural) and its related verb forms (e.g., **sois** and **estáis**) are used only in Spain.

- **Ser** is for traits, such as inherent qualities, identity, nationality, and professions. An additional nuance is its use to express dates and time, even when these are traits of an event (such as its date, time, or location).

Hoy **es** viernes. **Son** las dos de la tarde. Mañana **es** 14 de febrero.	*Today is Friday. It is 2 o'clock in the afternoon. Tomorrow is February 14th.*
El concierto **es** esta noche. **Es** a las ocho. **Es** en el Auditorio López.	*The concert is tonight. It is at 8 o'clock. It is (takes place) in the López Auditorium.*

- **Estar** is for states, whether related to health, mind, mood, or other conditions. **Estar** is also used to express the location of a place, object, or person. When used with a gerund, **estar** expresses an action in progress (i.e., in a particular state of development).

Santiago **está rodeado** por los Andes. En invierno **está cubierto** de esmog a menudo por la inversión térmica.	*Santiago is surrounded by the Andes. In winter it is covered by smog often due to thermal inversion.*
Un amigo mío **está viajando** por Chile este mes. **Está** en Santiago ahora mismo.	*A friend of mine is traveling through Chile this month. He is in Santiago right now.*

> **¡AHORA TÚ!**
>
> Complete 1-8 in MySpanishLab to practice these concepts.

- In some cases, a speaker may use either **ser** or **estar**, depending on the intended meaning of either trait or state.

Santiago **es** precioso.	Santiago **está** precioso esta noche.
Santiago is lovely (always; as a trait).	*Santiago is lovely tonight (especially; as a state).*

Esta rosa **es** roja.	Esta mujer **está** roja.
This rose is red (as a trait).	*This woman is red (in a sunburned state).*

En contexto

 1-10 Tu restaurante preferido. ¿Tienes un restaurante favorito? ¿Qué aspectos lo hacen destacarse?

 PASO 1 Lee las siguientes oraciones sobre el restaurante preferido de una profesora de español.

Mi restaurante preferido…

1. [es / está] en el centro de la pequeña ciudad donde vivo.
2. [es / está] de una pareja local muy simpática.
3. [es / está] muy popular en la comunidad porque sirve platos frescos, con ingredientes locales.
4. [es / está] decorado con colores vivos e imágenes enormes de maíz, verduras y frutas.
5. [es / está] abierto todos los días.
6. [es / está] un poco caro, pero para mí, ¡vale la pena!

CONCLUSIÓN: ¿Qué afirmación(es) a continuación es/son cierta(s) sobre esta profesora?

☐ Le importa apoyar la economía de su comunidad local.
☐ No gasta mucho dinero en restaurantes.
☐ Presta atención al ambiente (*atmosphere*) de un restaurante.

PASO 2 Ahora describe tu restaurante local preferido, sin mencionar el nombre. Escribe por lo menos tres oraciones con **ser** y tres con **estar**. Después, léanse sus descripciones. ¿Pueden adivinar qué restaurantes son?

MODELO: *Mi restaurante preferido **es**…*
*Mi restaurante preferido **está**…*

1-11 ¿Ser o estar? El uso de **ser** versus **estar** con algunos adjetivos cambia su significado.

 PASO 1 Empareja cada expresión con la imagen que mejor capte su significado.

a.   b.   c.   d.

e.   f.   g.   h.

1. Son ricos. _____
2. Están ricos. _____
3. Es malo. _____
4. Está malo. _____

5. Es aburrido. _____
6. Está aburrido. _____
7. Es lista. _____
8. No está lista. _____

PASO 2 En parejas completen las siguientes oraciones de una manera lógica.

1. Es malo cuando alguien…
2. Estamos malos/as frecuentemente en/durante…
3. En nuestra opinión, es aburrido/a… (*una tarea o actividad*)
4. Estamos aburridos/as cuando…
5. Está(n) rico/a/s… (*una comida o bebida*)

CONCLUSIÓN: ¿Es fácil o difícil encontrar puntos en común entre ustedes?

1-12 La calidad de vida. ¿Afectan los espacios la calidad de vida?

PASO 1 Escucha una serie de descripciones que hace Carlos, un hombre de negocios. Decide si cada conclusión requiere **ser** o **estar.**

1. a. No es guapo.   b. No está guapo.
2. a. Es guapo.   b. Está guapo.
3. a. Es rico.   b. Está rico.
4. a. Es malo.   b. Está malo.
5. a. No es malo.   b. No está malo.

PASO 2 ¿Creen que los espacios afectan la calidad de vida de Carlos? ¿De qué manera(s)?

1-13 Tu calidad de vida. ¿Cómo afectan los espacios tu calidad de vida?

PASO 1 En cada oración, elige el verbo correcto, según el contexto. Después indica todas las expresiones que, en tu caso, terminen la oración de manera apropiada, o agrega (*add*) una nueva expresión.

1. Frecuentemente mi habitación [es / está] _____.
   a. limpia   b. sucia   c. ordenada   d. desordenada   e. (…)

2. La zona donde vivo [es / está] _____.
   a. segura   b. peligrosa   c. tranquila   d. caótica   e. bella
   f. fea   g. (…)

3. El lugar donde vivo [es / está] _____ relativamente.
   a. cerca de nuestro campus universitario   b. lejos de nuestro campus universitario

4. Para llegar al campus, el medio de transporte que normalmente uso [es / está] _____.
   a. caminar   b. mi bicicleta   c. mi coche   d. el autobús   e. (…)

5. Nuestro campus universitario [es / está] _____.
   a. relativamente   b. (un poco)   c. bonito   d. feo   e. (…)
      seguro   peligroso

PASO 2 Conversen sobre los siguientes temas.

1. Compartan sus respuestas del **Paso 1.** ¿Son semejantes o diferentes? ¿En qué se parecen o se diferencian?

2. En su opinión, ¿afecta su calidad de vida el estado o la decoración de su habitación? ¿Cómo afecta su salud mental? ¿Su salud física o su estado de ánimo? ¿Puede afectar otro aspecto de su vida diaria?

3. Piensen ahora en la seguridad, tanto de la zona donde viven como de su campus universitario. ¿Cómo afecta su calidad de vida? Piensen también en la apariencia (*appearance*) de los dos: la zona donde viven y el campus. ¿La apariencia afecta de igual manera su calidad de vida?

4. En su opinión, ¿afecta su calidad de vida la distancia que hay entre donde viven y el campus? Por ejemplo, ¿afecta su salud física? ¿La cantidad de ejercicio que hacen? ¿Otro aspecto de su vida diaria?

CONCLUSIÓN: Por lo general, ¿qué aspecto(s) de los espacios afectan más su calidad de vida? Prepárense para compartir las conclusiones con el resto de la clase.

📖 Lectura: Entrevista de revista

Antes de leer

1-14 **Las verduras: una encuesta.** No es necesario vivir en el campo y ser granjero/a (*farmer*) para sembrar verduras.

PASO 1 Indica tus respuestas a las siguientes preguntas acerca de los individuos que tienen un huerto. Tu profesor/a va a anotar las respuestas de todos y va a compararlas con las respuestas correctas.

1. ¿Cuál es el porcentaje de estadounidenses que siembran verduras (*who garden*)?
   a. 10%   b. 23%   c. 37%   d. 51%

2. ¿Cuál es la verdura que más se siembra en Estados Unidos?
   a. el maíz   b. los tomates   c. los chiles   d. las zanahorias

3. Para los que siembran verduras, ¿cuántas horas a la semana le dedican a esta actividad?
   a. veinte   b. doce   c. cinco   d. nueve

4. ¿Cuál es el perfil (*profile*) del estadounidense típico que siembra verduras? Marca una respuesta para cada descripción.
   a. Es hombre. / Es mujer.
   b. Tiene 45 años o menos. / Tiene 45 años o más.
   c. Ha asistido a la universidad. / No ha asistido a la universidad.

PASO 2 Contesta las siguientes preguntas.

1. ¿Cuántos en la clase siembran verduras? ¿Es semejante el perfil de la clase al presentado en la encuesta nacional del **Paso 1**?
2. ¿Conocen a otras personas que siembran verduras? ¿Es semejante su perfil al nacional?
3. ¿Qué grupos de estudiantes en tu universidad están dedicados a la agricultura, a la agricultura sostenible o a otras actividades relacionadas con alimentos?

Al leer

ESTRATEGIA AL LEER

Anticipar la información que se incluye en los perfiles y las entrevistas. En las revistas son comunes los perfiles de individuos destacados. Antes de entrar en detalles, normalmente presentan la edad del individuo, dónde vive, su profesión, su formación, etc.

1-15 **Práctica con los elementos de un perfil.** A continuación se presenta un perfil y una entrevista con Sarah Leone sobre sus actividades relacionadas con la agricultura urbana y la nutrición. Lee por encima (*scan*) el artículo y escribe la información básica del perfil de Sarah. ¿Qué tiene en común el perfil de Sarah con tu propio perfil?

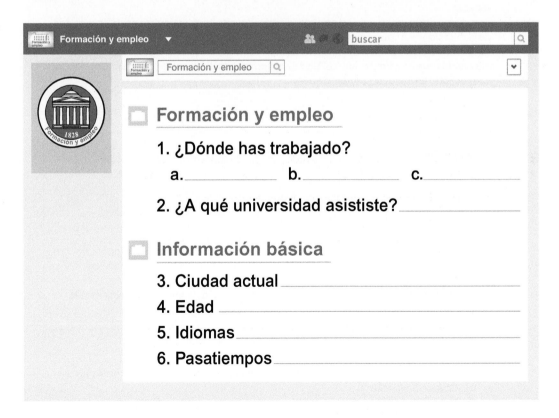

Sarah Leone creció cerca de Chicago, en una familia ecuatoriana. Fue estudiante de español en la Universidad de Illinois y después de graduarse 5 hizo varios trabajos, vivió un tiempo en Ecuador y finalmente se mudó a Los Ángeles. A pesar de haber vivido una vida muy "global", siempre echa "raíces 10 locales"; es decir, le encanta la *gardening* jardinería°, los métodos de cultivo *healthy* naturales y la cocina sana° y *tasty* sabrosa°. En esta entrevista Sarah nos cuenta sobre su conexión 15 con la agricultura urbana en Los Ángeles.

En Los Ángeles, esta agente del cambio no teme ensuciarse las manos para mejorar la comunidad, su acceso a la verdura fresca y su salud a través de la agricultura urbana.

Primero, Sarah trabajó en las huertas de Homegirl Café *nonprofit* (parte de la organización sin fines de lucro° que se llama Homeboy Industries). Hicieron 20 *parking* una de sus huertas donde antes había un estacionamiento° y crearon otra huerta en una *lot* escuela.

research Ahora Sarah trabaja en un proyecto de investigación° con profesores de la Universidad de California Los Ángeles y la Universidad de California del Sur. El trabajo de Sarah se centra en enseñar jardinería y nutrición en dos escuelas primarias con una población 25 *majority* mayoritaria° de estudiantes latinos. Una de las profesoras del proyecto transformó un espacio abandonado en la huerta comunitaria Milagro Allegro.

Sarah Marie Leone
Edad: 28
Lugar de residencia: Pasadena, CA
Profesión: Educadora de jardinería, LA Sprouts

Tres datos interesantes sobre Sarah Leone:

1. Durante la universidad, estudió en el extranjero. Vivió un año en Barcelona.
internship 2. Cuando fue estudiante, hizo una práctica° en ACCIÓN Chicago. Les ayudó con sus programas de microcrédito.
blogger 3. Es bloguera°. Sus entradas contienen recetas para platos sin gluten. En las fotos se ven muy ricos.

- *Descríbenos el huerto de Homegirl Café, la comunidad que hay allí y las actividades específicas que hacías tú.*

Trabajamos en cinco lugares diferentes alrededor del café. También tuvimos un huerto 30 detrás del café. Produjimos del 15 al 30 por ciento de las verduras y frutas necesarias para el café. Los viernes venden tacos y tortas en el jardín detrás del café. En el mismo espacio dimos clases de jardinería para adultos y familias.

- *Descríbenos el huerto de Milagro Allegro, la comunidad que hay allí y las actividades específicas que haces tú en el proyecto de investigación.*   35

  Todavía no he empezado pero voy a estar trabajando en dos escuelas. Las dos tienen un alto porcentaje de familias hispanohablantes. Hay una alta tasa° de obesidad en los niños (según las investigaciones) pero después de un año estudiando jardinería y nutrición, el peso de los niños baja y mejoran de salud en general. También, después de la experiencia, es más probable que prueben otras verduras y frutas que desconocen°.   40

  rate

  with which they aren't familiar

- *¿Cuál es la importancia de ser latina y poder hablar español en tu trabajo?*

  Ya de por sí es MUY difícil hablarle a una familia sobre su dieta y cómo tiene que cambiar para mejorar la salud. Si además de eso hay una barrera° por el idioma y la cultura, ¡olvídalo! La comida es un producto de la cultura y es muy importante tener un conocimiento de la cultura y la comida popular para saber qué verduras y frutas serán populares o no.   45

  barrier

- *¿Por qué te gusta trabajar en este campo —es decir, en la jardinería urbana?*

  A mí me gusta por varias razones. Una, me hace sentir como una rebelde°. Ser capaz de producir las verduras y frutas que tu familia o pueblo necesita es increíble y casi ilegal en muchos lugares urbanos. También siento que estoy luchando contra las multinacionales que controlan la mayoría de lo que comemos. Otra razón es que me encanta la comida y utilizar la comida como una excusa para crear comunidad y conexiones entre las personas.   50

  rebel

- *Aparte del año que pasaste en Barcelona, ¿cuáles fueron las actividades en que participaste en la universidad que te formaron° y/o que te prepararon para el trabajo que haces ahora?*

  En mi clase de español trabajaba con un centro para refugiados°, lo cual me dio experiencia trabajando en el "mundo real" y con familias recién llegadas a Estados Unidos. La clase también tenía oportunidades para hacer prácticas en Chicago e hice mis prácticas con una compañía que se especializaba en dar microcréditos a dueños de compañías pequeñas.   55

  shaped you

  refugees

- *¿Hay algo más que quieras añadir?*

  Si haces lo que te encanta y no tienes miedo de expresarte libremente, ¡la felicidad te encontrará y tendrás suficiente para compartir!   60

Después de leer

 1-16 **Entender las actividades de Sarah.** Indica qué actividades se mencionan en la entrevista con Sarah.

	Sí	No
1. Practicar agricultura urbana con verduras.	☐	☐
2. Practicar agricultura urbana con cría de animales.	☐	☐
3. Educar a niños en la agricultura urbana.	☐	☐
4. Educar a adultos en la agricultura urbana.	☐	☐
5. Usar el español en su trabajo.	☐	☐

1-17 **La calidad de nuestros alimentos.** En parejas, decidan si las siguientes acciones son parte de las experiencias de ustedes con los alimentos. Expliquen sus respuestas.

1. Sembrar y cuidar verduras y frutas.
2. Pagar más en el supermercado por alimentos orgánicos.
3. Comprar productos artesanales en vez de alimentos de una empresa multinacional.
4. Preparar la comida en casa en vez de comprar comida rápida.
5. Mirar la lista de ingredientes antes de comprar los alimentos.

1-18 **Entender tu propia cultura.** Indica qué haces cuando vas de visita a la casa de otra persona. ¿Cuáles son las costumbres de la mayoría?

	Siempre	A veces	Nunca
1. Aviso antes de ir.	☐	☐	☐
2. Toco el timbre hasta que veo aparecer a alguien.	☐	☐	☐
3. Me quito los zapatos al entrar.	☐	☐	☐
4. Saludo a todos en la casa al entrar y me despido de todos también.	☐	☐	☐
5. Les llevo un obsequio (*gift*) a los dueños (*owners*) de la casa.	☐	☐	☐
6. ¿Otra costumbre? _____	☐	☐	☐

ESTRATEGIA CULTURAL

Las costumbres relacionadas con las visitas en los países hispanohablantes tienden a ser más formales que en Estados Unidos. Al abrir la puerta es común saludarse y darse uno o dos besos en la mejilla. Es común llevar un pequeño regalo para los de la casa. Es importante saludar a todos individualmente y llamarlos por su nombre. Los de la casa normalmente ofrecen algo de beber o comer durante la visita. Al salir es importante despedirse de todos de la misma manera.

Es importante observar e imitar las costumbres locales y hacer preguntas de antemano. Una buena estrategia es describir lo que haces en tu cultura y preguntar si es igual o diferente en la otra cultura. Por ejemplo, podrías decir: "Cuando voy a la casa de un amigo para estudiar, tomamos comida de la cocina, la llevamos a su cuarto, cerramos la puerta, ponemos música y trabajamos juntos. ¿Es igual o diferente aquí?" Con esa información la otra persona puede ofrecer una explicación de las diferencias o semejanzas culturales.

En esta puerta en Cartagena, Colombia, se usa una aldaba (*door knocker*) en forma de dragón, no un timbre (*doorbell*).

Es de buena educación (*good manners*) ofrecerles algo de tomar a los invitados, por ejemplo, un café con galletitas.

 1-19 **La competencia cultural en acción.** Para cada situación a continuación, preparen un diálogo en el que una persona describa las costumbres de su cultura (por ejemplo, en Estados Unidos) y la otra persona explique lo que hay que hacer para quedar bien en otra cultura (por ejemplo, la de México). Preséntenle su diálogo a la clase.

1. Un amigo te invita a su casa a estudiar.
2. Una amiga te invita a su casa para su fiesta de cumpleaños.
3. Un colega les invita a ti, a la jefa y a su esposo a cenar en su casa.
4. Vas al parque a jugar fútbol con un grupo de amigos y pasas por la casa de otro/a amigo/a para ver si quiere jugar también.

Antes de verlo

1-20 **"¡Estábamos siempre juntos los tres!"** Begoña, Manuela y Adrián son tres jóvenes que se conocieron hace unos años cuando estudiaban la carrera de periodismo en Los Ángeles. Ahora, los tres viven en diferentes países y trabajan en el fascinante mundo del periodismo. ¿En qué consiste el trabajo de periodista? ¿Qué aspectos de esa profesión te atraen? En tu carrera universitaria, ¿cómo se forman las amistades entre estudiantes? ¿Hay un ambiente de cooperación o de competencia?

Vocabulario útil

la cadena de televisión *television station*	el piso (España) *apartment*
Coyoacán *a borough of Mexico City*	el puesto vacante *job opening*
desempeñar *to carry out*	¡Qué casualidad! *What a coincidence!*
D.F. *Federal District (Mexico City)*	¿Qué onda? (México) *What's up?*
el/la gestor/a *agent*	los reportajes de actualidad *reports on current events*
el/la hotelero/a *hotel manager*	la residencia *dorm*

FACULTAD DE COMERCIO Y TURISMO

4:36

Al verlo

 1-21 **¿Comprendes?** Contesta en una hoja las siguientes preguntas y prepárate para compartir tus ideas con la clase.

1. ¿Qué tienen en común Begoña, Manuela y Adrián? ¿Cuáles son algunas diferencias entre ellos?
2. ¿Por qué está preparando este reportaje Begoña? ¿Qué ayuda necesita de sus amigos?
3. ¿Quién es Alba? Descríbela. ¿Qué hace durante un día normal?
4. ¿Qué aspectos de la carrera de turismo le atraen a Alba? ¿Qué aspectos (no) te atraen a ti?
5. En cuanto a las plazas que salen en el reportaje, ¿qué te llama más la atención?

Después de verlo

 1-22 **¡Luces, cámara, acción!** Piensen en alguien o en algún tema importante que les gustaría documentar. ¿Cuál sería el tema, el lugar y las ideas que aportarían? Para poder hacer un reportaje como el de Begoña, ¿qué habilidades poseen ya entre ustedes? ¿Qué habilidades tendrían que desarrollar? Prepárense para presentarle sus respuestas a la clase. En los próximos capítulos, ustedes van a desarrollar sus habilidades como reporteros.

Vocabulario

Sobre los espacios
el diseño
la excursión
la gira
el itinerario
los medios de transporte
el mostrador
la mudanza

el recorrido

About spaces
design
hike, excursion, brief trip
tour, outing
itinerary
means of transport(ation)
counter
*moving (from one place/house
  to another)*
journey, route

Otros sustantivos
el/la colega
el/la conserje
el/la mochilero/a
el puesto (vacante)

Other nouns
colleague
concierge
backpacker
job (opening)

Verbos
suponer
mochilear

Verbs
to suppose, entail, imply
to backpack

Para refrescar la memoria

el aeropuerto	*airport*
el billete (*España*), el boleto (de avión, de tren)	*(plane, train) ticket*
el/la gerente	*manager*
la mochila	*backpack*
la reunión	*meeting*
satisfacer	*to satisfy*
volar (ue)	*to fly*
el vuelo	*flight*

En contexto

1-23 Capacidades diferentes. Los espacios profesionales, por ejemplo las oficinas, deben ser accesibles a las personas con capacidades diferentes.

PASO 1 Empareja el elemento de diseño accesible con la persona a quien ayuda.

1. Las puertas son más anchas de lo normal, los mostradores son más bajos y los baños públicos están equipados con barras de agarre (*grab bars*). _____
2. Hay señales auditivas, en altorrelieve (*high relief*) y en braille. _____
3. Hay teléfonos con amplificador. _____
4. Las computadoras tienen micrófonos y programas que convierten el habla del empleado en escritura. _____
5. Hay dispositivos (*devices*) (por ejemplo, teléfonos y máquinas de fax) que integran una alarma óptica. _____

   a. una persona con dificultades auditivas
   b. una persona sorda (*deaf*)
   c. una persona ciega (*blind*)
   d. una persona en silla de ruedas
   e. una persona con parálisis

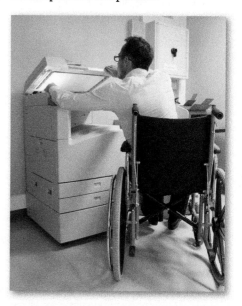

PASO 2 En un mundo ideal, todos los espacios serían accesibles a todas las personas. En parejas, seleccionen un espacio en su universidad y apunten algo que se puede hacer para mejorar su accesibilidad. (OJO: El espacio puede ser virtual.) Preséntenle su idea a la clase. ¿Es accesible su universidad?

1-24 Ponerse de acuerdo.

PASO 1 Lee sobre tres empresas que usan el espacio para satisfacer las necesidades y deseos de sus empleados. ¿En qué lugar te gustaría más trabajar?

1. *Ciudad Grupo Santander (España).* Grupo Santander es uno de los bancos más grandes del mundo. Su sede —Ciudad Grupo Santander— ocupa 160 hectáreas donde trabajan más de 6.000 personas. Los empleados tienen acceso a múltiples restaurantes, un centro deportivo, tiendas, una sala de arte (*art gallery*), una sastrería (*tailor*), un centro médico, una guardería (*daycare facility*), una peluquería, un campo de golf y mucho espacio verde. La Ciudad Grupo Santander fue inspirada por la sede de Microsoft en Redmond, Washington. Para sus empleados que viven en Madrid, crearon un sistema de transporte con 26 puntos de recogida. Es un espacio en que no solamente se trabaja sino que se vive.

2. *Toni, S.A. (Ecuador).* No es necesario crear una ciudad nueva para cuidar a sus empleados. Toni es una empresa de productos lácteos que pone énfasis en la nutrición y la salud, tanto de sus clientes como de sus empleados. En su página web hay una

herramienta (*tool*) donde uno puede calcular su índice de masa corporal y a la vez, chatear con un nutricionista. Como parte del programa "Vive saludable" los empleados pueden tomar clases de ejercicio en un gimnasio dentro de la empresa y usar un servicio de comida que calcula el valor nutricional para cada persona. Con buena salud se trabaja mejor.

3. *Centro para refugiados (Estados Unidos).* A veces el uso creativo del espacio del trabajo es una necesidad. El East Central Illinois Refugee Mutual Assistance Center, una organización sin fines de lucro, carece de espacio pero no de ideas ni de energía. Su oficina es de pocos pies cuadrados, pero para trabajar de manera eficiente los empleados utilizan otros espacios. Por ejemplo, atienden a los clientes dentro de la oficina, pero usan un café cercano para otras citas. Para las reuniones de la junta ejecutiva usan un salón en el sótano del edificio. Y cuando los empleados viajan juntos en coche, aprovechan el tiempo para hablar sobre un caso particularmente difícil, para evaluar sus programas, para planear un evento o para una simple lluvia de ideas (*brainstorming*).

PASO 2 Pónganse de acuerdo sobre la empresa donde más les gustaría trabajar. Después indiquen las características de su grupo y compartan el resultado con el resto de la clase.

Queremos trabajar en una empresa…

☐ grande.
☐ en Estados Unidos.
☐ con espacios dedicados a la actividad física.

☐ con espacios bellos y modernos.
☐ con una misión importante.
☐ ¿otra característica?

1-25 Hablemos claro.

PASO 1 Entrevístense y apunten en una hoja las respuestas de su compañero/a.

1. Pensando en tus viajes, cuenta algunas experiencias positivas. Después cuenta algunas negativas. ¿Cómo contribuyeron los profesionales relacionados con el turismo a tus experiencias? ¿Ayudaron a crear las experiencias positivas? ¿Resolvieron algunos de tus problemas? ¿Cuáles y cómo?

2. Imagínate que eres un guía turístico. Idealmente, ¿en qué tipo de turismo trabajas y por qué? ¿Quieres hacer excursiones largas en bicicleta, visitas a museos, recorridos por muchos países en pocos días, giras gastronómicas, etc.? Describe un itinerario ideal.

3. Hay diferentes tipos de turistas. ¿Qué problemas particulares crean los grupos a continuación? ¿Qué oportunidades especiales presentan? ¿Con qué grupo trabajarías mejor y por qué?

   - estudiantes universitarios
   - familias con niños
   - gente rica
   - matrimonios en su luna de miel
   - personas mayores
   - solteros

PASO 2 Escribe en una hoja algunas oraciones para describir el trabajo ideal para tu compañero/a en el sector turístico. Después, comparte tus ideas con él/ella. ¿Está de acuerdo contigo tu pareja? Prepárate para compartir los resultados con la clase.

Gramática

 III. *Por* versus *para*

Two different Spanish prepositions express the general meaning *for*: **por** and **para**. They are not interchangeable since they express different nuances. In general, **por** is used to express *motive* and *movement through* (space or time), and **para** is used to express *objective* and *movement toward* (space or time).

A veces viajo **por** mi trabajo, a veces **por** placer, pero en cualquier caso prefiero no estar lejos de casa **por** más de una semana.	*At times I travel **for** (motivated by) work, at times **for** pleasure, but in either case I prefer not to be far from home **for** (during) more than a week.*
Estudio español **para** poder viajar más fácilmente. Salgo pronto **para** la Ciudad de México. Necesito estar listo **para** el próximo viernes.	*I study Spanish **in order to** (objective) be able to travel more easily. I am leaving soon **for** (destination, space goal) Mexico City. I need to be ready **by** (time goal) next Friday.*

A. *Por*

Por "points backward" and expresses the following:

• the *motive behind* an action	Lo hago **por** mi jefe. Lo hago **por** obligación.
	*I do it **for** (on behalf of) my boss. I do it **out of** obligation.*
• the *agent behind* an action	El viaje fue organizado **por** mi jefe.
	*The trip was organized **by** my boss.*
• the *means behind* or *by which* an action is performed	Prefiero viajar **por** avión. Prefiero organizar mis viajes **por** Internet.
	*I prefer to travel **by** plane. I prefer to organize my trips **through** the Internet.*
• movement *through* (space or time, *after* it has been entered or begun)	Normalmente corro **por** ese parque **por** la mañana **por** una hora.
	*Usually I run **through** that park **in** the morning **for** an hour.*
• *in exchange for*	No pago más de $500 **por** un billete de avión.
	I don't pay more than $500 for a plane ticket.
• various meanings in *idiomatic* phrases	**por** ahora *for now*
	por primera / última vez *for the first / last time*
	por fin *finally, at last*
	por supuesto *of course*
	por ejemplo *for example*
	por lo general *in general*
	por lo menos *at least*
	por lo tanto *therefore*
	por eso *for that reason*

B. *Para*

Para "points forward" and expresses the following:

- the *objective* or *goal* of an action

Estudio **para** (ser) piloto. Leo mucho **para** entender más.

*I'm studying **to become** (goal) a pilot. I read a lot **(in order) to** understand more.*

- the *recipient* of an action

Compro muchos regalos **para** mi familia cuando viajo.

*I buy a lot of gifts **for** my family when I travel.*

- movement *toward* (space or time, *before* it has been entered or begun)

Salgo **para** España en un mes. **Para** gastar menos dinero, debo comprar mi billete **para** el 20 de febrero.

*I leave **for** Spain in a month. **(In order) To** spend less money, I should buy my ticket **by** February 20th.*

- *in comparison with*

Para alguien con poca experiencia en el extranjero, hablas muy bien el español.

***For** someone will little experience abroad, you speak Spanish very well.*

- *in the opinion of*

Para ti, viajar es difícil. **Para** mí, es un placer. **Para** él, es una necesidad.

***For** you, traveling is difficult. **For** me, it's a pleasure. **For** him, it's a necessity.*

En contexto

1-26 **Preguntas sobre un viaje venidero (*upcoming*).** Un jefe le hace preguntas a su asistente sobre un viaje venidero. Empareja cada pregunta con la mejor respuesta.

1. _____ ¿Cómo conseguiste los billetes de avión?
2. _____ ¿Cuándo sale el vuelo?
3. _____ ¿Cuándo tenemos que estar en el aeropuerto?
4. _____ ¿Para quién es el asiento de ventanilla?
5. _____ ¿Por dónde pasamos?
6. _____ ¿Cómo vamos a viajar desde Madrid hasta el pueblo donde está la empresa?

a. Para usted, por supuesto.
b. Por la mañana.
c. Por Internet.
d. Por tren.
e. Para las ocho.
f. Por Chicago y luego por París.

CONCLUSIÓN: ¿Qué afirmación(es) a continuación es/son cierta(s) sobre este viaje venidero?

☐ El jefe y sus colegas van a hacer un viaje nacional.
☐ El jefe y sus colegas van a hacer un viaje internacional.
☐ El viaje involucra (*involves*) varios medios de transporte.
☐ Van a tener una reunión en España.

1-27 El español en tu vida. ¿Cuál es el papel del español en tu vida ahora y en el futuro?

PASO 1 En cada oración indica todas las expresiones que, en tu caso, terminen la oración de manera apropiada, o agrega (*add*) una nueva expresión.

1. Estudio español **por** _____.
   a. placer   b. necesidad   c. obligación   d. razones personales   e. (…)

2. Voy a continuar con el español **por** _____.
   a. el resto de este semestre/trimestre   d. muchos años más
   b. uno o dos años más   e. el resto de mi vida
   c. toda mi carrera universitaria   f. (…)

3. Estudio **para** _____.
   a. maestro/a   g. ingeniero/a
   b. profesor/a universitario/a   h. arquitecto/a
   c. hombre/mujer de negocios   i. profesional en el campo médico
   d. abogado/a   j. profesional en el turismo
   e. agente de la ley   k. (…)
   f. periodista

4. Pienso usar el español **para** _____.
   a. conseguir un puesto de trabajo con un componente internacional
   b. viajar al extranjero
   c. poder trabajar más efectivamente con poblaciones hispanohablantes
   d. conocer a nuevas personas
   e. comunicarme mejor con miembros de mi familia
   f. (…)

 PASO 2 Conversen sobre los siguientes temas.

1. Compartan sus respuestas del **Paso 1.** ¿Qué respuestas tienen en común?
2. ¿Cuál es el papel del español en su vida ahora? ¿Usan el español mucho o poco? ¿Por qué? ¿Piensan que el español va a tener un papel menor o mayor en su vida en el futuro? ¿Por qué?
3. Explíquense con más detalles sus futuros planes profesionales. ¿Creen que van a usar el español mucho o poco? ¿Por qué?

CONCLUSIÓN: Por lo general, ¿cuál es el papel del español en su vida ahora y en el futuro? Prepárense para compartir sus ideas y conclusiones con el resto de la clase.

Una mochilera contenta durante una excursión al Parque Nacional del Teide en Tenerife, una de las Islas Canarias, en España.

1-28 Entrevista sobre el futuro próximo. ¿Qué planes tienes para el futuro próximo?

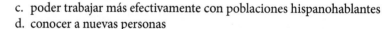

[e] **PASO 1** Completa las siguientes preguntas con **por** o **para,** según el contexto.

1. ¿_____ cuántos años tienes que estudiar _____ tu carrera universitaria?
2. ¿_____ cuándo quieres graduarte?
3. ¿_____ qué organizaciones te interesa trabajar en el futuro?
4. ¿_____ qué te interesan esas organizaciones en particular?
5. ¿Son importantes _____ ti los espacios en tu lugar de trabajo? Por ejemplo, su tamaño (*size*), su limpieza (*cleanliness*) y/o su orden.
6. _____ lo general, ¿_____ cuánto tiempo crees que vas a quedarte en un mismo puesto de trabajo?

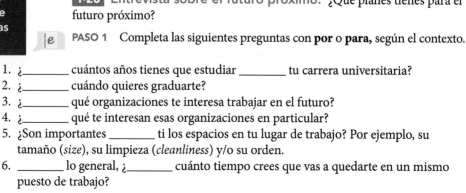

PASO 2 Entrevístense usando las preguntas del **Paso 1** y apunten las respuestas de su pareja. ¿Qué datos de la entrevista les parecen los más interesantes o sorprendentes (*surprising*)? Prepárense para compartir sus conclusiones con la clase.

1-29 Espacios fuera de lo común.

PASO 1 Completa las oraciones del siguiente párrafo con **por** o **para,** según el contexto.

Hans Stein y su esposa Anja, un matrimonio joven de Alemania, trabajan en un espacio poco común: bajo las aguas del Mar Caribe. Hace tres años, en un pequeño yate (*yacht*) viejo legado (*left*) (1) _____ su tío difunto (*deceased*), salieron (2) _____ el Caribe. Después de navegar (3) _____ un mes, llegaron a Roatán, una de las Islas de la Bahía (*Bay Islands*) de Honduras. Ahora viven en su yate anclado (*anchored*) y trabajan (4) _____ una tienda de buceo (*dive shop*) en Roatán. Con el Arrecife Mesoamericano (*Mesoamerican Barrier Reef*) cerca, la isla representa un destino ideal (5) _____ bucear (*scuba dive*). Hans y Anja dan clases de buceo y organizan excursiones en aguas profundas (*deep water*) (6) _____ turistas. Normalmente hacen una excursión (7) _____ la mañana y otra (8) _____ la tarde, cada una (9) _____ dos horas. A Hans y a Anja les encanta el mar, el clima tropical y el movimiento físico de su trabajo. (10) _____ ellos, su tiempo en Roatán representa una etapa bella y única de su vida.

PASO 2 Conversen sobre los siguientes temas.

1. Para ustedes, ¿cuáles son las ventajas y las desventajas de vivir en un yate? ¿Y de trabajar como instructor/a de buceo? Pueden considerar factores como: la diversión, la libertad, el tiempo, las temporadas (*seasons*) del turismo, la seguridad (*safety*) y la sostenibilidad (*sustainability*).
2. ¿Tienen interés en navegar por yate? ¿En vivir en un yate? ¿En trabajar para una tienda de buceo? ¿En trabajar en el turismo en general? ¿Por qué? Expliquen sus respuestas.
3. ¿Quieren trabajar en un espacio tradicional, o en uno no tradicional? ¿Por qué? Describan el espacio ideal para trabajar.

Dos buceadores pasan por una masa de piedra y coral en la que vive una anémona de mar (*sea anemone*), la cual tiene una relación simbiótica con el pez payaso (*clown fish*).

Gramática

IV. Los comparativos y los superlativos

Comparatives involve *two* entities that can be compared (as the same or equal) or contrasted (as different or unequal). Superlatives involve *three or more* entities, one of which is set apart in contrast to all other entities in the group.

El Arrecife Mesoamericano es **extenso**.	*The Mesoamerican Barrier Reef is **extensive**.*
Sin embargo, es **menos extenso que** el Gran Arrecife Coralino de Australia.	*However, it is **less extensive than** the Great Barrier Reef of Australia.*
El Gran Arrecife Coralino de Australia es **el más extenso del** mundo.	*The Great Barrier Reef of Australia is **the most extensive (one) in** the world.*
El Arrecife Mesoamericano es **el segundo más extenso del** mundo.	*The Mesoamerican Barrier Reef is **the second most extensive (one) in** the world.*

A. Formación y uso: los comparativos

■ When two entities are compared as *the same or equal*, Spanish uses the words **tan** or **tanto/a/s** and **como.** The use of **tan** or **tanto/a/s** varies, depending on whether the comparison involves an adjective, adverb, noun, or verb. Adjectives always agree with the nouns they modify, as highlighted in pink in the examples below.

- **tan** + *adjective* + **como**

  La isla de Roatán es **tan bella como** la isla de Cozumel.

  *The island of Roatan is **as lovely as** the island of Cozumel.*

- **tan** + *adverb* + **como**

  La gente de Roatán camina **tan lentamente como** la gente de Cozumel.

  *The people of Roatan walk **as slowly as** the people of Cozumel.*

- **tanto/a/s** + *noun* + **como**

  Roatán tiene **tantos peces tropicales como** Cozumel.

  *Roatan has **as many tropical fish as** Cozumel.*

- *verb* + **tanto como**

  La gente de Roatán **bucea tanto como** la gente de Cozumel.

  *The people of Roatan **scuba dive as much as** the people of Cozumel.*

■ When two entities are contrasted as *different or unequal*, Spanish uses the words **más** or **menos** and **que / de** with an adjective, adverb, noun, or verb.

- **más/menos** + *adjective* + **que**

  Un avión es **más caro que** un yate.

  *A plane is **more expensive than** a yacht.*

- *adverb*

  Un avión viaja **más rápidamente que** un yate.

  *A plane travels **more rapidly than** a yacht.*

- *noun*

  Un avión tiene **más poder que** un yate.

  *A plane has **more power than** a yacht.*

- *verb* + **más/menos que**

  Un yate **cuesta menos que** un avión.

  *A yacht **costs less than** a plane.*

- **más/menos de** (used when a number follows)

  Un yate bien equipado puede costar **más de** $30.000 dólares.

  *A well-equipped yacht can cost **more than** $30,000 dollars.*

■ Some adjectives in Spanish have irregular comparative forms.

- **mejor** (*better*)

  Para mí, el vino blanco es **mejor que** el vino tinto.

  *For me, white wine is **better than** red wine.*

- **peor** (*worse*)

  Para ti, el vino blanco es **peor que** el vino tinto.

  *For you, white wine is **worse than** red wine.*

- **menor** (*younger, smaller*)

  Soy **menor que** tú.

  *I am **younger than** you.*

- **mayor** (*older, larger/greater*)

  Eres **mayor que** yo.

  *You are **older than** I.*

B. Formación y uso: los superlativos

- When *three or more* entities are considered, and one is set apart from the others in the group as having the most or least of some quality, Spanish uses the structure below.

definite article + (*noun* +) **más/menos** + *adjective* + **de**

El Mar Caribe es el (mar) más bonito **de** todos.   *The Caribbean Sea is **the loveliest (sea) of all.***

- Adjectives with irregular comparative forms precede the noun they modify.

definite article + *adjective* + (*noun* +) **de**

Mi ciudad es la mejor (ciudad) **de** todas.   *My city is **the best (city) of all.***

En contexto

1-30 **¿Cuánto sabes de cataratas?** Las cataratas están entre los lugares más bellos y misteriosos del mundo.

PASO 1 Basándote en los datos a continuación sobre algunas de las cataratas más famosas del mundo, indica si las siguientes afirmaciones son ciertas o falsas.

Las Cataratas del Niágara

Países: Estados Unidos y Canadá

Altura (*height*): 51 metros (167')

Anchura (*width*): 1.204 metros (3.950')

Caudal (*flow rate*): 2.407 m^3/segundo (85.000 pies^3/segundo); ránking: 1

Acceso: Fácil desde ambos países; de 14 a 20 millones de turistas al año

Escenario de películas famosas: *Niagara* (1953), *Superman II* (1980), *Piratas del Caribe: en el fin del mundo* (2007), varias otras

Las Cataratas del Iguazú

Países: Argentina y Brasil

Altura: 82 metros (269')

Anchura: 2.682 metros (8.800')

Caudal: 1.746 m^3/segundo (61.660 pies^3/segundo); ránking: 2

Acceso: Fácil desde ambos países; 1,2 millón de turistas en el 2010

Escenario de películas famosas: *Moonraker* (1979), *La misión* (1986), *Indiana Jones y el reino de la calavera de cristal* (2008), varias otras

El Salto Ángel (*o Kerepakupai Merú en el idioma indígena pemon*)

País: Venezuela

Altura: 979 metros (3.212'); ránking: 1

Anchura: 107 metros (350')

Caudal: 14 m^3/segundo (500 pies^3/segundo)

Acceso: Difícil, en avión y después en barco pequeño; ubicado en una jungla aislada

Escenario de películas famosas: *Más allá de los sueños* (What Dreams May Come) (1998), *inspiró Avatar* (2009) y *Up: Una aventura de altura* (Up) (2009)

	Cierto	Falso
1. Las Cataratas del Niágara son **más *altas* que** las Cataratas de Iguazú.	☐	☐
2. Las Cataratas del Niágara son **menos *anchas* que** las Cataratas de Iguazú.	☐	☐
3. Las Cataratas de Iguazú pasan por **más *países* que** el Salto Ángel.	☐	☐
4. Las Cataratas de Iguazú reciben **tantos *turistas al año* como** las Cataratas del Niágara.	☐	☐
5. El Salto Ángel sale en **tantas *películas* como** las Cataratas del Niágara.	☐	☐
6. El Salto Ángel es **tan *accesible* como** las Cataratas del Niágara.	☐	☐
7. Las Cataratas del Niágara tienen *el mayor caudal* de todas las cataratas del mundo.	☐	☐
8. El Salto Ángel es *la catarata* **más *alta*** del mundo.	☐	☐

 PASO 2 Entrevístense usando las siguientes preguntas. Prepárense para compartir sus ideas con la clase.

1. ¿Conoces las películas en las que han salido estas cataratas? ¿Recuerdas algunas escenas en las que salen las cataratas? ¿Te gustan estas películas?
2. ¿Has visitado algunas de estas cataratas? ¿Cuál(es) y cuándo? ¿Cuál fue tu impresión?
3. ¿Tienes interés en visitar las tres cataratas? ¿Por qué?

1-31 **¿A qué ciudad ir?** Tienes planes de vivir y trabajar durante un año en algún país hispanohablante. Vas considerando estos tres lugares donde ya tienes conexiones: Guanajuato, México; Cartagena de Indias, Colombia; y Buenos Aires, Argentina.

PASO 1 Basándote en la siguiente información, escribe por lo menos tres oraciones comparativas de igualdad, tres oraciones comparativas de desigualdad y dos oraciones superlativas sobre las tres ciudades.

Guanajuato, México

Ubicación: Centro de México
Clima: templado (*mild*) todo el año
Población: 80.000
Transporte público local: autobuses, taxis
Gastos mensuales típicos (en dólares de Estados Unidos): $185 apartamento de una habitación en el centro; $250 servicios públicos (*utilities*); $100 comida; $20 transporte público; $100 entretenimiento
De interés turístico: el Museo de las Momias, arquitectura colonial, conciertos, danza, festivales de cine y de comida; varios eventos gratis por la universidad local
Adjetivos descriptivos: colonial, romántica, segura, asequible (*affordable*)

Cartagena, Colombia

Ubicación: Costa norteña de Colombia, en el Mar Caribe
Clima: cálido (*warm*) todo el año
Población: 1.240.000 (en el área metropolitana)
Transporte público local: autobuses, taxis, caballos y carretas (*carts*) en el centro histórico
Gastos mensuales típicos (en dólares de Estados Unidos): $700 apartamento de una habitación en el centro; $200 servicios públicos; $100 comida; $40 transporte público; $150 entretenimiento
De interés turístico: museos, monumentos, arquitectura colonial, playas, deportes acuáticos
Adjetivos descriptivos: colonial, histórica, encantadora, animada (*lively*)

Buenos Aires, Argentina

Ubicación: Costa noreste de Argentina, en la desembocadura (*mouth*) del Río de la Plata
Clima: templado todo el año, con veranos húmedos
Población: 13 millones (en el área metropolitana)
Transporte público local: metro, trenes de cercanías (*commuter trains*), autobuses, taxis
Gastos mensuales típicos (en dólares de Estados Unidos): $500 apartamento de una habitación en el centro; $100 servicios públicos; $160 comida; $20 transporte público; $280 entretenimiento
De interés turístico: museos, salas de arte, ópera, teatro, cine, restaurantes internacionales, fútbol y otros espectáculos deportivos; de primera categoría a nivel mundial
Adjetivos descriptivos: ciudad capital, sofisticada, cosmopolita, despierta 24 horas al día

 PASO 2   Léanse sus oraciones. ¿A cuál de las ciudades piensa ir a vivir cada uno de ustedes? ¿Por qué? Prepárense para compartir sus ideas y decisiones con el resto de la clase.

1-32 **¿Qué le vas a decir?** La organización donde trabajas acaba de emplear a una persona nueva de otra ciudad para un puesto vacante que tú querías. Tu nuevo compañero te pide información acerca de los mejores y los peores lugares de su nueva comunidad. ¿Qué le vas a decir? ¿Vas a compartir todo lo que sabes, algo de lo que sabes o vas a darle información falsa?

PASO 1   Completa las siguientes oraciones.

1. El restaurante con el mejor café del pueblo/de la ciudad es…
2. El supermercado con los mejores precios del pueblo/de la ciudad es…
3. La mejor vecindad (*neighborhood*) donde vivir es…
4. La zona más peligrosa es…
5. (…)

 PASO 2   En grupos compartan sus oraciones. ¿Expresan ideas semejantes o diferentes? ¿Ciertas o falsas? Prepárense para compartir sus conclusiones con el resto de la clase.

📖 Lectura literaria

Sobre el autor

Daniel Alarcón es bilingüe y bicultural. Nació en Perú en 1977, se crió en Birmingham, Alabama, y actualmente vive en California. Es autor de una colección de cuentos, *Guerra en la penumbra* (2005), una novela, *Radio Ciudad Perdida* (2007) y otra colección de cuentos, *El rey siempre está encima del pueblo* (2009). Además de haber recibido becas de la Guggenheim y la Lannan, Alarcón fue reconocido como uno de "los mejores novelistas americanos" por la revista literaria *Granta* y salió en la lista del New York Times de "los veinte autores más prometedores" en el 2010. Además de escribir, también fundó *Radio Ambulante*, una serie de crónicas sobre la vida de los hispanohablantes en todo el mundo.

El cuento "Ciudad de payasos" está incluido en *Guerra en la penumbra*. Con la colaboración de la artista peruana Sheila Alvarado, convirtieron el cuento en una novela gráfica. Un fragmento del cuento se incluye a continuación.

Antes de leer

1-33 **En Perú.** Vas a leer un fragmento de un cuento que tiene lugar en Perú. ¿Cuánto sabes ya de este país?

[e] **PASO 1** Empareja las descripciones con los lugares en el mapa.

1. _____ Lima
2. _____ Cerro de Pasco
3. _____ Machu Picchu
4. _____ el río Amazonas
5. _____ los Andes
6. _____ el lago Titicaca

a. el más largo y caudaloso (*mighty*) del mundo
b. el más alto del mundo que es navegable
c. la ciudad capital
d. ícono de la civilización inca
e. la cordillera más grande de las Américas
f. una de las ciudades más altas del mundo

Lago Titicaca

PASO 2 Indica tu nivel de conocimiento sobre Perú. ¿Cuál es la respuesta de la mayoría?

☐ Lo conozco muy bien. He estado allá.
☐ Sé algo de Perú, de su historia, su gente y su geografía.
☐ Lo único que sé de Perú es lo que he aprendido del **Paso 1.**

1-34 **Las mudanzas.** En el cuento que vas a leer, la familia se muda de una ciudad, Cerro de Pasco, a otra, Lima. ¿Cuáles son sus experiencias con las mudanzas?

PASO 1 Camina por la clase con lápiz y papel en mano y hazles las siguientes preguntas a tus compañeros. Si alguien contesta que sí, pídele que firme (*Firma aquí, por favor.*) Si contesta que no, dale las gracias y busca a otra persona.

MODELOS: Busca alguien que… odie las mudanzas.

TÚ: ¿*Odias las mudanzas?*	TÚ: ¿*Odias las mudanzas?*
COMPAÑERO/A: *Sí, las odio.*	COMPAÑERO/A: *No, no las odio. / No, me gustan.*
TÚ: *Firma aquí, por favor.*	TÚ: *Bueno, gracias. Hasta luego.*

Busca alguien que…   **Nombres**

1. haya cambiado de ciudad para asistir a esta universidad.   _____
2. viva todavía en la casa donde pasó su infancia.   _____
3. haya vivido en tres estados diferentes.   _____
4. se haya mudado de un pueblo a una ciudad, o viceversa.   _____
5. tenga ganas de mudarse a una zona con otro clima o con
   otra geografía.   _____
6. haya vivido en más de un país.   _____

PASO 2 Escribe un párrafo en el que le des la bienvenida a tu ciudad (o pueblo) a un/a joven que acaba de mudarse. Explícale qué puede esperar de su nueva ciudad.

Al leer

ESTRATEGIA AL LEER

Reconocer el papel del ambiente. El ambiente en un texto literario consiste en dos cosas: el lugar y el tiempo. A veces tenemos una idea vaga de estos elementos. Por ejemplo, un cuento puede tener lugar en el presente, en una casa, durante una noche. En otros casos los detalles del ambiente son más exactos: una noche durante el Siglo XVI sobre el balcón de una casa elegante. Muchas veces el ambiente contribuye al tono de un texto o es incluso parte de la acción. Si un cuento tiene lugar en un castillo decaído, de noche durante una tempestad con muchos truenos y relámpagos, la ambientación crea un tono de misterio. Imaginémonos una novela que trate de alguien en un barco, perdido en el océano. El ambiente, entonces, puede llegar a ser casi un personaje —quizá el antagonista— de la historia.

1-35 ¿Dónde tiene lugar el cuento?

e **PASO 1** Mientras vas leyendo, empareja cada párrafo indicado con el/los lugar(es) donde tiene lugar.

1. Párrafo 1 _____   a. Pasco y Lima
2. Párrafo 3 _____   b. Lima
3. Párrafo 5 _____   c. Pasco
4. Párrafo 6 _____   d. la estación de buses en Lima
5. Párrafo 7 _____   e. el bus en el trayecto entre Pasco y Lima

PASO 2 En tu opinión, ¿cuál es el efecto de la ambientación en este fragmento de cuento? ¿En cuál de las dos ciudades te gustaría vivir más? ¿Por qué?

Ciudad de payasos (fragmento), por Daniel Alarcón

En Lima, mi padre había decidido trabajar en construcción civil. Construía oficinas, remodelaba casas. Era bueno con el martillo, podía pintar y tarrajear°, levantar una pared en cuatro horas. Era plomero° y cerrajero°. Carpintero y soldador. Cuando le ofrecían un trabajo, contestaba siempre de la misma forma. "Lo he hecho varias veces", le aseguraba a un contratista mientras examinaba una herramienta que nunca antes había visto en su vida. Cuando niño, yo admiraba a mi padre y su voluntad de trabajo. El progreso era algo que se podía medir en nuestro barrio: la velocidad con la que se levantaba el segundo piso de la casa propia, la rapidez con la que adquirían los pertrechos° de la vida de clase media. Durante los días de semana, mi padre trabajaba en las casas de otra gente; en los fines de semana, trabajaba en la nuestra. El trabajo duro daba sus frutos. Inauguramos un nuevo equipo de sonido con una cinta de Héctor Lavoe. Vimos la Copa América del 85 en un moderno televisor a color.

Por supuesto, no todo era tan transparente. Mi padre era un vivo, con la agudeza° para comprender la verdad esencial de Lima: si había algún dinero por hacer, este debía brotar de los bloques de piedra y concreto de la ciudad. Algunos ganaban y otros perdían, y había maneras de inclinar la balanza a favor de uno. Era un tipo encantador y hacía un trabajo excelente, pero siempre, siempre se preocupó solo por él mismo.

Era demasiado impaciente para haber sobrevivido allá en el pueblo. Pasco, donde él, mi madre y yo nacimos, no es ni ciudad ni campo. Es un sitio aislado y pobre, arriba en la fría puna andina°, pero, de una manera muy particular, es un lugar urbano: su concepción del tiempo es mecanizada y nadie queda libre del tic-tac del reloj capitalista. Pasco no es pastoril ni agrícola. Los hombres descienden al interior de la tierra en turnos de diez horas. Su horario es monótono, uniforme. Emergen —en la mañana, la tarde o la noche— y enseguida empiezan a beber. Es un trabajo brutal y peligroso, y con el tiempo su vida sobre la tierra empieza a parecerse a la de allá abajo: los mineros corren riesgos, beben, tosen y escupen una flema negra como el alquitrán. "El color del dinero", la llaman y ordenan otra ronda de tragos°.

Mi viejo no estaba hecho para esos rituales. En lugar de eso, empezó a conducir camiones hacia la costa y hacia la ciudad. Tenía veintinueve años cuando se casó con mi madre, casi una década mayor que su entonces joven esposa. Había pasado la gran parte de sus veintes trabajando en la ciudad, y regresaba al pueblo solo una vez cada tres o cuatro meses. De alguna forma, el romance entre los dos brotó durante estos viajes. Para cuando se casaron, llevaban ya cinco años como pareja, separados la mayor parte del tiempo. Yo nací seis meses después del matrimonio. Él siguió yendo y viniendo durante varios años, construyéndose una casa en Lima, en el distrito de San Juan de Lurigancho. Cuando mi madre no toleró más el quedarse sola, mi padre finalmente nos trajo con él.

Esa fue, creo, la única cosa buena que hizo por nosotros. O por mí. Cuando recuerdo Pasco, esa llanura alta y fría, el aire escaso y las casas hundidas°, doy gracias por estar aquí. Crecí en Lima. Fui a la universidad y conseguí un trabajo respetable. No hay ningún futuro en Pasco. Los chicos no estudian y, en todo caso, no les enseñan casi nada. Inhalan pegamento en bolsas de papel o se emborrachan bajo la débil luz de la mañana antes de entrar a la escuela. En Lima, la silueta de la ciudad cambia constantemente, se levanta algún edificio nuevo o algún otro se desploma en pedazos. Es polvorienta y peligrosa, pero la ciudad persiste. En Pasco, hasta las montañas se mueven: son destripadas desde adentro, despojadas de su mineral, acarreadas a otra parte y vueltas a montar. Observar la tierra moverse de esta forma, saber que de alguna manera todo el mundo que uno conoce es cómplice de este acto, es demasiado perturbador, demasiado irreal.

Tenía ocho años cuando nos mudamos. Parecía que mi padre era un extraño, incluso para mi madre. Se tomaron de la mano en el bus hacia Lima, y yo me dormía en el regazo de mi madre, a pesar de ser ya muy grande para eso. Fue a principios de enero; dejamos Pasco cubierto de hielo, el repiqueteo° sincopado del

Glosas al margen:
- *to plaster* — tarrajear
- *plumber/locksmith* — plomero/cerrajero
- *gear* — pertrechos
- *wit* — agudeza
- *Andean highlands* — puna andina
- *round of drinks* — ronda de tragos
- *sunken* — hundidas
- *tapping* — repiqueteo

Números de línea: 5, 10, 15, 20, 25, 30, 35, 40, 45, 50

granizo° golpeando sobre sus techos de lata. Observamos las moteadas luces naranjas   *hail*
desvaneciéndose a nuestra espalda, y cuando me desperté ya era el atardecer y el bus
entraba a la estación en Lima. "Aquí hay gente mala," nos advirtió mi viejo. "Tienes que estar   55
mosca°, Chino. Desde ahora eres un hombrecito. Tienes que cuidar a tu mamá."   *be alert*

   Yo había estado ya en la ciudad, dos años antes, aunque escasamente la recordaba. Un
día mi padre llegó a la casa en Pasco y me trajo con él por tres semanas. Me llevó por toda
la ciudad, señalándome los edificios más importantes; me había mostrado el movimiento de
las calles. Recuerdo a mi madre diciéndome que yo, con apenas seis años, había viajado   60
más que ella. Ahora ella me agarraba la mano mientras el mundo se arremolinaba ante
nosotros, y vi cómo mi padre se abría paso por entre los hombres frente a las puertas abiertas
del compartimiento del equipaje. Era justo después del atardecer. Todos se daban codazos°   *they were*
y se empujaban entre sí, la multitud oscilando de un lado a otro, y mi padre, que no era muy   *elbowing*
alto ni particularmente fuerte, desapareció en el centro del grupo. Mi madre y yo esperamos.   65   *each other*
Miré fijamente a un hombre con bigote que hacía círculos a nuestro alrededor, los ojos ávidos
y pegados a la bolsa que mi madre había puesto fija entre los dos. Entonces hubo unos gritos:
un hombre empujó a otro, acusándolo de intentar robarle sus paquetes. El que acusaba ponía
un pie con fuerza sobre una de sus cajas. Estaba cerrada con cinta, con un nombre y una
dirección anotados en uno de los lados.   70

   "Oye compadre, ¿qué chucha quieres con mis cosas?"

   "¿Ah? Perdón, tío, me equivoqué."

   El segundo hombre era mi padre. Fue un accidente, protestaba. Los paquetes se
parecían°. Tenía sus largos brazos doblados, las palmas de las manos hacia arriba, un   *looked*
desdeñoso encogimiento de hombros. Pero el hombre más viejo estaba furioso, la cara roja   75   *alike*
y los puños apretados. "Ni mierda, aquí no hay errores. ¡Ladrón!" Los otros hombres los
separaron; entre la borrosa escena mi padre me lanzó una sonrisita, y entonces caí en cuenta
de que nosotros solo habíamos traído bultos, no cajas.

Después de leer

 1-36 **¿Lima o Pasco?** Indica si las siguientes oraciones describen Lima o Pasco.

	Lima	Pasco
1. Es la ciudad donde el padre trabajaba en construcción.	☐	☐
2. Es la ciudad donde asistió a la universidad el narrador.	☐	☐
3. Es la ciudad donde nació la madre.	☐	☐
4. Es la ciudad donde la mayor parte de la gente trabaja en las minas.	☐	☐
5. Es la ciudad donde tiene lugar el final del cuento.	☐	☐

1-37 **Analizar los elementos literarios.** Contesten las siguientes preguntas.

1. El cuento tiene lugar en Pasco y en Lima. ¿Cuál es la actitud del narrador hacia
   Pasco y qué palabras comunican esa actitud? ¿Y su actitud hacia Lima? Comparen
   la descripción de Lima con la caracterización del padre. ¿Se parecen las ciudades de
   ustedes más a Pasco o a Lima?

2. ¿Con qué herramientas trabaja el padre y qué elementos de su carácter contribuyen a
   su éxito? ¿Cómo es el trabajo de los mineros en Pasco y qué repercusiones tiene en sus
   vidas? ¿Qué significa, "En Pasco, hasta las montañas se mueven"? Para la profesión que
   ustedes quieren ejercer, ¿qué herramientas y cualidades personales se necesitan?

COMPETENCIA CULTURAL
Comunicarte con hablantes no nativos

1-38 **Entender tu propia cultura.** Entrevístense usando las siguientes preguntas.

1. ¿Cuál es tu reacción al escuchar a alguien hablar bien el inglés pero con un acento diferente del tuyo? ¿Cambia esa reacción si tiene acento y comete muchos errores?
2. ¿Te cuesta entender el diálogo en las películas inglesas, australianas, etc.? ¿Entiendes el inglés de épocas pasadas en las películas históricas?
3. ¿Qué efecto tienen los acentos de los profesores en el aprendizaje de los estudiantes? ¿Es importante tener profesores de español con acentos diferentes?
4. ¿Te sientes cómodo/a hablando con personas de diferentes niveles del inglés y con acentos y/o dialectos diferentes del tuyo?

ESTRATEGIA CULTURAL

Los profesionales en el sector turístico tienen que hablar con personas de todas partes del mundo, ¡y a veces en un idioma que no es el idioma materno de ninguno! Con paciencia, creatividad y claridad se puede tener una buena comunicación con alguien que no hable con fluidez tu idioma. Por ejemplo, usa algunas de las herramientas que usan tus profesores de español. Simplifica tus oraciones y pronuncia clara pero naturalmente tus palabras. También, emplea elementos visuales, como palabras escritas, gestos, dibujos o mapas. Haz preguntas para saber si has entendido bien. Sobre todo, usa el contexto, la lógica y el sentido común.

Los turistas en España pueden disfrutar de (*enjoy*) un buen sistema de transporte público.

España es uno de los países más visitados por turistas de todo el mundo. Entre las muchas atracciones turísticas en España está la ciudad medieval de Toledo.

 1-39 **La competencia cultural en acción.** Para cada situación, describan algunas estrategias específicas para comunicarse con los turistas en español y preséntenselas a la clase.

1. Trabajas en un hotel y uno de los clientes no habla ni una palabra de español. Con la mano él se toca la barriga (*belly*) y luego mueve la mano hacia la boca. Dice una palabra que no entiendes. ¿Cómo respondes?

2. Trabajas en un museo y un grupo de muchachas te pide indicaciones para llegar a su hotel. Les explicas que la ruta pasa por una zona no muy segura y sugieres que vayan en taxi. Al salir del museo las ves caminar en vez de tomar un taxi. ¿Qué haces?

3. Trabajas en un restaurante y crees que un cliente quiere decirte que tiene alergias, pero no estás seguro/a y no sabes a qué. ¿Qué haces?

"Revitalización urbana",
por Marco Antonio Mata y Ricardo Dolantes, en EntreMuros (México)

Antes de escuchar

1-40 **¿Qué elementos contiene una zona vital?** Decide qué componentes crean una zona urbana de mucha vida.

PASO 1 Pon estos elementos en orden del 1 al 7, según la importancia que tienen para ti.

_____ La naturaleza: parques, árboles, fuentes, flores, etc.
_____ El arte: instalaciones de arte público, galerías y museos
_____ La música: locales con música en vivo, discotecas, música clásica, etc.
_____ La comida: restaurantes, cafés, heladerías, etc.
_____ Un ambiente seguro: faroles, aceras limpias, bancos para sentarse, etc.
_____ El comercio: tiendas de muchos tipos
_____ ¿Otra cosa? _____

PASO 2 Escribe una breve descripción del centro de la ciudad o del pueblo donde vives ahora o donde has vivido antes. ¿Contiene los elementos del **Paso 1** que más te importaron?

☐ Sí, todos.   ☐ Algunos.   ☐ Pocos.   ☐ Ninguno.

Al escuchar

ESTRATEGIA AL ESCUCHAR

Anticipar los polos opuestos. Comúnmente se habla de los polos opuestos de un asunto. Algunos ejemplos son: lo bueno y lo malo; antes y después; liberal y conservador. ¿Qué otros ejemplos de polos opuestos puedes dar? Vas a escuchar un programa sobre la revitalización urbana. Por lógica, podemos anticipar que van a presentar sobre "el antes" y "el después", o "una zona decaída" y "una zona revitalizada".

1-41 Práctica con los polos opuestos.

e **PASO 1** Asocia las siguientes citas del podcast que vas a escuchar con el tipo de zona que representan.

	Una zona vital	Una zona decaída
1. "Las ciudades se van fundando, se van desarrollando y van creciendo…"	☐	☐
2. "Se fue la parte económica…"	☐	☐
3. "…los habitantes que residían en esa zona se empezaron a ir."	☐	☐
4. "…se empezó a despoblar y su actividad económica cambió."	☐	☐
5. "Y las propiedades se empiezan a descuidarse."	☐	☐
6. "…tiene su jardinería arreglada y tiene sus luces bien y todas las construcciones a su alrededor están bien."	☐	☐
7. "…la zona empieza a degradarse, a pintarse, a envejecer…"	☐	☐

🔊 **PASO 2** Escucha el podcast "Revitalización urbana" y confirma si tus respuestas del **Paso 1** son correctas.

Después de escuchar

1-42 **Algunas zonas de la Ciudad de México.** La Ciudad de México es una de las ciudades más grandes del mundo. Vamos a identificar las zonas mencionadas en el podcast.

 PASO 1 Pon estas zonas en orden cronológico del 1 al 4, según se fue cambiando de lugar el centro de las actividades económicas de la Ciudad de México.

_____ Santa Fe

_____ el Corredor de Reforma

_____ Insurgentes

_____ el Zócalo

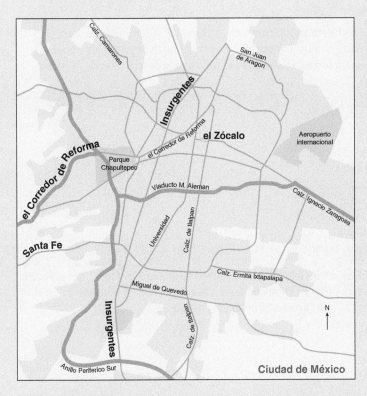

Ciudad de México

PASO 2 Describan las zonas históricas que hayan visitado en cualquier parte del mundo. Luego contesten juntos las siguientes preguntas.

1. En su opinión, ¿es importante preservar las zonas históricas? ¿Todas ellas? Justifiquen sus respuestas.
2. ¿Cuáles son los retos (*challenges*) de la preservación histórica? ¿Qué se pierde al proteger esas zonas históricas?
3. ¿Hay algunos tipos de "historia" que se preservan más que otros? Expliquen su respuesta.

La investigación por Internet:
Explorar algunas bellezas naturales y artísticas

1-43 **Explorar algunas maravillas de la naturaleza.** El mundo está lleno de bellezas naturales.

PASO 1 Usa la imaginación para dar una descripción de tu espacio natural ideal. Después vas a intercambiar tu descripción con la de un/a compañero/a de clase.

MODELO: *Es una playa con arena fina y negra. Hace mucho sol. Hay palmeras y pájaros exóticos que vuelan por el cielo azul. Las olas del mar son grandes y hacen mucho ruido …*

 PASO 2 Individualmente, busca en Internet fotos y videos de lugares naturales en Latinoamérica y en España que sean conocidos por su belleza, incluyendo los siguientes lugares. Selecciona el lugar que más se asemeje (*resembles*) a la descripción de tu pareja del **Paso 1.**

- Pailón del Diablo, Ecuador
- Cavernas de Mármol, Chile
- Tikal, Guatemala
- Cueva de los Cristales, México
- Caño Cristales, Colombia
- Salar de Uyuni, Bolivia
- Islas Galápagos, Ecuador
- Bahía Bioluminiscente, Puerto Rico
- Torres del Paine, Chile
- Cala Galdana, Menorca, España

PASO 3 Descríbanse el lugar que seleccionaron y luego enséñense las fotos. ¿Les parecen bellos los lugares que seleccionaron? ¿Son similares a lo que ustedes se imaginaron en el **Paso 1**? ¿Les interesa visitar estos lugares? Expliquen sus respuestas.

La expresión escrita:
Escribir para informar

Cuando escribimos para informar al lector, queremos darle información precisa, clara y útil sobre algún tema de interés mutuo. Para presentar esta información usamos hechos, descripciones, ejemplos y/o referencias a otras fuentes de información. Escribimos para informar cuando...

- escribimos un ensayo (*essay*) académico.
- le entregamos a nuestro/a jefe/a un informe (*report*).
- dejamos un recado (*message*) escrito detallado para un/a compañero/a de casa.
- ofrecemos nuestra opinión o reseña (*review*) sobre algún local, producto o servicio en un foro público.

Antes de escribir

1-44 Escribir una reseña negativa.

 PASO 1 Lean la reseña que escribió alguien en Internet sobre un bar en Madrid y entrevístense usando las preguntas.

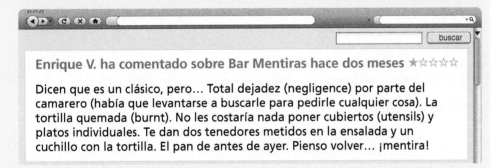

Enrique V. ha comentado sobre Bar Mentiras hace dos meses ★☆☆☆☆

Dicen que es un clásico, pero... Total dejadez (negligence) por parte del camarero (había que levantarse a buscarle para pedirle cualquier cosa). La tortilla quemada (burnt). No les costaría nada poner cubiertos (utensils) y platos individuales. Te dan dos tenedores metidos en la ensalada y un cuchillo con la tortilla. El pan de antes de ayer. Pienso volver... ¡mentira!

1. En términos generales, ¿cuál es el mensaje informativo del autor, Enrique V.? Si fueras (*if you were*) lector/a en Madrid, ¿cómo usarías la información?
2. De las cosas que comentó el autor, ¿cuál te parece la peor? ¿Qué cosas sobre un local no comentó el autor pero te importan a ti (por ejemplo, la limpieza, los decorados, etc.)?
3. ¿Cuál es tu reacción cuando lees comentarios negativos en Internet? ¿Y si el local criticado te gusta? ¿Escribes comentarios negativos sobre locales, productos o servicios en Internet?

PASO 2 Siguiendo el modelo del **Paso 1**, escribe una reseña breve sobre una experiencia negativa que hayas tenido en algún restaurante, bar, discoteca, hotel, tienda o cualquier otro tipo de negocio relacionado con el turismo.

Al escribir

ESTRATEGIA AL ESCRIBIR

Responder de manera profesional a las críticas. Con frecuencia las organizaciones y sus empleados tienen que responder a las críticas de sus clientes y/o usuarios (*users*). Ponerse a la defensiva como empleado/a no es ni productivo ni aceptable. Hay que reconocer el punto de vista del cliente, respetando su interpretación de los acontecimientos (*events*). De ahí puedes representar el punto de vista de la organización —de manera positiva— y buscar una solución satisfactoria.

1-45 **Una respuesta profesional.** Vas a escribir una respuesta profesional a una reseña negativa sobre algún negocio.

PASO 1 Lee los comentarios escritos por tus compañeros de clase para la actividad anterior. Selecciona uno, al que vas a responder como propietario/a, gerente o representante del negocio.

PASO 2 Redacta primero un esquema (*outline*). Usa la siguiente estructura para organizar tus ideas.

- Reconocer (*acknowledge*) los comentarios negativos
- Ofrecer la perspectiva de la empresa (para darle un contexto mayor o explicar la situación)
- Proponer alguna solución
- Invitar al cliente a volver a usar el local, los productos y/o los servicios, quizás dándole algún incentivo para hacerlo (un descuento, un cupón, algo gratis, etc.)

1-46 **Tu respuesta profesional.**

PASO 1 Escribe el primer borrador (*draft*) de tu respuesta profesional. Sigue tu esquema de la actividad previa punto por punto, pero redacta los puntos en el orden que te parezca más natural. Mantén la perspectiva de un/a profesional que le demuestre respeto a su cliente y que represente de manera positiva la empresa. El tono debe ser positivo y nunca defensivo. Usa descripciones precisas para representar el local, los productos y/o los servicios.

 PASO 2 Intercambien sus borradores. Léanlos con cuidado y escriban comentarios y/o preguntas para mejorarlos. Después, tomen en cuenta los comentarios y/o preguntas de su pareja y hagan las revisiones. Finalmente, entréguenle su versión final a su profesor/a.

Después de escribir

1-47 **A compartir.** Después de recibir las últimas correcciones y comentarios de tu profesor/a, comparte la versión final de tu respuesta profesional con el/la estudiante que originalmente escribió la reseña negativa. Dale al cliente la última palabra: invítalo/la a decirte o a escribirte su reacción.

📖 La expresión oral:
Hablar para informar

Tanto el discurso (*speech*) informativo como la escritura informativa tienen como propósito informar al oyente sobre algún tema de interés mutuo. La diferencia está en la transmisión. Al dar un discurso informativo, hay que tomar en cuenta las siguientes características de un discurso de este tipo.

- **La organización:** incluir una introducción, una parte central con tres puntos, una conclusión.
- En **la introducción**: decir el tema, atraer la atención sobre la importancia del tema, declarar brevemente los tres puntos centrales.
- En **la parte central:** presentar los tres puntos centrales en más detalle, seguir un orden lógico para los tres puntos; desarrollar cada punto con descripciones, ejemplos, comparaciones, etc.
- En **la conclusión**: señalar que vas a terminar, repetir brevemente los tres puntos centrales, terminar con alguna oración que conecte todo y que enfatice la idea principal.

> **ESTRATEGIA AL HABLAR**
>
> **Hablar con un nivel de detalle apropiado.** Al informarle a alguien, ¿qué nivel de detalle es apropiado? Una buena pauta (*guideline*) que seguir es ofrecer dos o tres detalles por idea central. ¿Parece tu oyente interesado, aburrido, impaciente o confundido? Intenta adaptar tu nivel de detalle a la reacción que recibas del oyente.

A. El habla interpersonal: Intercambios

1-48 **Improvisar.** Al realizar los siguientes *role-plays*, no se olviden de las recomendaciones sobre cómo ofrecer un nivel de detalle apropiado.

 PASO 1 Túrnense para hacer cada papel en las dos situaciones.

Situación 1

Persona A: Eres estudiante universitario/a y quieres estudiar español en el extranjero con un/a buen/a amigo/a tuyo/a. Prefieres estudiar en España, preferiblemente en la ciudad capital, Madrid. Dale alguna información a tu amigo/a sobre España (y algunas ventajas de Europa en general) y las razones por las que prefieres estudiar allí. ¿Adónde van a ir a estudiar?

Persona B: Eres el/la buen/a amigo/a de la Persona A. Tú prefieres estudiar en Latinoamérica, en la Ciudad de México. Dale alguna información a tu amigo/a sobre México (y algunas ventajas de Latinoamérica en general) y las razones por las que prefieres estudiar allí. ¿Adónde van a ir a estudiar?

Situación 2

Persona A: Trabajas para una empresa con ventas internacionales. Un/a cliente/a potencial de Paraguay está de visita para decidir si va a comprar de tu empresa o de otra. Tienes que dedicarle un día entero para enseñarle la ciudad y entretenerlo/la (*entertain him/her*). Tu jefe te ha dicho que puedes gastar hasta $500 y que es importante llevarlo/la a lugares de interés para él/ella. Pregúntale sobre sus preferencias. ¿Adónde van a ir?

Persona B: Eres el/la cliente/a potencial de Paraguay. Eres una persona abierta y flexible y tienes muchas ganas de conocer la ciudad donde estás de visita. Sin embargo, la dieta estadounidense típica no te gusta ni tampoco te gustan los lugares con muchísima gente. Infórmale sobre tus preferencias al/a la empleado/a que te acompaña. ¿Adónde van a ir?

 PASO 2 Ahora algunos voluntarios harán los *role-plays* con una nueva pareja delante de la clase. La clase va a analizar qué pasó durante cada interacción y qué estrategia(s) usó cada participante para comunicarse de manera efectiva.

El habla de presentación: Un discurso informativo

Antes de presentar

1-49 Hablar para informar. Prepara un discurso informativo para informarle a tu público sobre un tipo específico de turismo. Al final, vas a dar tu discurso informativo en clase.

 PASO 1 Hay muchos tipos de turismo —algo para todos los gustos y todos los presupuestos (*budgets*). Busca en Internet información básica sobre los varios tipos de turismo que aparecen en la lista a continuación. Luego escoge el tipo que más te interese para tu presentación e investígalo más a fondo.

un crucero (*cruise*)	el turismo de aventura	las vacaciones de pesca (*fishing*)
el ecoturismo	el turismo del bienestar y de la salud	los viajes en bicicleta
mochilear	el turismo de sol y playa	los viajes en velero (*sailboat*)
el parador de turismo	el turismo gastronómico	el volunturismo (*voluntourism*)
el turismo cultural	el turismo rural	¿otro tipo de turismo?

PASO 2 Busca algunos destinos dentro de los países hispanohablantes donde se puede hacer el tipo de turismo que escogiste en el **Paso 1.** Selecciona uno de esos destinos para presentar en detalle durante tu discurso informativo de cinco a siete minutos.

Este turista saca fotos de Trinidad, Cuba.

PASO 3 Planea tu propio viaje en un discurso informativo. Toma en cuenta lo siguiente y practica tu discurso antes de darlo en clase.

- Explicarles a tus compañeros exactamente qué clase de turismo escogiste.
- Describir un lugar, una agencia o una ruta específica donde se puede hacer ese tipo de turismo.
- Atraer la atención a través de detalles específicos e imágenes relacionadas.

Después de presentar

1-50 ¡A votar! Después de escuchar todos los discursos, la clase va a votar por el que: 1) le haya parecido más informativo y 2) haya presentado el viaje más atractivo. ¿Qué discurso tiene el mayor número de votos en cada categoría?

📖 El servicio comunitario:
Las conexiones entre el campus universitario y la comunidad

En muchísimas partes de Estados Unidos hay una comunidad importante de hispanohablantes. Esto no solamente contribuye a la riqueza lingüística y cultural del lugar, sino que es una gran oportunidad para los estudiantes de español. A continuación presentamos el proceso de integrar el voluntariado en el aprendizaje del español.

 1-51 Las bases del aprendizaje en la comunidad.

PASO 1 Con el aprendizaje en la comunidad, los estudiantes tienen que hacer un trabajo voluntario que responda a las necesidades de la comunidad. Preparen una lista de los trabajos voluntarios posibles en su comunidad. Busquen en Internet y llamen por teléfono. Por ejemplo, muchas escuelas y agencias de servicios sociales necesitan voluntarios que hablen español. El *United Way* trabaja con muchas agencias sociales y puede guiarlos en cuanto a las necesidades de otras agencias.

PASO 2 De la lista del **Paso 1,** ¿qué oportunidades les permiten escuchar el español? ¿Hablar en español? ¿Conocer mejor algunos aspectos de las culturas hispanas? Al final, con la ayuda de su profesor/a, hablen con esas organizaciones para saber si quieren recibir a voluntarios nuevos.

 1-52 Reflexionar. Busquen un/a compañero/a de clase con intereses semejantes en los trabajos voluntarios y hablen sobre lo siguiente.

1. **¿Qué?** Describan la oportunidad de trabajo voluntario que más les interese. ¿Por qué les interesa?
2. **¿Y qué?** Consideren esa oportunidad desde dos perspectivas: ¿qué pueden hacer para esa organización con su trabajo, y qué pueden enseñarles a ustedes los empleados y/o los clientes de esa organización?
3. **¿Ahora qué?** Preparen una lista de cosas concretas que deben hacer para prepararse bien para ser útiles (*useful*) en ese trabajo voluntario. ¿Qué vocabulario en español deben repasar o aprender? ¿Qué información necesitan tener acerca de las organizaciones y cómo pueden adquirirla (*get it*) antes de empezar a trabajar?

🔊 Resumen de vocabulario

Parte 1: El ámbito personal

Sobre los espacios	About spaces	Verbos	Verbs
el alojamiento	*lodging, accommodations*	alojar(se)	*to lodge, house, stay*
el cerro	*hill*	atraer / distraer	*to attract / distract*
el (des)orden	*(dis)order*	convalidar	*to validate*
el paisaje	*landscape*	destacarse	*to stand out*
el Patrimonio de la Humanidad	*World Heritage Site*	durar	*to last, go on for*
		echar de menos, extrañar	*to miss*
		mudarse	*to move, change residences*
Otros sustantivos	***Other nouns***	quedarse	*to stay*
		relajarse	*to relax*
la calidad	*quality, grade*		
el choque cultural	*culture shock*	**Adjetivos**	***Adjectives***
		acogedor/a	*cozy, welcoming*
		amplio/a	*spacious, roomy*
		apto/a	*suitable*
		cosmopolita	*cosmopolitan*
		(des)ordenado/a	*(dis)orderly, (un)tidy, messy*
		indígena	*indigenous*
		tranquilo/a	*tranquil, calm, quiet*
		ubicado/a	*located*

Parte 2: El ámbito profesional

Sobre los espacios	About spaces	Otros sustantivos	Other nouns
el diseño	*design*	el/la colega	*colleague*
la excursión	*hike, excursion, brief trip*	el/la conserje	*concierge*
la gira	*tour, outing*	el/la mochilero/a	*backpacker*
el itinerario	*itinerary*	el puesto (vacante)	*job (opening)*
los medios de transporte	*means of transport(ation)*		
el mostrador	*counter*	**Verbos**	***Verbs***
la mudanza	*moving (from one place/house to another)*	suponer	*to suppose, entail, imply*
el recorrido	*journey, route*	mochilear	*to backpack*

META COMUNICATIVA
Expresiva: Compartir tus experiencias

FUNCIONES COMUNICATIVAS
Comunicarse para compartir experiencias, ideas y sentimientos
Expresar preocupaciones físicas, emocionales o morales
Relatar acontecimientos en el pasado

GRAMÁTICA
Los pronombres de objeto indirecto, **gustar** y verbos semejantes
Los pronombres reflexivos y recíprocos
Los pretéritos regulares e irregulares
El imperfecto y su contraste con el pretérito

CULTURAS
Lecturas:
Boletín de noticias: "Ayudando a las latinas a combatir la depresión para llevar una 'Vida alegre'" (Estados Unidos)
Lectura literaria: "Isabel", por Sylvia Solé (España)

Podcast:
"El luto por mi hermano Gonzalo", historia oral de doña María Leticia Fonseca (Honduras)

Video cultural:
La tarjeta verde: papeles que cambian la vida (Estados Unidos)

Competencia cultural:
Entender el contexto económico
La traducción y la salud

El servicio comunitario:
La salud mundial y local (Tu comunidad)

📖 Explorando el tema

Pregunta: ¿Te consideras integrado/a en la vida universitaria?

Diez **señales** de que ya te has **integrado** en la universidad.

1. Tienes una **camiseta** con los colores de tu universidad.
2. Has ido a un partido de baloncesto (u otro deporte) de tu universidad.
3. Has ido a la oficina de uno de tus profesores.
4. Has **trasnochado** para escribir un **trabajo.**
5. Lees el periódico y escuchas la radio de la universidad.
6. Has trabajado en equipo para alguna clase.
7. Has levantado la mano para participar en debates o conversaciones durante tus clases.
8. Tienes amigos que son de lugares muy diferentes del lugar donde **te criaste.**
9. Vas a la biblioteca a menudo.
10. Eres miembro de algún grupo estudiantil.

e **2-1** **Práctica con el contexto.** Estas palabras están en negrita (*in boldface*) en la lista previa. Empareja las palabras con las descripciones.

1. _____ las señales
2. _____ integrarse
3. _____ la camiseta
4. _____ trasnochar
5. _____ el trabajo
6. _____ criarse

a. pasar la noche sin dormir
b. prenda de ropa casual que cubre el tronco del cuerpo
c. crecer
d. indicaciones
e. ensayo académico sobre algún tema
f. formar parte de

 2-2 **Crear su propia lista.**

PASO 1 Contesten las siguientes preguntas. Expliquen sus respuestas, usando ejemplos específicos. Luego, comparen sus respuestas con las de la clase.

1. Para ustedes, ¿cuáles de las diez señales tienen sentido?
2. ¿Cuáles no tienen sentido en su universidad en particular?

PASO 2 Escojan cinco señales del **Paso 1** y modifíquenlas para que tengan más sentido en su universidad en particular. Luego, escriban otra señal que tenga sentido solamente en su universidad.

MODELO: *Tienes una camiseta blanca y azul con nuestra mascota: un lobo.*

Vocabulario

Sustantivos	Nouns
la adolescencia	*adolescence*
la adultez, la edad adulta	*adulthood*
la brecha/ la laguna generacional	*generation gap*
el cumplido, el elogio, el halago	*compliment, praise*
el hito	*milestone*
la niñez	*childhood*
la perforación corporal/ en el cuerpo, el piercing	*body piercing*
la primera infancia	*infancy*
el tatuaje	*tattoo*
la vejez	*old age*

Verbos	Verbs
brindar por	*to toast*
criarse, crecer	*to grow up*
elogiar, halagar	*to praise, compliment, flatter*
enviar, mandar (un mensaje de texto)	*to send (a text message)*
nacer	*to be born*
perforar(se) el cuerpo/ las orejas	*to pierce one's body/ears*
tatuar(se)	*to (get a) tattoo*

Adjetivos	Adjectives
herido/a	*hurt, wounded*
(in)esperado/a	*(un)expected*
significativo/a	*meaningful, significant*

Para refrescar la memoria

acostarse (ue)	*to go to bed*
afeitarse (un hombre)	*to shave*
arreglarse	*to fix oneself up, get ready*
depilarse (una mujer)	*to remove one's body hair, wax*
maquillarse	*to put on makeup*
morir (ue, u)	*to die, pass away*
ponerse (contento/a, furioso/a, triste)	*to become (content, angry, sad)*
sentirse (ie, i) (estresado/a, feliz, molesto/a)	*to feel (stressed, happy, annoyed)*
vestirse (i, i)	*to get dressed*

En contexto

Los novios firman el certificado de matrimonio en una iglesia de España.

2-3 Las transiciones en la vida y el estrés.

PASO 1 ¿Cuál de los acontecimientos en cada par es el más estresante para la mayoría de la gente? Después, tu profesor/a va a dar los resultados de una encuesta (*survey*) pública.

1. a. la Navidad   b. cometer un delito menor
2. a. jubilarse   b. tener problemas con el/la jefe/a
3. a. cambiar de casa   b. casarse
4. a. un/a hijo/a se va de la casa   b. cambiar de carrera

PASO 2 Hablen sobre un cambio en su vida y expliquen cómo lograron superar ese cambio. ¿Qué estrategias utilizan ustedes durante las transiciones de la vida?

2-4 Los ritos de iniciación. Existen ritos para entrar en algunos grupos, y no todos son placenteros.

PASO 1 Asocia cada grupo con uno o más de los siguientes ritos de iniciación.

1. _____ un cuerpo de servicio militar   a. tatuarse
2. _____ una hermandad   b. emborracharse
3. _____ una pandilla o mara   c. recitar algunas frases en griego o en latín
4. _____ una sociedad académica honorífica   d. encender una vela
5. _____ un club de campo   e. pagar una cantidad de dinero
                                                  f. dejarse golpear
                                                  g. ¿otro rito?

PASO 2 Algunos ritos son parte de una ceremonia formal, pero otros son más informales y menos obvios. Con un/a compañero/a, hablen de las organizaciones y clubes de los que son miembros y los ritos asociados con cada uno.

2-5 Ponerse de acuerdo.

PASO 1 Un rito importante para muchos estudiantes universitarios es hacer un viaje durante las vacaciones de primavera. Lee sobre tres viajes posibles. ¿Cuál te interesa más y por qué? Luego, comparte tu decisión con el resto de la clase.

1. *Viaje en auto con tus amigos hasta Miami, Florida.* Por un lado tienes la playa y toda la vida nocturna a su alrededor. Por otro lado, puedes llegar a conocer esta ciudad pluricultural a través de sus museos, su arquitectura y sus vecindarios con caracteres únicos. Además, hay muchas oportunidades para practicar español.

2. *Vuelo chárter a Cancún, México.* Puedes disfrutar de la playa, las aguas cristalinas y la vida nocturna. Puedes practicar español y también conocer la cultura maya antigua (en el sitio arqueológico de Chichén Itzá) y actual (en la zona maya de Tulum, un pueblo ubicado a 145 kilómetros de Cancún).

3. *Viaje en crucero por el Caribe con "todo incluido".* La nave ofrece varias piscinas y otros tipos de entretenimiento (discotecas, espectáculos, actividades deportivas, etc.). Hace escalas en tres islas (una de habla española) y puedes pasar algunas horas explorando el lugar.

PASO 2 Pónganse de acuerdo para hacer uno de los viajes juntos. Después, completen estas frases.

1. Nos gustó más este viaje porque…
2. No nos gustaron tanto los otros viajes porque…
3. Fue [difícil / fácil] llegar a un acuerdo porque…

2-6 Hablemos claro.

PASO 1 Entrevístense y apunten en una hoja las respuestas de su compañero/a.

1. ¿Cuáles fueron los retos de tu transición a ser estudiante en esta universidad? ¿Qué retos presentan estas otras transiciones: cambiar de especialización, cambiar de residencia, dejar la universidad? ¿Qué recursos ofrece la universidad para ayudar a los estudiantes en sus momentos de transición? ¿Te sientes apoyado/a por la universidad, tus profesores, tu familia?

2. Describe tus recuerdos sobre algunos de los siguientes ritos y momentos de transición (puedes hablar de tus experiencias personales o de las de otras personas): un cumpleaños, sacar la licencia de conducir, el baile de *prom*, la graduación, un nacimiento, una muerte, una boda, enamorarse por primera vez. ¿Qué otros momentos fueron fundamentales para ti?

3. ¿Cuál es tu actitud hacia las organizaciones estudiantiles? ¿Eres socio/a de muchas, pocas o ninguna? ¿Por qué? ¿Te interesan más las organizaciones sociales, académicas, filantrópicas o de otro tipo? Imagínate que vas a formar un nuevo club. ¿De qué sería el club? ¿Cómo sería el rito de iniciación?

PASO 2 A algunas personas les gusta el cambio y por eso viven muchos momentos de transición. En tu opinión, ¿cuál es la actitud de tu compañero/a hacia el cambio? Apunta tus ideas en una hoja. Después, compártelas con él/ella. ¿Está de acuerdo contigo tu pareja? Prepárate para compartir los resultados con la clase.

Gramática

I. Los pronombres de objeto indirecto, *gustar* y verbos semejantes

An indirect object adds information to a verb by stating "to whom" or "for whom" the action is directed, or "from whom" something is taken. In Spanish, an indirect object is always expressed with an indirect object *pronoun*. Many common verbs in Spanish like **gustar** are used with an indirect object pronoun.

Le mando flores **a mi madre** en su cumpleaños.	*I send flowers **to my mother** on her birthday.*
(A ella) le gustan mucho las flores.	*My mother likes flowers very much. (Literally: Flowers are very pleasing **to my mother**.)*

A. Formación y uso: los pronombres de objeto indirecto

■ The indirect object pronouns in Spanish are listed below.[1]

Pronombres de objeto indirecto			
me	*(to) me*	**nos**	*(to) us*
te	*(to) you (familiar)*	**os**[2]	*(to) you (all) (fam., Spain)*
le	*(to) you (formal), him, her*	**les**	*(to) you (all) (for.), them*

———————

[1]Recall that *direct object* pronouns differ from *indirect object* pronouns only in the third person: *me, te, lo/la, nos, os, los/las*.

[2]Recall that the subject pronoun **vosotros** (second-person plural) and its related forms (e.g., **os**) are used only in Spain.

■ Indirect object pronouns are required in Spanish. A prepositional phrase is often added for emphasis or clarification: **a mí, a ti, a usted, a él, a ella, a nosotros/as, a vosotros/as, a ustedes, a ellos/as,** etc.

Mi hermana es práctica; yo soy sentimental. Para la graduación mi padre **le** dio dinero **a ella. A mí me** regaló un collar de perlas.

*My sister is practical; I'm sentimental. For graduation my father gave **her** money. **To me** he gifted a pearl necklace.*

A cambio **le** di un beso (**a él**). Mi hermana **le** dio un abrazo.

*In return I gave **him** a kiss. My sister gave **him** a hug.*

¡AHORA TÚ!

Complete 2-1 in MySpanishLab to practice these concepts.

■ Indirect object pronouns precede conjugated verbs or may attach to the end of an infinitive or a gerund, if one is present.

Le voy a regalar una buena biografía. De hecho estoy comprándo**le** una ahora mismo.

*I'm going to gift **him** a good biography. In fact I'm buying one **for him** right now.*

¡AHORA TÚ!

Complete 2-2 in MySpanishLab to practice these concepts.

■ A number of Spanish verbs take an indirect object. Some common examples are: **comprar** (*to buy*), **dar** (*to give*), **decir** (*to say*), **escribir** (*to write*), **mandar** (*to send*), **mostrar** (*to show*), **preparar** (*to prepare*), **quitar** (*to take away*), **regalar** (*to gift*), **servir** (*to serve*).

B. Formación y uso: *gustar* y verbos semejantes

■ The verb **gustar** and others like it take an indirect object. These verbs typically appear in this sentence structure: A _____ + *indirect object pronoun* + *verb* + *subject*. Note that the subject of the verb (shown in pink) is at the end. Typically, the subject is in the third person singular or plural. Be sure not to confuse the subject with the indirect object pronoun.

(**A mí**) **me** gusta celebrar. **Me** fascinan las bodas. **Me** encanta la tarta de boda.

*Celebrating is pleasing **to me**. Weddings fascinate **me**. Wedding cake delights **me**.*

■ Some verbs that operate like **gustar** include: **aburrir** (*to bore*), **caer bien/mal** (*to like/dislike [a person]*), **encantar** (*to delight*), **fascinar** (*to fascinate*), **molestar** (*to bother, annoy*), **ofender** (*to offend*), **parecer** (*to seem*).

¡AHORA TÚ!

Complete 2-3 in MySpanishLab to practice these concepts.

En contexto

2-7 **Los cumpleaños.** Celebramos los cumpleaños como hitos significativos en nuestra vida. ¿Participas en la costumbre de celebrarlos con tus seres queridos?

PASO 1 Completa cada oración con el pronombre de objeto indirecto apropiado. Después, indica si, en tu caso, cada afirmación es verdad o no.

¿Es verdad en tu caso?	sí	no
1. *A mí* mi madre _____ prepara un pastel de cumpleaños.	☐	☐
2. *A mi madre* _____ cantamos un "Cumpleaños feliz".	☐	☐
3. *A mis hermanos y a mí* mi padre _____ da dinero.	☐	☐
4. *A mis mejores amigos/as* _____ mando una tarjeta (*card*) de cumpleaños.	☐	☐
5. *A mi padre y a mi madre* _____ regalo un buen libro.	☐	☐
6. *A cada persona importante en mi vida* _____ digo, "Te quiero mucho".	☐	☐

PASO 2 Si alguna afirmación del **Paso 1** no es verdad en tu caso, cámbiala para que sea verdad.

 PASO 3 Comparen sus respuestas. ¿En qué se parecen? ¿En qué se diferencian? Preparen un breve resumen o conclusión para la clase.

2-8 **¿Cómo reaccionas?** La vida está llena de momentos alegres, difíciles e inesperados.

PASO 1 Imagínate que varias personas importantes en tu vida se encuentran en las siguientes situaciones. ¿Qué le/s dices?, ¿qué le/s das?, etc. Para cada situación escribe dos oraciones. Usa verbos de la lista a continuación y sigue el modelo.

comprar	decir	mandar	preparar	regalar
dar	escribir	mostrar	quitar	servir

MODELO: *A mi mejor amiga en su graduación, le regalo un collar muy bonito. También le digo, "¡Enhorabuena!"*
(A _____) + indirect object pronoun + verb + direct object.

1. Tu mejor amigo/a se gradúa de la universidad.
2. Los padres de un/a buen/a amigo/a se divorcian.
3. Un/a primo/a tuyo/a se casa con su novio/a y te manda una invitación a la boda.
4. A tu abuelo/a lo/la admiten en el hospital en estado grave de salud.
5. Nace el/la primer/a hijo/a de tu hermano/a y su pareja.
6. Tus padres venden la casa donde creciste y se mudan a otro estado.

PASO 2 Comparen sus oraciones. ¿En qué situaciones son más universales que individuales sus reacciones? ¿En qué situaciones son más individuales sus reacciones? En su opinión, ¿de qué factores dependen las reacciones más individuales?

2-9 **Los gustos generacionales.** Lo que está de moda en la cultura pop cambia de generación en generación.

PASO 1 ¿Conoces bien a tu profesor/a de español y los gustos que tiene? Indica si crees que le gusta o no cada cosa o situación, prestando atención también al número (singular o plural) del sujeto.

	Sí, le gusta.	Sí, le gustan.	No, no le gusta.	No, no le gustan.
1. los tatuajes	☐	☐	☐	☐
2. las perforaciones en el cuerpo	☐	☐	☐	☐
3. el programa *Ídolo americano*	☐	☐	☐	☐
4. las películas de la serie *Twilight* sobre vampiros	☐	☐	☐	☐
5. las canciones de los años 80	☐	☐	☐	☐
6. bajar nuevas aplicaciones a su iPhone	☐	☐	☐	☐
7. "textear"	☐	☐	☐	☐
8. usar Facebook	☐	☐	☐	☐
9. las botas UGG	☐	☐	☐	☐
10. comer barras y batidos (*shakes*) de proteína	☐	☐	☐	☐

PASO 2 Túrnense para preguntarle a su profesor/a "¿Le/Te gusta(n)…?" Comparen sus respuestas. ¿Quién lo/la conoce bien? ¿…más o menos? ¿… poco?

2-10 Y ahora ustedes.

PASO 1 Entrevístense sobre las cosas o situaciones del **Paso 1** de la actividad previa.

MODELO: E1: *¿Te gustan los tatuajes?*
E2: *Sí, me gustan. ¿Y a ti?*
E1: *Sí, me gustan algunos pero no todos.*

PASO 2 Escriban dos o tres oraciones que resuman los resultados del **Paso 1** y de la actividad previa. Prepárense para compartir sus oraciones con la clase.

MODELO: *Al/A la profesor/a no le gustan los tatuajes, pero a nosotros sí nos gustan.*

2-11 Los gustos de Carlos. A continuación habla Carlos, un joven estudiante universitario. ¿Te parecen típicos o no sus gustos?

 PASO 1 Completa el texto con un pronombre de objeto indirecto y un verbo conjugado.

No sé si soy típico de mi generación o no, pero explico algunas cosas que a mí
(1) _____ _____ (gustar) y otras que (2) _____ _____ (disgustar).
A mí (3) _____ _____ (encantar) ser activo. A mis amigos y a mí
(4) _____ _____ (gustar) todos los deportes, pero sobre todo el fútbol.
También (a mí) (5) _____ _____ (fascinar) la tecnología, bien sea mi iPhone,
mi portátil, los videojuegos o la fotografía digital. Por otra parte, creo que a mí y a mi
generación en general (6) _____ _____ (ofender) la discriminación, ya esté
relacionada con el sexo, la orientación sexual o la raza de las personas. Además (a mí)
(7) _____ _____ (molestar) mucho el desperdicio (*waste*). Hay que reciclar y
cuidar bien el medio ambiente. Por último, (a mí) (8) _____ _____ (aburrir)
estar solo. Estoy acostumbrado a mucha actividad y contacto social y necesito sentirme
parte de una comunidad más amplia.

 PASO 2 Hablen de los gustos e ideas de Carlos. ¿Cuáles comparten con él? ¿Cuáles no comparten con él? ¿Les parece que Carlos es típico de su generación? Expliquen sus ideas.

Gramática

II. Los pronombres reflexivos y recíprocos

A *reflexive verb* is one where the subject and the object of the action are the same. In English this meaning is expressed by "*-self/-selves*." In Spanish this meaning is expressed by a required *reflexive pronoun* used with the verb.

mirar (*to look at*, non-reflexive)

La mujer **mira** su celular. → Lo **mira**.

*The woman **is looking at** her cell phone.*

mirarse (*to look at oneself*, reflexive)

La mujer se **mira**.

*The woman **is looking at** herself.*

A *reciprocal* action is a mutual one where two or more subjects perform an action to or for "one another." By definition, reciprocal actions are always *plural*. In Spanish this meaning is expressed by a required *reciprocal pronoun* used with the verb. The reciprocal pronouns *overlap* with the *plural* reflexive pronouns, as shown by the two examples below.

mirarse (*to look at each other,* reciprocal)

Las chicas se **miran.**

*The girls **are looking at** each other.*

mirarse (*to look at oneself,* reflexive)

Las chicas se **miran.**

*The girls **are looking at** themselves.*

A. Formación y uso: los pronombres reflexivos

- The *reflexive pronouns* in Spanish are listed below.[1]

Pronombres reflexivos			
me	*myself*	**nos**	*ourselves*
te	*yourself (fam.)*	**os**	*yourselves (fam., Spain)*
se	*yourself (for.), himself, herself*	**se**	*yourselves (for.), themselves*

- While reflexive pronouns in English often are omitted, they are required in Spanish. A prepositional phrase may be added for emphasis or clarification: **a mí mismo/a, a ti mismo/a, a sí mismo/a, a nosotros/as mismos/as, a vosotros/as mismos/as, a sí mismos/as.**

Las chicas se **miran** (a sí mismas) en el espejo.

*The girls **are looking** (at themselves) in the mirror.*

¡AHORA TÚ!

Complete 2-4 in MySpanishLab to practice these concepts.

---

[1]Recall the *direct object* and *indirect object* pronouns from the previous section and note that they differ from reflexive pronouns only in the *third person*: **lo/la/los/las** versus **le/les** versus **se,** respectively.

B. Formación y uso: los pronombres recíprocos

- The *reciprocal pronouns* in Spanish overlap in form with the *plural* reflexive pronouns: **nos, os, se,** which in this case all mean "each other" or "one another."

¡AHORA TÚ!

Complete 2-5 in MySpanishLab to practice these concepts.

- Reciprocal pronouns are *required* in Spanish. The adverb **mutuamente** (mutually) or phrases such as the following may also be used for emphasis or clarification: **el uno al otro, la una a la otra, los unos a los otros, las unas a las otras.**

Las chicas se **miran** (la una a la otra).   *The girls **are looking at** each other.*

- Both reflexive and reciprocal pronouns precede conjugated verbs or may attach to the end of an infinitive or a gerund, if one is present.

Vamos a vestirnos de azul para la boda.   *We **are going to dress** (ourselves) in blue for the wedding.*

Los novios están mirándose (el uno al otro).   *The bride and groom are looking at each other.*

En contexto

2-12 **¿Reflexivo o no?** Muchos verbos tienen una versión reflexiva y otra no reflexiva, dependiendo de qué o quién recibe la acción.

e **PASO 1** Empareja cada oración con la imagen que mejor capta su significado.

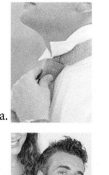
a.

b.

c.

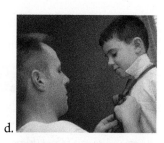
d.

e.

f.

g.

h.

1. _____ Lo abraza.
2. _____ Se abraza.
3. _____ Lo viste.
4. _____ Se viste.

5. _____ Le afeita la cara.
6. _____ Se afeita la cara.
7. _____ Le depila las piernas.
8. _____ Se depila las piernas.

PASO 2   Para cada oración del **Paso 1,** contesten las siguientes preguntas.

1. ¿Quién es el sujeto implícito de la oración?
2. ¿Qué tipo de pronombre aparece antes del verbo en la oración (por ejemplo, un pronombre de objeto directo, de objeto indirecto o reflexivo)? ¿A qué o a quién se refiere ese pronombre?
3. ¿Es reflexivo o no el verbo? ¿Cuál es el infinitivo?

PASO 3   ¿Cuáles de las oraciones e imágenes de los **Pasos 1 y 2** se pueden usar para hablar de ustedes? Expliquen sus respuestas.

2-13   **La (in)dependencia.**   Los seres humanos pasamos por varias etapas de la vida desde la primera infancia hasta la vejez. Durante estas etapas nuestra autonomía varía mucho entre la dependencia y la independencia.

PASO 1   ¿Es reflexiva o no la acción en cada imagen? Primero, escriban una oración reflexiva o no debajo de cada imagen. Después, desarrollen un relato breve de 3 o 4 oraciones por imagen, pensando en esa etapa de la vida. Vocabulario útil: **acostar(se), maquillar(se), vestir(se), el bebé, el/la niño/a, el señor, la enfermera.**

a. _____

b. _____

c. _____

d. _____

e. _____

f. _____

PASO 2   Ahora elijan alguno de sus relatos para leer a la clase. ¿Pueden adivinar (*guess*) sus compañeros cuál de las imágenes describen? En su opinión, ¿refleja la imagen la dependencia o la independencia?

2-14 **La adolescencia.** La adolescencia se define como la etapa transicional de la vida entre la pubertad y la adultez y abarca más o menos las edades de diez a dieciocho años. Los adolescentes experimentan varios aspectos de la vida adulta por primera vez.

 PASO 1 Judith, una chica estadounidense de diecisiete años, expresa su punto de vista sobre la adolescencia. Completa cada oración con la conjugación reflexiva del verbo entre paréntesis.

MODELO: *Algunos adolescentes se llaman (llamarse) por un apodo* (nickname) *en vez de por su nombre de pila* (first name), *pero yo prefiero "Judith".*

1. Muchos chicos adolescentes _____ (afeitarse) la cara por primera vez.
2. Desde los quince años, yo _____ (depilarse) las piernas.
3. Mis amigas y yo _____ (maquillarse) la cara y yo también _____ (pintarse) las uñas.
4. Algunos adolescentes _____ (ponerse) corbata o pantimedias (*pantyhose*) por primera vez.
5. Una amiga mía _____ (vestirse) de manera muy diferente, pero a su madre no le gusta nada.
6. Muchos de nosotros _____ (perforarse) las orejas y algunos, con el permiso de sus padres, _____ (perforarse) otras partes del cuerpo, pero a mí hacer eso no me interesa.

 PASO 2 ¿Fue su adolescencia parecida a la de Judith? Hablen de sus propias experiencias. Si ustedes no han vivido alguna de esas experiencias, digan *"No me ha pasado".*

MODELO: *(Yo) tenía dieciséis años cuando me afeité / me depilé por primera vez. Recuerdo que fue muy difícil y estaba muy nervioso/a. ¿Y tú?*

2-15 **Situaciones y reacciones emocionales.** Los verbos reflexivos **ponerse** (*to become*) y **sentirse** (*to feel*) se usan con varios adjetivos para expresar emociones. Háblense de cómo se sienten ustedes en las siguientes situaciones.

agobiado/a (*overwhelmed*)	contento/a	estresado/a	molesto/a
asustado/a (*scared*)	enfadado/a	frustrado/a	triste ¿...?

MODELO: E1: *Si un ser querido tuyo se pone muy enfermo, ¿cómo te sientes?*
E2: *En esa situación, me siento muy preocupada y asustada. Y tú, ¿cómo te pones?*
E1: *Yo me pongo preocupado también.*

1. Un ser querido tuyo se pone muy enfermo.
2. Vas a tomar un examen de ingreso (*entrance exam*) a la escuela de posgrado (*graduate school*).
3. Tienes un tatuaje después de una noche de fiesta, pero no te acuerdas cómo te lo hicieron.
4. Se muere la mascota (*pet*) que tenías desde tu niñez.
5. Tus amigos te preparan una cena especial para tu cumpleaños.
6. Alguien te roba la bicicleta que te regalaron tus padres para la graduación.
7. Tu mejor amigo/a te anuncia que va a dejar la universidad.

CONCLUSIÓN: Por lo general, ¿son semejantes o diferentes sus reacciones emocionales en esas situaciones? Prepárense para compartir sus respuestas con la clase.

📖 Lectura: Boletín de noticias

Antes de leer

2-16 La inmigración y la salud mental. Los grandes cambios en la vida pueden provocar problemas de salud mental. Exploremos el gran cambio que supone el inmigrar.

PASO 1 Inmigrar es una transición complicada. En grupos, preparen en una hoja una lista de los factores positivos y de los negativos en la vida de un inmigrante recién llegado. Luego, comparen su lista con las de los otros grupos. ¿Hay diferencias en sus listas? ¿Son más los factores positivos o los negativos? ¿Creen que la vida de un/a inmigrante es particularmente estresante?

Factores positivos	Factores negativos
Contribuir económicamente a su familia en el país de origen.	*Sentirse solo/a.*

PASO 2 El artículo que van a leer trata de las madres inmigrantes. ¿Cómo es su situación diferente de la situación de otros inmigrantes?

Al leer

ESTRATEGIA AL LEER

Entender la relación entre el escritor y el lector. Los boletines de noticias se usan para crear una relación entre el lector y la organización que produce el boletín. Todo tipo de organizaciones utilizan los boletines de noticias: los negocios, las ONG, los clubes, las escuelas, las iglesias, etc. Sus artículos informan a los lectores sobre los logros y servicios de la organización. La intención es hacer sentir al lector involucrado en la organización.

2-17 Vocabulario fundamental. Las siguientes palabras están en negrita en el artículo. Mientras vas leyendo, empareja cada palabra con su definición o con su sinónimo.

1. _____ comadres
2. _____ agobiadas
3. _____ fondos
4. _____ tratamiento cognitivo-conductual
5. _____ estudiantes de posgrado
6. _____ estudiantes de licenciatura
7. _____ congresos
8. _____ revistas académicas

a. dinero
b. los que están en un programa de máster o de doctorado
c. figuras femeninas importantes, ya sean vecinas o amigas
d. estresadas
e. publicaciones de investigaciones científicas y humanísticas
f. reuniones de expertos con presentaciones
g. método para identificar y cambiar los pensamientos y acciones de una persona
h. los que están haciendo los cuatro años de la universidad

Una trabajadora social ayuda a sus clientes a tener acceso a todos los servicios que necesiten.

Son las dos de la mañana. El bebé llora y la madre se levanta —por cuarta vez esa noche— para calmarlo, darle de comer y cambiar el pañal. Es una rutina difícil pero típica para las madres. Pero para las madres inmigrantes, la situación es mucho más complicada. Pueden sentirse solas porque sus parientes y **comadres** están en otro país. Están solas en sus casas si la pareja trabaja muchas horas o en más de un trabajo. Si empiezan a sentirse demasiado **agobiadas** o deprimidas, no pueden utilizar los sistemas de ayuda si hablan poco inglés.   5

Muchos inmigrantes llegan a Estados Unidos con la esperanza de crear una "vida alegre" en su nuevo hogar, a pesar de los muchos obstáculos que encuentran. Sin embargo, los estudios demuestran que para los inmigrantes que hablan poco inglés y que necesitan servicios de salud mental, las barreras son grandes. Los servicios de salud mental son menos   10 accesibles en las comunidades donde los inmigrantes son recientes.

La doctora Lissette Piedra, profesora en la Escuela de Trabajo Social de la Universidad de Illinois, quiere cambiar este problema.

Con **fondos** de la universidad, la doctora Piedra ha creado un programa llamado Vida alegre que ofrece servicios en español para las madres latinas que sufren de depresión.   15 Las participantes en Vida alegre se reúnen una vez a la semana por diez semanas. Esas sesiones de grupo siguen un modelo de **tratamiento cognitivo-conductual** para las madres con depresión, pero en español y con otro cambio importante: se introduce en la terapia el tema de la migración y sus efectos en las relaciones interpersonales y la salud mental. Es decir, Vida alegre no es solamente la traducción de un programa existente en inglés, sino que   20 incorpora las necesidades específicas de las madres inmigrantes.

Vida alegre también ofrece oportunidades importantes a los estudiantes de la Escuela de Trabajo Social. Los **estudiantes de posgrado** que participan, llevan a cabo las sesiones, en español, y con la Dra. Piedra como supervisora. Es una preparación única e importante para su vida profesional. Los **estudiantes de licenciatura** ofrecen servicios de apoyo, como por   25 ejemplo cuidar a los niños durante las sesiones, hacerles llamadas telefónicas a las madres, ayudar a las madres con el transporte a las sesiones y más. Los estudiantes aprenden mucho y pueden poner en su currículum que han trabajado en un contexto profesional bilingüe, una experiencia que se valora mucho en el mundo laboral.

La Dra. Piedra ha presentado los resultados de la investigación de Vida alegre en   30 **congresos** nacionales y ha publicado artículos en **revistas académicas** importantes. Las conclusiones son claras y significativas: las madres que participaron se sintieron menos deprimidas al final del programa.

Vida alegre es un ejemplo más de cómo la Escuela de Trabajo Social de la Universidad de Illinois ayuda a mejorar las condiciones de los individuos, las familias y las comunidades   35 a través de la investigación, la enseñanza y la participación en la vida de los residentes de Illinois.

Después de leer

e   **2-18** ¿Quién lo hace? Indica a quién(es) se refieren las siguientes acciones. Puede haber más de una respuesta correcta.

1. ¿Quién creó Vida alegre? _____
2. ¿Quiénes asisten a las sesiones de Vida alegre? _____
3. ¿Quiénes son los líderes de las sesiones? _____
4. ¿Quién supervisa las sesiones? _____
5. ¿Quién cuida a los niños durante las sesiones? _____
6. ¿Quiénes se benefician de Vida alegre? _____

a. la Dra. Piedra
b. las madres inmigrantes
c. los estudiantes de posgrado
d. los estudiantes de licenciatura

2-19 La relación entre escritor y lector. Completa esta frase y compara tu respuesta con las de otros compañeros.

■ Si leo este artículo en un boletín de noticias de la universidad, mi opinión de la Escuela de Trabajo Social es _____ porque _____.

2-20 Por extensión. La depresión situacional se puede evitar o aliviar con algunas prácticas importantes.

PASO 1   Entrevista a tu compañero/a para saber si practica estas actividades para controlar el estrés.

1. ser activo físicamente
2. construir y mantener relaciones sólidas con otras personas
3. hacer yoga, meditar o seguir otras prácticas mentales o espirituales
4. comer bien
5. darse tiempo para relajarse o no hacer nada
6. dormir lo suficiente

PASO 2   El estrés no es igual para todos. Por ejemplo, los pilotos experimentan momentos estresantes diferentes de los de un cirujano. En su opinión, ¿cuáles son los tres momentos o factores más estresantes para los estudiantes universitarios? Además de las actividades del **Paso 1,** ¿qué otras tres cosas pueden hacer los estudiantes para controlar el estrés? Preséntenle sus listas a la clase. ¿Es particularmente estresante la vida de un estudiante universitario?

2-21 **Entender tu propia cultura.** Entrevístense sobre su futuro ideal, enfocándose en los siguientes períodos de su vida. Incluyan información sobre su vida personal, profesional y otros aspectos importantes. Después, comparen sus ideas con las de otros compañeros. ¿Hay aspectos que se repiten? ¿Ser adulto significa tener un buen trabajo, casarse, comprar una casa, tener hijos?

1. su vida dentro de tres años
2. su vida dentro de cinco años
3. su vida dentro de diez años
4. su vida dentro de veintinueve años

ESTRATEGIA CULTURAL

La transición de adolescente a adulto es importante en muchas culturas. En Estados Unidos valoramos mucho la independencia y por eso es importante conseguir un trabajo y salir de la casa de los padres lo más pronto posible. En la actualidad, la situación económica en muchos países prohíbe o retarda ese proceso. En España, por ejemplo, existe el fenómeno de los *mileuristas* y *nimileuristas*, o jóvenes con estudios superiores que ganan solamente mil euros o menos al mes en su trabajo. En el año 2013, menos de la mitad de los jóvenes españoles tenía trabajo. No se puede atribuir las circunstancias de las personas solamente a su iniciativa individual. Tenemos que tomar en cuenta también el contexto económico, político y cultural.

Investigadora en un laboratorio

Casas en el Barrio Gótico de Barcelona, España

 2-22 **La competencia cultural en acción.** Para los siguientes logros, indiquen qué factores personales, políticos y económicos son necesarios. Si es posible, luego seleccionen un país hispanohablante e identifiquen factores que favorecen o desfavorecen esos logros.

1. conseguir un trabajo digno
2. salir de la casa de sus padres
3. casarse
4. tener hijos

Antes de verlo

2-23 **"Un verdadero rito de transición".** El reportaje de Adrián explica un rito de transición muy importante para los inmigrantes: recibir la *green card*, o sea, el permiso de trabajar. ¿Qué otros momentos de transición serán importantes en la vida de un/a inmigrante? ¿Qué transiciones han sido importantes en tu vida? De esos momentos, ¿cuáles fueron acompañados por algún tipo de documento?

Vocabulario útil

el/la abogado/a *lawyer*	la frontera *border*
aportar *to contribute*	ganarse la vida *to earn a living*
el/la ciudadano/a *citizen*	el pastel *pie, cake*
dar pena *to upset, make (one) sad*	solicitar *to apply for*
esconderse *to hide oneself*	tramitar *to arrange, attend to*
esforzarse (ue) por (+ INF) *to strive to (+ INF)*	

Al verlo

2-24 **¿Comprendes?** Contesta en una hoja las siguientes preguntas y prepárate para compartir tus ideas con la clase.

1. ¿Por qué llama Adrián a Manuela?
2. ¿Qué es la *green card*? ¿De qué trata el proyecto de Adrián?
3. Describe la experiencia de cómo llegaron los cuatro inmigrantes latinos a Estados Unidos. ¿Por qué no necesita una *green card* Adrián?
4. ¿Cuáles son algunos ejemplos concretos de cómo les cambió la vida tener la *green card*?
5. ¿Qué le parece a Manuela el video de Adrián? ¿Estás de acuerdo? Explica.

Después de verlo

2-25 **¡Luces, cámara, acción!** El reportaje de Adrián incluye entrevistas con cuatro personas. Seleccionen otro rito de transición, identifiquen cuatro personas a quiénes podrían entrevistar sobre ese rito y escriban tres preguntas para cada persona. Prepárense para presentarle su tema y sus preguntas a la clase. De los otros grupos, ¿qué tema les parece el más interesante? ¿Qué preguntas les parecen las más originales?

Vocabulario

Sustantivos	Nouns
el dolor	*pain*
el estrés	*stress*
el pensamiento	*thought*
la radiografía	*x-ray*
la salud (física, mental)	*(physical, mental) health*
el sentimiento	*feeling*
la sinceridad	*sincerity*
la terapia	*therapy*

Verbos	Verbs
diagnosticar	*to diagnose*
doler (ue)	*to hurt*
ejercer (de)	*to practice (a profession) (as)*
reducir	*to reduce*
sanar	*to heal*

Adjetivos	Adjectives
doloroso/a	*painful*
sano/a	*healthy, wholesome*
traumático/a	*traumatic*

Para refrescar la memoria

el/la enfermero/a	*nurse*
enfermo/a	*ill, sick*
el/la enfermo/a	*ill person*
el/la médico/a[1]	*(medical) doctor*
el/la paciente	*patient*

---

[1]In some varieties of Spanish, a female medical doctor is referred to as *la médico*.

En contexto

Se torció el tobillo.

2-26 **El cuerpo humano.**

PASO 1 Asocia cada parte del cuerpo con un problema de salud.

1. _____ el hueso
2. _____ el cerebro
3. _____ el corazón
4. _____ el tobillo
5. _____ el oído
6. _____ el estómago
7. _____ un músculo

a. una hinchazón (*swelling*)
b. un calambre (*cramp*)
c. una fractura
d. una indigestión
e. una infección
f. un infarto
g. una depresión

PASO 2 ¿Con qué parte o partes del cuerpo se asocian estos mandatos de un médico durante un chequeo? Piensa en varias posibilidades lógicas.

1. Mira.
2. Escucha.
3. Levanta.
4. Abre.
5. Camina.
6. Respira.

Sesión con una psicoanalista

2-27 Las carreras de la salud.

PASO 1 Indica si estas profesiones se asocian más con la salud mental o la salud física. ¿Qué otras profesiones en el campo de la salud conoces?

	salud mental	salud física
1. el/la cardiólogo/a	☐	☐
2. el/la psicólogo/a	☐	☐
3. el/la cirujano/a (*surgeon*)	☐	☐
4. el/la dentista	☐	☐
5. el/la fisioterapeuta	☐	☐
6. el/la psiquiatra	☐	☐
7. el/la enfermero/a	☐	☐
8. el/la terapeuta	☐	☐

PASO 2 Preparen una lista de las habilidades y características personales que se necesitan para ejercer una de las profesiones médicas del **Paso 1** u otra que les interese.

2-28 Los números. Escucha lo que le dice un médico a su paciente y contesta las preguntas.

1. ¿Cuántos años tiene el paciente?
2. ¿Cuánto pesa el paciente ahora?
3. ¿Cuánto ha bajado su colesterol?
4. ¿Cuántas pastillas en total toma el paciente al día?
5. ¿En qué mes tiene que volver a ver al médico el paciente?
6. En conclusión, ¿cuida bien su salud el paciente?

2-29 Ponerse de acuerdo.

PASO 1 Un niño de diez años tiene problemas de comportamiento en la escuela y en la casa. No quiere hacer sus deberes, se distrae fácilmente y se enfada mucho. El otro día pegó a otro niño de su clase. Entre las opciones a continuación, ¿cuál te parece el mejor tratamiento y por qué?

1. *Una consulta médica.* Durante un chequeo a fondo, la médica les hace preguntas al niño y a sus padres. Según sus observaciones y las respuestas de ellos, pide una serie de exámenes. El niño va al laboratorio donde le extraen sangre. Va a otra clínica para que le hagan una resonancia magnética del cerebro. Al final, la médica le receta al niño cuatro medicamentos y les pide que vuelvan en tres meses.
2. *Una visita con el terapeuta.* El terapeuta habla una hora con el niño. Le hace preguntas sobre sus amistades, sus clases, su maestro y su familia. Después, el terapeuta propone un plan. Una vez a la semana, la trabajadora social de la escuela pasará media hora con el niño. Una vez al mes el niño tendrá cita con el terapeuta. Mientras tanto, si el niño se pone agresivo otra vez, la directora de la escuela lo va a mandar a casa por dos días.
3. *El apoyo de la abuela.* Los padres piensan invitar a la abuela del niño a vivir en la casa con ellos. Los dos padres trabajan. La abuela estará en la casa para recibir al niño después de la escuela, ayudarle con sus deberes y simplemente ser una presencia positiva en su vida. La abuela tiene setenta años y tiene algunos problemas crónicos de salud que de momento no son graves. La casa es pequeña, y el niño y la abuela van a tener que compartir una habitación.

 PASO 2 Imagínense que ustedes son los padres de este niño. Pónganse de acuerdo sobre el mejor tratamiento. Después, indiquen las conclusiones a las que lleguen. Por último, compartan su decisión y sus conclusiones con el resto de la clase.

Preferimos un tratamiento...

☐ profesional.
☐ privado.
☐ físico.
☐ psicológico.
☐ emocional.

☐ que ayude al niño a expresarse.
☐ que no cueste mucho dinero.
☐ que explore posibles causas fisiológicas y/o químicas.
☐ ¿otra conclusión?

2-30 Hablemos claro.

 PASO 1 Entrevístense y apunten en una hoja las respuestas de su compañero/a.

1. ¿Qué habilidades especiales se necesitan para trabajar en el campo de la salud? ¿Qué características personales se necesitan? Cuando uno trabaja en un contexto internacional, ¿qué habilidades y características se necesitan?
2. Además del idioma, ¿qué información cultural necesitan saber los profesionales de la salud en un contexto internacional? ¿Qué prácticas y creencias religiosas pueden influir en la salud? ¿Cómo influye en la salud la dieta tradicional de una población? ¿Y la noción de pudor (*modesty*), sobre todo para las mujeres? ¿Y las relaciones familiares? ¿Qué otros factores culturales influyen en la salud de una población?
3. ¿Cuáles son algunos ejemplos de desastres naturales y en qué países ocurrieron? ¿Cuáles son los problemas de salud inmediatos? ¿Qué problemas de salud llegan después? ¿Qué importancia tiene la ayuda internacional en estos casos?

PASO 2 Hay muchas brigadas que van a otros países y ofrecen servicios de salud gratis. En tu opinión, ¿es tu compañero/a un/a buen/a candidato/a para alguna de esas brigadas de voluntarios? Apunta tus ideas en una hoja. Después, compártelas con él/ella. ¿Está de acuerdo contigo tu pareja? Prepárate para compartir los resultados con la clase.

Gramática

III. Los pretéritos regulares e irregulares

The *preterit* is one of two *simple past tenses* in Spanish. Generally, it expresses a completed action in the past, whether viewed as a whole or only in terms of its beginning or ending point. The other simple past tense, the *imperfect*, will be contrasted with the preterit in the next section of this chapter.

El lunes Pablo **trabajó** todo el día en el hospital. **Empezó** a las ocho de la mañana y **terminó** a las siete de la tarde.

*On Monday Pablo **worked** all day. He **began** at 8 in the morning and **finished** at 7 in the evening.*

Formación

- Verbs that are *regular* in the preterit show two patterns: one for **-ar** verbs and one for **-er** and **-ir** verbs. For both, the first- and third-person singular forms are emphasized on the final syllable and require a written accent mark (when there is more than one syllable, cf. **ver**: vi, vio). The first-person plural forms for **-ar** and **-ir** verbs (albeit not for **-er** verbs) are the same in the preterit and the present.

  hablar: hablé, hablaste, habló, hablamos, hablasteis, hablaron
  comer: comí, comiste, comió, comimos, comisteis, comieron
  escribir: escribí, escribiste, escribió, escribimos, escribisteis, escribieron

  ¡AHORA TÚ!
  Complete 2-6 in MySpanishLab to practice these concepts.

- Infinitives that end in **-car** (c → qu), **-gar** (g → gu), or **-zar** (z → c) show a spelling change in the first-person singular. In the first two cases, the change maintains the original pronunciation of the consonants. In the third case, the change is due to a spelling convention, where the sequences **ce/ci** are preferred over **ze/zi** in Spanish.

  buscar: busqué, buscaste, buscó, buscamos, buscasteis, buscaron
  llegar: llegué, llegaste, llegó, llegamos, llegasteis, llegaron
  avanzar: avancé, avanzaste, avanzó, avanzamos, avanzasteis, avanzaron

  ¡AHORA TÚ!
  Complete 2-7 in MySpanishLab to practice these concepts.

- When the stem of an **-er** or **-ir** verb ends in a vowel, the unstressed **i** of the third-person preterit endings -ió and -ieron undergoes a change: it becomes the consonant **y**. All of the preterit forms of these verbs require a written accent mark, except the third-person plural.

  leer: leí, leíste, leyó, leímos, leísteis, leyeron
  huir: huí, huíste, huyó, huímos, huísteis, huyeron

  ¡AHORA TÚ!
  Complete 2-8 in MySpanishLab to practice these concepts.

- Verbs ending in **-ar** or **-er** that have a stem change in the present *do not* stem-change in the preterit (cf. **pensar: él pensó; volver: él volvió**). **-ir** verbs that stem-change in the present *also* stem-change in the preterit, however, only in the *third-person* forms and with simpler changes: **e → i, o → u.**

  (e → i, i)[1] **pedir:** pedí, pediste, pidió, pedimos, pedisteis, pidieron
  (e → ie, i) **preferir:** preferí, preferiste, prefirió, preferimos, preferisteis, prefirieron
  (o → ue, u) **dormir:** dormí, dormiste, durmió, dormimos, dormisteis, durmieron

  ¡AHORA TÚ!
  Complete 2-9 in MySpanishLab to practice these concepts.

[1]When two stem-change options are shown, the first one refers to the stem change in the present tense, and the second one refers to the stem change in the preterit and the gerund.

¡AHORA TÚ!

Complete 2-10 in MySpanishLab to practice these concepts.

■ Many common verbs are *irregular* in the preterit. These irregular forms are referred to as "strong preterits" because they are all emphasized on the *stem*, not the endings. Although there are patterns among these forms (grouped below), for the most part they need to be memorized.

ir: fui, fuiste, fue, fuimos, fuisteis, fueron

ser: fui, fuiste, fue, fuimos, fuisteis, fueron

ver: vi, viste, vio, vimos, visteis, vieron

dar: di, diste, dio, dimos, disteis, dieron

tener: tuve, tuviste, tuvo, tuvimos, tuvisteis, tuvieron

estar: estuve, estuviste, estuvo, estuvimos, estuvisteis, estuvieron

andar: anduve, anduviste, anduvo, anduvimos, anduvisteis, anduvieron

poder: pude, pudiste, pudo, pudimos, pudisteis, pudieron

poner: puse, pusiste, puso, pusimos, pusisteis, pusieron

saber: supe, supiste, supo, supimos, supisteis, supieron

haber[2]: hubo

hacer: hice, hiciste, hizo, hicimos, hicisteis, hicieron

venir: vine, viniste, vino, vinimos, vinisteis, vinieron

querer: quise, quisiste, quiso, quisimos, quisisteis, quisieron

decir: dije, dijiste, dijo, dijimos, dijisteis, dijeron

traer: traje, trajiste, trajo, trajimos, trajisteis, trajeron

En contexto

2-31 **¿En qué orden pasaron los eventos?** El hacerse daño (*getting hurt*) puede ser traumático a cualquier edad.

PASO 1 A continuación se cuenta la historia de Raúl, un niño de ocho años. Pon los eventos en orden cronológico desde el primero (1) hasta el último (10).

_____ Mis amigos **llamaron** a mis padres.

_____ **Decidimos** subirnos a un árbol.

_____ Me **dijo** que me había roto el brazo derecho.

_____ **Me caí.**

_____ **Salí** con mis amigos.

_____ **Salimos** del hospital para casa, donde **descansé** por varios días.

_____ Una médica me **vio.**

_____ Mis padres me **llevaron** a la sala de emergencias.

_____ **Me hice** mucho daño.

_____ **Perdí** el equilibrio.

PASO 2 ¿Has tenido tú, o algún hermano o amigo tuyo, una experiencia semejante a la de Raúl? Siguiendo el **Paso 1** como modelo, usa el pretérito para contar la secuencia de eventos de esa experiencia. Después, ponlos en orden aleatorio (*random*) en preparación para el **Paso 3.**

----

[2]Typically, only the third-person singular form **hubo** is used in the preterit, with the meaning *there was/were*. This use is similar to that of the third-person singular form **hay** in the present, which means *there is/are*.

PASO 3 Intercambien sus relatos, pongan los eventos en orden cronológico y después confirmen el orden correcto. ¿En qué se parecen o se diferencian sus relatos? ¿Tuvieron los eventos alguna consecuencia grave a largo plazo (*long term*)? ¿Recibieron buena atención médica o no? Expliquen sus respuestas.

2-32 **Un paciente preocupado.** Un paciente le explica algunas cosas a su psicóloga.

 PASO 1 Completa cada oración con el pretérito del verbo que ya aparece.

1. Normalmente me levanto a las cinco, pero ayer _____ a las ocho.
2. Normalmente corro diez kilómetros todas las mañanas, pero ayer solo _____ un kilómetro.
3. Normalmente desayuno fuerte, pero ayer no _____ nada.
4. Normalmente soy muy productivo en el trabajo, pero ayer no _____ nada productivo.
5. Normalmente trabajo en la oficina hasta las siete de la tarde, pero ayer solo _____ hasta las cinco.

PASO 2 ¿Qué le pasa a este paciente? Elijan la causa a continuación que les parezca más probable o piensen en otra. Después, pónganse en el lugar de la psicóloga y apunten algunas preguntas que le pueden hacer al paciente para ayudarlo a entender mejor su situación.

☐ El paciente está exhausto y simplemente necesita unas vacaciones.
☐ Algún acontecimiento traumático le pasó en la fecha de ayer de algún año pasado, quizás la muerte de su abuelo o de otra persona especial.
☐ Está enamorado de alguien y no se da cuenta todavía.
☐ ¿Otra causa?

PASO 3 Ahora cambien de parejas y túrnense, haciendo el papel de paciente y de psicólogo/a. En el papel de paciente, supongan que su problema se debe a la causa elegida en el **Paso 2.** En el papel de psicólogo/a, hagan las preguntas que apuntaron en el **Paso 2.** Al final, contesten las siguientes preguntas.

1. ¿Qué opinan ustedes del trabajo de un/a psicólogo/a? ¿Usaron ustedes o algún conocido suyo los servicios de uno/a en el pasado?
2. En su opinión, ¿cuáles son algunas de las ventajas y/o desventajas de la profesión? ¿Les atrae como futura profesión? Expliquen sus respuestas.

2-33 **Explica un fisioterapeuta.** ¿Cómo es una carrera en fisioterapia? A continuación un fisioterapeuta comparte algunas de sus experiencias.

 PASO 1 Completa el párrafo con la forma correcta del pretérito de cada verbo entre paréntesis.

Me llamo Pedro Gutiérrez Inclán y soy fisioterapeuta en el estado de Michigan en Estados Unidos. Para ejercer esta profesión yo (1) _____ (hacer) un máster de tres años en fisioterapia. El programa (2) _____ (consistir) principalmente en cursos de ciencias y sesiones de práctica. Mis compañeros y yo (3) _____ (estudiar) mucha anatomía, fisiología y rehabilitación. También (4) _____ (tener) que realizar experimentos para escribir una tesis grupal entre tres estudiantes. El último paso para sacar la licencia profesional (5) _____ (ser) aprobar un difícil examen escrito estatal. Ahora es necesario completar todo un doctorado para ser fisioterapeuta, pero por suerte este cambio no nos afecta a los fisioterapeutas ya practicantes.

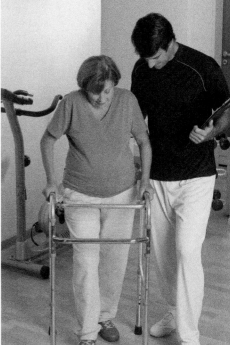
Un fisioterapeuta ayuda a una paciente a caminar con un andador (*walker*).

Después de terminar el proceso de certificación, (yo) (6) _____ (empezar) a buscar trabajo. (7) _____ (Recibir) varias ofertas enseguida, porque actualmente hay mucho trabajo disponible y no hay suficientes fisioterapeutas. Me encanta mi trabajo pero no es siempre fácil. Pongo un caso reciente como ejemplo. Hace varios meses, una paciente (8) _____ (llegar) con la pelvis y un fémur fracturados por un grave accidente automovilístico. Yo le (9) _____ (enseñar) a transferir su peso correctamente al moverse de la cama a una silla y viceversa. También le (10) _____ (mostrar) unos ejercicios sencillos para fortalecerle la pierna fracturada y mantener la circulación de la sangre. A veces es difícil ver el sufrimiento de la gente, pero me da mucha satisfacción poder ayudarla de alguna manera.

PASO 2   ¿Qué opinan ustedes del trabajo de un/a fisioterapeuta? ¿Usaron los servicios de uno/a en el pasado? En su opinión, ¿cuáles son algunas de las ventajas y/o desventajas de la profesión? ¿Les atrae como futura profesión? Expliquen sus respuestas.

2-34   **Fuera de lo normal.**   A veces vivimos y soñamos fuera de la rutina normal de la vida.

PASO 1   Completa cada oración con información verdadera, falsa o mixta sobre ti, un/a amigo/a, una persona de tu familia o una combinación de personas.

MODELO: *Normalmente* _trabajo_ *todos los días, pero ayer* _hice una excursión a la playa_.

1. Normalmente _____ todos los días, pero ayer _____.
2. Normalmente _____ los sábados, pero el sábado pasado _____.
3. Normalmente _____ durante el semestre, pero el semestre pasado _____.
4. Normalmente _____ en invierno, pero el invierno pasado _____.
5. Normalmente _____ en verano, pero el verano pasado _____.

PASO 2   Túrnense para leer sus oraciones en voz alta. ¿Presentan sus compañeros información verdadera, falsa o mixta en cada oración? Háganse preguntas para determinar la realidad.

2-35   **Una vez...**   Para algunas experiencias en la vida, una sola vez basta (*is enough*).

PASO 1   Completa cada oración con información verdadera, usando una expresión en el pretérito.

MODELO: *Una vez comí demasiadas batatas (yams) en el día de Acción de Gracias y me enfermé.*

1. Una vez _____ y (no) [me gustó / me gustaron].
2. Una vez _____ y [me cayó / me cayeron] [bien / mal].
3. Una vez _____ y / pero (no) me enfermé.

PASO 2   Circulen por el salón de clase para compartir sus oraciones. Apunten las experiencias en común con por lo menos tres compañeros diferentes. Prepárense para compartir sus resultados con la clase.

Gramática

IV. El imperfecto y su contraste con el pretérito

Along with the preterit, the imperfect is one of two *simple past tenses* in Spanish. Generally, the imperfect expresses the *absence of completion*. It emphasizes the duration, progression, or repetition of an action in the past.

Antes Pablo **era** estudiante. **Vivía** cerca del campus y **tenía** una vida relajada.	Previously Pablo **was** a student. He **lived/used to live** close to campus and **had/used to have** a relaxed life.

A. Formación: el imperfecto

■ Verbs that are *regular* in the imperfect show two patterns: one for **-ar** verbs and one for **-er** and **-ir** verbs. For the **-ar** pattern, only the first-person plural forms require a written accent mark to maintain word stress. For the **-er** and **-ir** pattern, all forms require a written accent mark.

hablar: habl**aba**, hablabas, hablaba, hablábamos, hablabais, hablaban

comer: comía, comías, comía, comíamos, comíais, comían

escribir: escribía, escribías, escribía, escribíamos, escribíais, escribían

■ Only three verbs are *irregular* in the imperfect. All of the first-person plural forms require a written accent mark, and all forms of **ver** require a written accent mark.

ir: iba, ibas, iba, íbamos, ibais, iban

ser: era, eras, era, éramos, erais, eran

ver: veía, veías, veía, veíamos, veíais, veían

> **¡AHORA TÚ!**
>
> Complete 2-11 in MySpanishLab to practice these concepts.

B. Uso: el imperfecto versus el pretérito

■ While both the imperfect and the preterit express the *past tense* in Spanish, the preterit emphasizes the *completion* of a past action (whether as a whole, its beginning, or its end), whereas the imperfect does not. The imperfect emphasizes the continuous, repeated, or habitual nature of an action in the past.

Pablo **pasó** cinco años en la universidad. **Empezó** sus estudios en el 2007 y **se graduó** en el 2012.	Pablo **spent** 5 years in college. He **began** his studies in 2007 and **graduated** in 2012.
Durante su carrera universitaria, Pablo **era** muy activo. **Estudiaba** mucho pero también **salía** con amigos y **se divertía.**	During his university career, Pablo **was** very active. He **studied/used to study** a lot but also **went out/ used to go out** with friends and **had fun/used to have fun.**

■ In a narration of successive events, these may be expressed in the preterit, the imperfect, or a combination of the two, depending on meaning. When the focus is on a series of *completed* actions, the preterit is used. When the focus is on a series of *habitual* actions or ones *in progress simultaneously*, the imperfect is used. When the focus is on an action *in progress* when another action *occurs*, the former is in the imperfect while the latter is in the preterit.

Ese día Pablo **se levantó** temprano, **estudió** por tres horas y después **salió** con sus amigos.	*That day Pablo **got up** early, **studied** for 3 hours, and then **went out** with his friends.*
Normalmente Pablo **estudiaba** por seis horas mientras **veía** la televisión.	*Usually Pablo **studied/used to study** for 6 hours while he **watched/ was watching** television.*
Esa tarde Pablo **se divertía** con sus amigos en un bar cuando **conoció** a Julia, su futura esposa.	*That evening Pablo **was having fun** with his friends in a bar when he **met** Julia, his future wife.*

■ Generally, descriptions in the past are expressed in the imperfect. These include the weather, time, age, physical conditions, and emotions.

Cuando Pablo **conoció** a Julia, **eran** las cuatro de la tarde y **hacía** mucho sol.	*When Pablo **met** Julia, it **was** four o'clock in the afternoon and it **was** sunny.*
Pablo **tenía** veintidós años, **estaba** en forma y **se sentía** contento.	*Pablo **was** 22 years old, he **was** fit, and **felt** content.*

En contexto

2-36 **Antes de varios avances.** ¿Cómo era la salud pública nacional e internacional antes de varios avances importantes?

 PASO 1 Empareja cada descripción con su período en la historia de la salud pública.

1. _____ Cientos de miles de personas a nivel mundial **se quedaban** paralizadas anualmente.
2. _____ Las infecciones bacterianas (*bacterial*) como la faringitis estreptocócica (*strep throat*) y la sífilis **eran** muy serias e incluso fatales.
3. _____ Los médicos **dependían** solamente de las radiografías (*x-rays*) para hacer diagnosis.
4. _____ El cólera **mataba** a millones de personas a nivel mundial por la deshidratación severa causada por la diarrea y el vómito.
5. _____ No **existía** el programa Medicare en Estados Unidos, el cual provee ahora atención médica a personas mayores de sesenta y cinco años o con discapacidades.

a. antes de las plantas de tratamiento de aguas residuales (*wastewater*) a finales del Siglo XIX
b. antes del descubrimiento de la penicilina en 1928
c antes de la vacuna contra la polio en los años 50
d. antes de 1965
e. antes de las imágenes por resonancia magnética o IRM (*MRI*) desarrolladas en los años 70

 PASO 2 ¿Saben algún otro dato sobre cómo era la salud pública antes? Hablen sobre eso y prepárense para compartir la información con la clase.

2-37 **Los recuerdos de una profesional médica.** Los cambios sociales y los avances en la tecnología han cambiado el trabajo de muchos, y el trabajo del/de la profesional médico/a no es ninguna excepción.

PASO 1   Completa cada oración con el imperfecto del verbo que aparece en la oración anterior.

1. Ahora el paciente comúnmente hace su cita médica por Internet.
   Antes el paciente _____ su cita médica llamando por teléfono al consultorio.
2. Ahora anotamos los datos sobre el paciente en la computadora.
   Antes los _____ en un formulario en papel.
3. Ahora vemos al paciente por unos quince minutos.
   Antes lo _____ por más tiempo.
4. Ahora recetamos (*prescribe*) los antibióticos muy juiciosamente (*judiciously*).
   Antes los _____ menos estrictamente.
5. Ahora encargamos recetas enviándolas a la farmacia por Internet.
   Antes las _____ llamando a la farmacia por teléfono.

PASO 2   Contesten las siguientes preguntas.

1. En su opinión, ¿cuáles son las ventajas y desventajas de los cambios descritos en el **Paso 1**? ¿Son todos positivos? Expliquen su respuesta.
2. ¿Qué opinan ustedes del trabajo de un/a médico/a? ¿Cuáles son algunas de las ventajas y/o desventajas de la profesión? ¿Les atrae como futura profesión? Expliquen su respuesta.

Una médica se despide de un paciente.

2-38   **¿Acción completada o en progreso?** Ana Teresa cuenta una experiencia de su juventud relacionada con un dentista.

PASO 1   Indica si cada oración describe una acción completada (en el *pretérito*) o en progreso (en el *imperfecto*) en el pasado.

	acción completada	acción en progreso		acción completada	acción en progreso
1.	☐	☐	6.	☐	☐
2.	☐	☐	7.	☐	☐
3.	☐	☐	8.	☐	☐
4.	☐	☐	9.	☐	☐
5.	☐	☐	10.	☐	☐

PASO 2   ¿Qué le pasó a Ana Teresa? Elige todas las oraciones ciertas según la historia.

☐ Ana Teresa tuvo un accidente jugando con su hermana en el jardín de su casa.
☐ Ana Teresa perdió un diente natural para siempre.
☐ El dentista descubrió el problema y le arregló el diente enseguida.
☐ El dentista descubrió el problema pero la solución era dejar pasar el tiempo.

PASO 3   En su opinión, ¿cuáles son algunas de las ventajas y/o desventajas de ejercer la profesión de dentista? ¿Les atrae como futura profesión? Expliquen sus respuestas.

2-39 En el hospital para una IRM. Ir al hospital como paciente puede ser una experiencia difícil. A continuación un señor explica su experiencia con una IRM.

PASO 1 Completa cada oración con el pretérito o el imperfecto del verbo entre paréntesis, según se enfatice la acción como completada o en progreso en el pasado.

A. La llegada rápida

Después de entrar al hospital, (yo) (1) _____ (ir) directamente a recepción. La recepcionista me (2) _____ (pedir) varios documentos y datos personales. Yo (3) _____ (firmar) varios papeles. Entonces ella me (4) _____ (dirigir) a la sala de espera.

B. La espera larga

Mientras (yo) (5) _____ (esperar), (6) _____ (sentirse) un poco ansioso. A mi lado una mujer atractiva (7) _____ (leer) una revista mientras su hijo pequeño (8) _____ (jugar). Me entretenía un poco viéndolos.

C. El procedimiento: una experiencia nueva

Por fin, (ellos) me (9) _____ (llamar) para entrar al laboratorio. Mientras (yo) (10) _____ (estar) en la máquina muy quieto, (11) _____ (oír) sonidos raros y un poco irritantes. Por fin, el procedimiento (12) _____ (terminar) después de unos cuarenta y cinco minutos. ¡Menos mal!, porque no podía aguantar ni un minuto más.

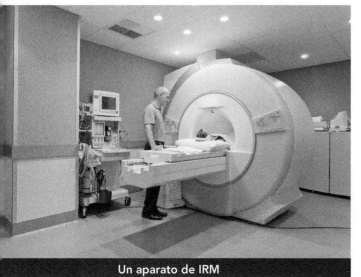

Un aparato de IRM

PASO 2 ¿Se sometieron ustedes alguna vez a una IRM? ¿Y a otra prueba de diagnóstico, como por ejemplo, una radiografía? ¿Cómo fueron sus experiencias: semejantes o diferentes a la de este señor? ¿Tuvieron que esperar durante mucho tiempo? ¿Recibieron buena atención médica o no? Hablen de sus experiencias y prepárense para compartirlas con la clase.

2-40 ¿Cuántos años tenías…? Entrevístense, usando las siguientes preguntas. Apunten las respuestas de su compañero/a y elijan una conclusión apropiada para después compartirla con la clase.

¿Cuántos años tenías cuando…

1. te hiciste daño seriamente por primera vez?
2. te enamoraste por primera vez?
3. asististe a un funeral por primera vez?
4. conseguiste tu primer trabajo?
5. supiste qué carrera querías seguir en la universidad?

CONCLUSIÓN: En una escala de 1 (= somos muy semejantes) a 5 (= somos muy diferentes), mi compañero/a y yo somos un _____.

📖 Lectura literaria

Sobre la autora

Nacida en 1978, Sylvia Solé es de Madrid, España, y se mudó a Zaragoza para asistir a la universidad. "Isabel" es un poema en prosa del libro *Diacronía del miedo*. Describe a un individuo que representa una generación de personas que, según explica la poeta, tuvieron "la libertad de haber nacido ya justo al principio de los 80, y de no ser conscientes hasta ser casi adultas que cinco minutos antes aún había una dictadura, y que teníamos Danone en la nevera, y Petite Suisse, no como ahora que tenemos marcas blancas (*generic*) y esas cosas". Efectivamente, sus poemas retratan a la generación española que vive la globalización —hay personajes y referencias culturales de varios países— y una libertad que las generaciones previas desconocían, como en el caso de los conciertos, tatuajes, cigarrillos y el erotismo. Vivieron una juventud en que todo parecía posible, con una cultura de consumismo y de diversión muy importante. Parecía que la fiesta nunca se iba a acabar. Pero mezclado con ese aire juvenil, hay un sentido de pérdida personal y social. Lo mismo se puede decir de los jóvenes españoles, dejados atrás con las crisis económicas y la política del nuevo milenio.

Antes de leer

2-41 **Las generaciones.** Asistir a la universidad es un rito de transición común, pero cada generación vive esa experiencia de manera diferente.

PASO 1 Completa estas frases con todos los ejemplos que se te ocurran. ¿Crees que son tus respuestas típicas de tu generación?

1. En mis clases, aprendo mejor si…
2. Además de mis clases, participo en…
3. Mis padres me ayudan a…
4. Uso la tecnología para…

e **PASO 2** Cada país pasa por momentos y acontecimientos históricos diferentes y por eso las generaciones son diferentes. Asocia cada descripción de una generación española con la imagen pertinente. ¿Qué tienes en común con la generación de españoles de tu misma edad?

a.

b.

c.

d.

1. *Generación de la transición*. Nacidos antes de 1960. Su juventud estuvo marcada por el fin del régimen del Dictador Franco y la transición a la democracia. _____
2. *Generación de la movida*. Nacidos entre 1960 y 1970. Su infancia fue marcada por los primeros videojuegos y España en la Unión Europea. Internet llegó cuando ya estaban trabajando. _____
3. *Generación del "milagro" económico*. Nacidos en los 70. Son los primeros españoles que se sienten realmente europeos. Su juventud ha sido marcada por el desarrollo de Internet, las Olimpiadas de Barcelona, el ataque a las Torres Gemelas y más tarde, por la perplejidad de asistir al principio de una crisis económica grave. _____
4. *Generación Y*. Nacidos en los 80 y la primera mitad de los 90. Son la generación de la conectividad permanente y la globalización, pero también son "los indignados" que protestan por las crisis política y económica que no les permiten encontrar un trabajo digno. _____

Al leer

ESTRATEGIA AL LEER

Reconocer y analizar los símiles. Un símil es una comparación entre dos cosas en la que se usa la palabra **como**. Hay símiles muy comunes: "**Tu boca es como una rosa**". Pero en la literatura, los símiles pueden también sorprender: "Unos cuerpos son como flores / otros como puñales (*daggers*)" (Luis Cernuda, *Los placeres prohibidos*). Los símiles comunican mucho en pocas palabras.

2-42 **¿En qué verso?** Los poemas están formados por **versos,** o líneas de palabras, y **estrofas,** o grupos de versos con un espacio en blanco antes y después. El poema que vas a leer a continuación contiene doce versos en una sola estrofa. Mientras vas leyendo, completa la información para relacionar los versos con las ideas que comunican.

Ideas comunicadas	Versos
1. _____	1, 2
2. Se describe el pelo de Isabel.	_____
3. _____	7, 8, 9
4. Se describe su carácter fuerte, pero también amable.	_____

ISABEL, POR SYLVIA SOLÉ

Para I.H., profesora y amiga

Isabel anda en la edad indefinida, pertenece a la
generación del yogur en la nevera, post-cuéntame.
Isabel es blanca como la niebla que me recuerda
que estoy en Zaragoza. Isabel tiene el pelo rubio por
arriba y castaño por abajo, como si el sol se hubiera   5
olvidado de ella por partes. Isabel se pasó la juventud en la biblioteca y lleva pantalones de raya diplo-
mática con zapatillas naranjas de boxeador y un jer-
sey verde pistacho. Isabel crece en su firmeza y
siempre sonríe. Isabel cuelga del aire y corre que te   10
corre explica sintaxis como las instrucciones de
una tostadora, así, en modo fácil. Isabel.

Después de leer

2-43 **Analizar los elementos literarios.** Conversen sobre el significado de los siguientes elementos literarios en el poema y apunten sus respuestas.

1. Lean la dedicatoria. ¿Quién es I.H.? ¿Cuáles son las características de un/a buen/a profesor/a? ¿Cuáles son las características de un/a buen/a amigo/a? ¿Creen que sus profesores pueden ser también sus amigos? Expliquen sus respuestas.
2. Identifiquen los dos símiles en el poema. ¿Qué relación hay entre las dos cosas que se comparan en cada símil? ¿Son símiles comunes o sorprendentes?
3. Lean las descripciones sobre la apariencia física de Isabel, en los versos 3 a 9. ¿Qué adjetivos describen su apariencia física? ¿Qué adjetivos describen su carácter? Dibújenla, si es posible con colores. ¿Se parece Isabel a algunos de sus profesores?
4. ¿Cuál es la primera palabra de cada oración del poema? ¿Notaron esa repetición cuando leyeron el poema por primera vez? ¿Qué efecto tiene? "Isabel" enseña la sintaxis, la parte de la gramática que describe el orden y la relación entre las palabras. Algunos poemas tienen una sintaxis muy complicada. ¿Les parece complicada o sencilla la sintaxis de este poema? ¿Conocen poemas con una sintaxis muy complicada?

2-44 **Escribir tu propio poema.** Escríbele un poema a una persona que haya sido muy importante en tu vida, usando la misma estructura de "Isabel". Usa la siguiente lista. ¿Le vas a mostrar a esa persona tu poema?

1. Usa el nombre de la persona como título.
2. Escribe una dedicatoria en el mismo estilo de "Isabel".
3. Indica la generación de la persona, como en los primeros dos versos de "Isabel".
4. Describe el carácter y la apariencia física de la persona, como en los versos 3 a 9.
5. Anota una cosa que sepa hacer muy bien y describe cómo la hace, como en los versos 10 a 12.
6. Escribe el nombre de la persona como frase final.

e **2-45** **Entender tu propia cultura.** Selecciona la traducción correcta al inglés.

1. un dolor de estómago: a. stomach ache   b. sore throat
2. una migraña: a. headache   b. migraine
3. una intoxicación: a. intoxication   b. poisoning
4. desvelarse: a. to have insomnia   b. to fall
5. un derrame cerebral: a. concussion   b. stroke

ESTRATEGIA CULTURAL

Algunos términos se traducen fácilmente del español al inglés, pero otros son "falsos amigos", como la palabra "intoxicación". Hubo un caso en Estados Unidos. de una familia hispanohablante que llevó a su hijo a la sala de emergencias diciendo que estaba sufriendo de "una intoxicación". Alguien del hospital lo tradujo al inglés como una sobredosis de drogas. Le dieron el tratamiento equivocado y las consecuencias fueron graves. Cuando traduces es importante consultar varias fuentes para asegurarte de que la traducción es correcta. Puedes usar un diccionario bilingüe, pero también consulta con un hablante nativo, si es posible. No dependas de los traductores automáticos. Usa los foros de traducción en Internet, donde hay comentarios de gente experta acerca de las traducciones de términos difíciles. Busca en Internet documentos semejantes que no sean traducciones.

Originalmente un albergue (*shelter*) para huérfanos y ancianos, el Hospicio Cabañas en Guadalajara, México, es una de las construcciones más grandes de las Américas. Allí se pueden ver murales del famoso muralista José Clemente Orozco.

El Hospital General Freyre de Andrade en la Habana, Cuba. Cuba es conocida por su sistema de salud.
Su tasa de mortalidad infantil es menor que la de Estados Unidos.

2-46 La competencia cultural en acción. En grupos, busquen información sobre los siguientes términos y contesten estas preguntas: ¿Qué es? ¿Qué conexión tiene con la cultura? ¿Cómo se traduce al inglés?

1. un empacho
2. empacharse
3. un corte de digestión
4. un bajón
5. el mal de ojo

"El luto por mi hermano Gonzalo",
historia oral de doña María Leticia Fonseca (Honduras)

Antes de escuchar

2-47 **La muerte y los medios masivos.** En la televisión, la radio y los periódicos, la muerte fascina a la gente.

PASO 1 Completa las siguientes frases. ¿Están de acuerdo contigo tus compañeros de clase?

En los últimos doce meses…

1. la persona más famosa que se murió fue _____.
2. me sorprendió más la muerte de _____.
3. el asesinato de _____ sacudió mucho a nuestro país.
4. el artista con más talento que falleció fue _____.
5. me afectó más la muerte de un personaje en _____ (*título de una película o serie*).

PASO 2 Piensen en la información del **Paso 1** y en sus experiencias personales y contesten las siguientes preguntas. En general, ¿cómo se trata la muerte en los medios masivos? ¿En las religiones? ¿En las costumbres de sus familias?

2-48 **Anticipar el vocabulario.** Indica la palabra que no esté asociada a las otras dos.

1. a. el duelo	b. la tristeza	c. la alegría
2. a. alegrarse	b. rezar	c. levantar el espíritu
3. a. la tumba	b. los vestidos negros	c. el sepulcro
4. a. nacer	b. enterrar	c. sepultar
5. a. suicidarse	b. dispararse	c. reírse
6. a. el altar	b. las candelas	c. el café

Al escuchar

ESTRATEGIA AL ESCUCHAR

Usar un organizador gráfico. Cuando escuchamos una historia oral, la información nos puede llegar de manera no lineal. La persona que cuenta puede acordarse de algo que se le olvidó contar antes. Puede empezar con un hilo y luego irse por otro hilo. En suma, las historias orales conservan su naturaleza conversacional. Para ayudarnos, podemos organizar la información de manera gráfica. Si son muchos lugares los que se mencionan, localizar los puntos en un mapa puede ayudar. Si se habla de varios episodios o de generaciones diferentes, una línea del tiempo puede ser útil.

2-49 **Un árbol genealógico.** Escucha la historia oral que cuenta doña Leti Fonseca sobre los viejos ritos de un luto tradicional en Honduras. Mientras vas escuchando, pon los nombres (Gonzalo, Medardo, Victoria) en su lugar en el árbol genealógico.

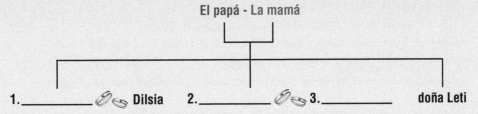

El papá - La mamá

1._____ 🔗 **Dilsia**   2._____ 🔗 3._____ **doña Leti**

Después de escuchar

2-50 **¿Entendiste el rito del luto y de la novena?**

 PASO 1 Pon los eventos en orden cronológico.

_____ Entierran al muerto.

_____ En el lugar donde muere la persona, se pone la ruda (*a type of herb*) en forma de cruz y un vasito de agua y velan al difunto en la casa.

_____ La rezadora va al lugar donde murió el difunto, levanta el espíritu y camina a la casa donde hay un banquete que dura toda la noche.

_____ Al fin del novenario, se hace un altar con cortinas blancas y un número impar de candelas.

_____ Empieza la novena. Durante nueve días, la gente va a la casa para rezar por el difunto.

PASO 2 Comparen las tradiciones y los ritos de sus culturas con los que describe doña Leti.

2-51 **Que en paz descanse.** Hay varias maneras de honrar a los muertos.

PASO 1 En el cementerio, cada lapidario identifica a la persona enterrada. Escoge una persona de la actividad previa o una persona que conocías. Escribe su lapidario con los siguientes elementos.

- Nombre completo
- Fecha de nacimiento y fecha de su muerte
- Una frase breve en su memoria
- R.I.P. (Requiescat In Pace)

PASO 2 Para anunciar la muerte de un familiar, se publica una esquela de defunción en el periódico u otro lugar público. Busca ejemplos de esquelas de defunción en Internet y escribe una semejante para la misma persona del **Paso 1.**

 2-52 **La muerte y las redes sociales.** Cuando alguien muere, ¿cómo interactúa la gente con la presencia virtual de esa persona en las redes sociales? ¿De qué maneras es esa interacción positiva o negativa? ¿Qué puede o qué debe pasar con la cuenta de la persona difunta en las redes sociales? ¿De qué maneras concuerdan las páginas conmemorativas con los ritos funerarios tradicionales?

Un cementerio típico en el mundo hispanohablante

La investigación por Internet:
Conocer los días festivos y sus ritos

 2-53 **Escribir una postal virtual.** Se mandan tarjetas en los días festivos y para los momentos de transición en la vida.

PASO 1 Usando los términos de búsqueda <postales virtuales>, explora varios portales en Internet que tienen postales virtuales y tarjetas electrónicas en español. Luego, contesta las siguientes preguntas.

1. ¿Qué fiestas se celebran en las postales virtuales? ¿Qué fiestas viste que no celebras en tu cultura?
2. ¿Qué expresiones se usan para comunicar alegría y buenos deseos?
3. ¿Qué expresiones se usan para comunicar tristeza en momentos difíciles?
4. ¿Qué expresiones de humor notaste?

PASO 2 Selecciona una de las postales virtuales y escribe un mensaje personal para alguien que conoces. O inspírate en las tarjetas electrónicas y prepara una tarjeta con papel y marcadores. ¿Te animas a mandarle la tarjeta a la persona?

 2-54 **Conocer las fiestas y celebraciones del mundo hispano.**

 PASO 1 Con un/a compañero/a, seleccionen una de las celebraciones de la siguiente lista. Busquen en Internet descripciones, fotos y videos de esa celebración en el mundo hispano o en un país específico. Preséntenle esa fiesta a la clase.

la Primera Comunión
la Noche de San Juan
Carnaval
la quinceañera
el día de los Muertos
el día del Trabajador
una boda tradicional
la fiesta del día de la Virgen de Guadalupe

el día Internacional de la Mujer
el día de los Reyes Magos
la Semana Santa
las Posadas
el día de Todos los Angelitos
el día de tu santo (o tu onomástico)
la fiesta del Señor de los Milagros (Perú)
¿otra fiesta o celebración que les interese?

PASO 2 Busquen información en Internet para ver si en su universidad o en algún lugar cercano hay celebraciones de algunas de las fiestas que presentaron ustedes y las otras parejas. ¿Son abiertas al público? ¿Les interesa verlas y participar en ellas?

📖 La expresión escrita:
Escribir para expresarse

La escritura expresiva equivale a la escritura **personal** e **individual.** No tiene que informar ni educar. Expresa y explora los pensamientos y sentimientos del/de la autor/a en primera persona ("yo, nosotros/as"). Este tipo de escritura es muy útil como terapia, por ejemplo, después de un acontecimiento traumático o en casos de enfermedad grave o de discapacidad. Se usa para procesar, reflexionar y expresar emociones sobre experiencias, sobre todo las difíciles. Puede reducir el estrés, mejorar la salud mental, aumentar el número de horas de sueño (*sleep*) y ayudar a sanar.

Antes de escribir

2-55 Expresarse con una lista.

En el 2010, en Chile, 33 mineros pasaron 69 días atrapados (*trapped*) bajo la tierra cuando se les derrumbó (*collapsed on them*) la mina donde trabajaban. Los medios de comunicación en muchos países siguieron el caso con mucho interés, y todo el mundo celebró cuando lograron llevar a la superficie (*surface*) a todos los mineros vivos. Durante esos 69 días, la única comunicación que tenían los mineros con el mundo de arriba era por una sonda (*probe*) de seis pulgadas (*inches*) de ancho (*width*).

PASO 1 Pónganse ahora en el lugar de los mineros atrapados. ¿Cómo se sienten al no saber si van a sobrevivir (*survive*) la crisis o volver a ver a sus seres queridos? ¿Cómo se sienten al estar atrapados/as sin acceso a las cosas básicas en la vida? Preparen una lista de las cinco cosas que más necesiten y que puedan pasarse por la sonda de seis pulgadas. Expliquen la importancia y/o significado de cada cosa en su lista.

PASO 2 Su profesor/a va a contarles cuáles fueron algunas cosas que pidieron los mineros de Chile. ¿Por qué creen que pidieron esas cosas? ¿Pidieron ustedes las mismas cosas? ¿Cómo se puede explicar las diferencias entre sus listas y las de los mineros atrapados de verdad?

Al escribir

ESTRATEGIA AL ESCRIBIR

Escribir una carta en un estilo íntimo. Vas a escribir una carta expresiva personal a un ser querido. ¿Qué saludos y despedidas se usan en una carta íntima en español? Hay muchas posibilidades, pero algunos saludos típicos son: **Querido Pablo, Mi querida Ana.** Algunas despedidas típicas incluyen: **Con amor, Con mucho cariño** (*affection*), **Cariñosamente, Besos/abrazos (de parte de…), Un fuerte abrazo (de…)** Si se te olvida escribir algo en el cuerpo de la carta, siempre puedes añadir una posdata (*postscript, P.S.*), o sea, un mensaje corto después de la despedida. En español la posdata se abrevia P.D. y si hay más de una, se repite la primera letra: P.P.D., P.P.P.D., etc. Para resumir, cuando escribes una carta es importante seleccionar expresiones apropiadas según el nivel de intimidad (versus formalidad) que tienes con el/la recipiente.

2-56 **Una carta expresiva.** Los efectos psicológicos de estar atrapado/a en un espacio muy pequeño deben de ser tremendos. Por suerte los mineros chilenos pudieron intercambiar cartas con sus seres queridos. Ahora cambia de perspectiva: imagínate que estás en la superficie y un ser querido tuyo está abajo, atrapado en la mina. Le quieres escribir una carta expresiva. Redacta primero un esquema (*outline*). Considera los siguientes pasos para organizar tus ideas.

- La introducción: la fecha, el saludo
- El comienzo del cuerpo de la carta: establecer una conexión emocional con el/la lector/a, informarle de tu estado emocional
- Informarle de lo que está pasando con las cosas que más le importan: los miembros de su familia, su equipo favorito, las rosas que cuida y que están floreciendo, etc.
- Informarle sobre el futuro: ¿qué planes tienes para los primeros momentos después del rescate (*rescue*)? ¿y durante los primeros días?
- La conclusión: concluir con una frase de emoción y esperanza, la despedida, tu firma

2-57 Tu carta expresiva.

PASO 1 Escribe el primer borrador (*draft*) de tu carta expresiva. Sigue tu esquema de la actividad previa punto por punto, pero redacta la información en el orden que te parezca más natural.

PASO 2 Intercambien sus borradores. Léanlos con cuidado y escriban comentarios y/o preguntas para mejorarlos. Después, tomen en cuenta los comentarios y/o preguntas de su pareja y hagan las revisiones. Finalmente, entréguenle su versión final a su profesor/a.

Después de escribir

2-58 **A comparar.** Su profesor/a va a leerles algunas oraciones de cartas que fueron mandadas por los mineros y a los mineros. ¿Les sorprenden sus palabras? ¿Qué información comunican tanto sobre las personas que las escribieron como sobre las personas que las recibieron?

📖 La expresión oral:
Hablar para expresarse

Tanto el habla expresiva como la escritura expresiva tienen como propósito el expresar y explorar sentimientos y pensamientos desde una perspectiva personal. La diferencia está en la transmisión. Al hablar de manera expresiva, el énfasis sigue estando en la sinceridad y la claridad de expresión.

A. El habla interpersonal: Intercambios

2-59 **Improvisar.** Los siguientes *role-plays* proveen práctica con la expresión personal.

PASO 1 Túrnense para hacer cada papel en las dos situaciones.

Situación 1

Persona A: Eres estudiante universitario/a y has regresado al lugar donde creciste para asistir al partido de fútbol americano de *Homecoming* de tu escuela secundaria. Dejar tu casa para ir a la universidad no fue un proceso fácil y durante los días anteriores a tu partida estuviste muy ocupado/a y estresado/a. Ahora en el partido, ves a un/a amigo/a que hace tiempo que no ves y te acercas (*approach*) para saludarlo/la.

Persona B: Eres el/la amigo/a de la Persona A. Decidiste no asistir a la universidad porque ya tenías un buen trabajo que te gustaba. Sin embargo, casi todos/as tus amigos/as de la escuela secundaria se fueron para la universidad y te sientes un poco abandonado/a. Algunas personas se fueron sin despedirse de ti, inclusive la Persona A. Te sientes herido/a (*hurt*). Ahora ves que viene a saludarte.

Situación 2

Persona A: Eres empleado/a de una empresa pequeña. Una tía tuya a la que querías mucho acaba de morir de cáncer después de sufrir por varios años. La vas a echar mucho de menos. Esta mañana recibiste un arreglo floral (*flower arrangement*) de tu jefe/a pare expresarte sus condolencias. Te parece un detalle (*gesture*) muy bonito de su parte y ahora vas a su oficina para darle las gracias.

Persona B: Eres jefe/a de una empresa pequeña. Un/a empleado/a tuyo/a acaba de perder a una pariente suya a la que quería mucho. Le has mandado un arreglo floral a su casa a través de tu secretario. Has perdido a varios parientes queridos también en los últimos años y entiendes lo doloroso que es.

PASO 2 Ahora algunos voluntarios harán los *role-plays* con una nueva pareja delante de la clase. La clase va a analizar qué pasó durante cada interacción y cómo expresó cada participante sus sentimientos y pensamientos.

ESTRATEGIA AL HABLAR

Emplear el habla formulista (*formulaic speech*). Cada idioma tiene expresiones fijas (*fixed*) o fórmulas que se usan en contextos específicos. Estas fórmulas son útiles porque nos ayudan a expresarnos de manera más fácil, segura y cómoda en momentos difíciles y/o emocionales. Las fórmulas también ayudan a los aprendices de un segundo idioma a hablar más fácil y eficazmente. Algunos ejemplos útiles de fórmulas en español son los siguientes.

- Para expresar gratitud: Gracias por… / Me siento/estoy muy agradecido/a por…
- Para expresar alegría por el bien de otra persona: Me alegro mucho (por ti).
- Para expresar condolencias: Mi más sentido pésame (a ti y a tu familia). / Quisiera ofrecerte/le(s) mis condolencias (por…)
- Para expresar dolor emocional: Me sentí mal (cuando hiciste eso). / Me siento herido/a (por…)
- Para pedir perdón: Perdóname. / Lo siento mucho.

B. El habla de presentación: Un brindis

Antes de presentar

2-60 Hablar para expresarse. Prepara un brindis (*toast*) para honrar a una pareja importante en tu vida durante una celebración. El brindis puede ser, por ejemplo, para tu hermano/a o mejor amigo/a y su novio/a en su boda, o puede ser para tus padres en su fiesta de aniversario. Al final, vas a dar tu brindis en clase.

PASO 1 Planea tu propio brindis para honrar a una pareja importante en tu vida durante su celebración. Tu brindis debe durar de 3 a 5 minutos. Toma en cuenta lo siguiente.

- Ponerse de pie, hablar en voz alta, clara y lenta para que todos te escuchen bien
- Mencionar por nombre a la pareja, decir tu relación con ellos y expresar algún pensamiento positivo sobre la celebración
- Felicitar a la pareja y expresarles tus buenos deseos
- Combinar la sinceridad con el humor y/o anécdotas; la sinceridad incorpora elogios sentimentales; el humor y las anécdotas deben ser de buen gusto
- Evitar extender el brindis por demasiado tiempo
- Concluir con el brindis de verdad, invitando a la gente a beber en honor a la pareja: "Un brindis por la pareja feliz…," "¡Salud!"

PASO 2 Practica tu brindis antes de darlo en clase.

Después de presentar

2-61 ¡A votar! Después de escuchar todos los brindis, la clase va a votar por los tres brindis más sinceros y eficaces. ¿Cuáles tres tienen el mayor número de votos?

📖 El servicio comunitario:
La salud mundial y local

La salud pública es el tratamiento de la salud a nivel de toda una población. Es decir, un médico trata paciente por paciente (*one patient at a time*), mientras que la salud pública trata a toda la comunidad. Un ejemplo de la salud pública es una serie de *spots* en la televisión que promueven el uso de los cinturones de seguridad en los autos. Otro ejemplo es el estudio del número de incidencias de una enfermedad en varias comunidades. Otro caso son los exámenes obligatorios de la vista y del oído para los niños en todas las guarderías. Una comunidad sana produce individuos sanos, y viceversa.

Los cinturones de seguridad protegen a los niños.

2-62 **Contribuir a una campaña de promoción sanitaria.** Informar y educar a la gente sobre temas de salud es una parte importante de la salud pública. Ustedes pueden contribuir con materiales en español para una campaña específica o en general.

PASO 1 La Organización Mundial de la Salud ofrece una serie de información en el formato "Diez datos sobre…" (por ejemplo, "Diez datos sobre la obesidad") y promociona "El día mundial de…" (por ejemplo, "El día mundial del cáncer"). Busquen esta información en Internet e infórmense sobre algunos temas. Identifiquen la fecha de varios ejemplos.

MODELO: *El Día Mundial de _____ es el _____ (fecha).*

PASO 2 Preparen una hoja informativa en español sobre un tema del "día mundial" que identificaron en el **Paso 1.** Incluyan elementos visuales, explicaciones textuales y enlaces para mayor información en español. Compartan la hoja informativa en su comunidad. Si es posible, publíquenla en Internet también.

2-63 **Reflexionar.** Contesta las siguientes preguntas sobre tu experiencia con este proyecto de servicio para la comunidad.

1. **¿Qué?** Describe qué aprendiste sobre el tema de la salud elegido para la hoja informativa.
2. **¿Y qué?** ¿Qué efecto puede tener la hoja informativa en las personas que la lean? ¿Qué esperas que hagan con esa información? Y tú, ¿qué vas a hacer con esa información?
3. **¿Ahora qué?** Si creas otra hoja informativa en el futuro, ¿sobre qué tema va a ser y por qué? ¿En qué lugares piensas compartirla y por qué? ¿Cuál es tu opinión sobre la importancia de las campañas de educación sobre la salud?

🔊 Resumen de vocabulario

Parte 1: El ámbito personal

Sustantivos	*Nouns*	*Verbos*	*Verbs*
la adolescencia	*adolescence*	brindar por	*to toast*
la adultez, la edad adulta	*adulthood*	criarse, crecer	*to grow up*
la brecha/la laguna generacional	*generation gap*	elogiar, halagar	*to praise, compliment, flatter*
el cumplido, los elogios, el halago	*compliment, praise*	enviar, mandar (un mensaje de texto)	*to send (a text message)*
el hito	*milestone*	nacer	*to be born*
la niñez	*childhood*	perforar(se) el cuerpo/ las orejas	*to pierce one's body/ears*
la perforación corporal/ en el cuerpo, el piercing	*body piercing*	tatuar(se)	*to (get a) tattoo*
la primera infancia	*infancy*	**Adjetivos**	**Adjectives**
el tatuaje	*tattoo*	herido/a	*hurt, wounded*
la vejez	*old age*	(in)esperado/a	*(un)expected*
		significativo/a	*meaningful, significant*

Parte 2: El ámbito profesional

Sustantivos	*Nouns*	*Verbos*	*Verbs*
el dolor	*pain*	diagnosticar	*to diagnose*
el estrés	*stress*	doler (ue)	*to hurt*
el pensamiento	*thought*	ejercer (de)	*to practice (a profession) (as)*
la radiografía	*x-ray*		
la salud (física, mental)	*(physical, mental) health*	reducir	*to reduce*
el sentimiento	*feeling*	sanar	*to heal*
la sinceridad	*sincerity*	**Adjetivos**	**Adjectives**
la terapia	*therapy*	doloroso/a	*painful*
		sano/a	*healthy, wholesome*
		traumático/a	*traumatic*

Comunidades nuevas y renovadas

META COMUNICATIVA
Fática: Crear conexiones

FUNCIONES COMUNICATIVAS
Comunicarse para conectarse con
   los demás
Explicar acontecimientos y
   situaciones
Resolver dilemas

GRAMÁTICA
Saber versus **conocer**
Los pronombres de objeto directo y
   los pronombres de objeto doble
El **se** pasivo y el **se** impersonal
Se para expresar acontecimiento
   no planificados

CULTURAS
Lecturas:
   Una carta profesional (Estados
      Unidos)
   Lectura literaria: *Don Álvaro o la
   fuerza del sino* (fragmento),
      por Ángel de Saavedra,
      duque de Rivas (España)

Podcast:
   "Los adolescentes y el
      biculturalismo", por
      Nuevos Horizontes.org
      (Estados Unidos)

Video cultural:
   Un espacio de trabajo innovador
      para gente innovadora
      (España)

Competencia cultural:
   Los espacios públicos y el
      sentido de comunidad
   El mundo multicultural y los
      negocios

El servicio comunitario:
   Un mapa de los bienes de la
      comunidad (Tu comunidad)

📖 Explorando el tema

Pregunta: ¿Pones lo siguiente en las redes sociales?

Detalles sobre el ejercicio que haces: "Con mucha energía: 3 millas @ 8 minutos, 60 abdominales (*sit-ups*) y 40 flexiones (*push-ups*)".

Sí ○ **No** ○

Fotos de lo que comes: "Este plato de ropa vieja me recuerda a mi viaje a Puerto Rico".

Sí ○ **No** ○

Videos de tu mascota jugando o haciendo cosas que no debería hacer: "Adivinen a quién encontré jugando con mis cosas de carnaval".

Sí ○ **No** ○

3-1 **¿Qué se hace en las redes sociales?** Indica el verbo que más se asocia con los siguientes elementos de una red social.

1. comentarios _____
2. una cuenta (*account*) _____
3. fotos _____
4. un video _____
5. una actualización (*update*) _____

a. subir
b. escribir
c. crear

3-2 **¿Qué imagen proyectas en Internet?**

 PASO 1 Entrevista a un/a compañero/a sobre su actividad en las redes sociales de Internet y apunta sus respuestas en una hoja. Luego, escribe una conclusión.

1. ¿Qué fue lo último que pusiste en Internet?
2. ¿Cuál es tu reacción cuando tus amigos te etiquetan?
3. ¿Qué es lo que te gusta de las redes sociales? ¿Y lo que no te gusta?
4. Al buscar trabajo, ¿qué debes borrar y qué debes añadir?

CONCLUSIÓN: ¿Cómo es la imagen de tu compañero/a en Internet?

 PASO 2 Escoge una persona famosa de la lista, u otra que tú prefieras, y busca su perfil en una red social. Escribe un párrafo breve en el que describas la imagen que proyecta.

Shakira
Pitbull
Emanuel David "Manu" Ginóbili
Salma Hayek

Rafael Nadal
Jennifer López
Eva Longoria
René Pérez Joglar (Residente)

Marc Anthony
¿Otra persona famosa?

Vocabulario

Personas y relaciones	*People and relationships*	Adjetivos	*Adjectives*
la amistad	*friendship*	disponible	*available*
el consejo	*(piece of) advice*	dispuesto/a	*willing*
la imagen	*image*	duradero/a	*long-lasting*
el/la novato/a	*freshman*	sedentario/a	*sedentary*

La tecnología — *Technology*

el correo electrónico, el e-mail	*e-mail (message)*
el enlace	*link*
la etiqueta	*tag, label*
los medios sociales (de comunicación)	*social media*
el perfil	*profile*
la red (social)	*(social) network*

Para refrescar la memoria

añadir	*to add*
borrar	*to erase*
el mensaje de texto	*text message*
la vecindad, el vecindario	*neighborhood*
el/la vecino/a	*neighbor*

Otros sustantivos — *Other nouns*

la especialidad (de estudios)	*major (studies)*
el pedido	*purchase order*
la petición	*request*

Verbos — *Verbs*

actualizar	*to update*
confiar (en)	*to trust (in), count on*
especializarse (en)	*to major (in), specialize (in)*
etiquetar	*to tag*
proyectar	*to project, plan*

En contexto

3-3 **La comunidad de la clase.** Conocerse mejor ayuda a crear un sentido de comunidad.

PASO 1 Habla con varios compañeros de clase, uno por uno, e identifica a alguien para cada oración.

Busca un/a compañero/a que...	Nombre
1. tenga pasaporte.	
2. utilice el español fuera de la clase.	
3. tenga algún pasatiempo artístico.	
4. pase más tiempo leyendo que viendo la televisión.	
5. sea líder de algo.	
6. tenga ganas de empezar un negocio propio.	

PASO 2 Usa la información del **Paso 1** y lo que ya sabes de tus compañeros para elegir a un/a compañero/a para cada categoría del cuadro que aparece a continuación. Justifica tus respuestas y compáralas con las de tus compañeros. ¿Quién es el/la ganador/a de cada categoría?

La persona con más probabilidad de...	Nombre
1. ser profesor/a en el futuro.	
2. ser presidente/a de Estados Unidos.	
3. tener su propio programa en la tele o la radio.	
4. ¿otra categoría? _____.	

 3-4 **Dar una fiesta.** Para ayudar a crear un sentido de comunidad, dar una fiesta es una buena idea.

PASO 1 Decidan a quiénes van a invitar a la fiesta. Nombren a dos personas para cada categoría y expliquen su selección.

1. dos estudiantes de esta clase
2. dos amigos suyos
3. dos personas famosas de Estados Unidos
4. dos personas famosas de un país hispanohablante

PASO 2 Ahora, preparen un plan específico para la fiesta. Consideren estos elementos: el día y la hora, el lugar, el presupuesto (*budget*), el menú, la música, temas para animar la conversación, y temas que evitar, etc. Presenten su lista de invitados y el plan a sus compañeros y escuchen también sus presentaciones. ¿A qué fiesta tienen más ganas de asistir?

3-5 Ponerse de acuerdo.

PASO 1 Formas parte de un grupo que tiene que dar una presentación oral con diapositivas (*slides*) en esta clase. Necesitan a otro/a estudiante. ¿A cuál de estas personas vas a escoger para formar parte de tu grupo y por qué?

1. Cristián estudió un semestre en Argentina. Ha tomado muchas clases de español, sabe mucho sobre la cultura argentina y habla muy bien español. Ha faltado a muchas clases este semestre y no tomó el primer examen porque se quedó dormido en su casa. Su especialidad de estudios son las comunicaciones.
2. Anita saca notas bastante buenas en esta clase y participa mucho. Tiene un carácter difícil y a muchos compañeros no les gusta trabajar con ella cuando el/la profesor/a los pone en grupos pequeños para trabajar en clase. Trabaja a tiempo parcial como diseñadora gráfica.
3. Jessica es una persona inteligente pero floja (*weak*) como estudiante. Es simpática. Juega en el equipo femenino de fútbol en el que tiene muchas amigas hispanohablantes. Tiene poco tiempo libre fuera de clase porque le dedica mucho tiempo al deporte. Su especialidad es el inglés.

PASO 2 Pónganse de acuerdo sobre cuál de los tres estudiantes reúne las características que ustedes consideran importantes. Indiquen sus conclusiones y decidan quién va a ser el/la mejor para completar su grupo. Compartan su decisión y sus conclusiones con el resto de la clase.

Queremos un/a compañero/a que…

☐ hable muy bien español.
☐ sea responsable.
☐ sea trabajador/a.
☐ que sepa trabajar en grupo.
☐ tenga mucho tiempo para el proyecto.
☐ ¿otra característica?

3-6 Hablemos claro.

PASO 1 Entrevístense y apunten en una hoja las respuestas de su compañero/a.

1. ¿Tienes una buena comunidad de amigos/as? ¿Quiénes son tus amigos/as? ¿Cómo son? ¿Cómo te hacen sentir? ¿Siempre se llevan bien las personas de tu comunidad de amigos? ¿Quieres hacer otras amistades u otros tipos de amigos/as? ¿Cómo puedes lograrlo (*achieve it*)?
2. Cuando estás con tus amigos/as, ¿qué les gusta hacer a ustedes? ¿Adónde van? ¿Qué actividades sedentarias suelen hacer? ¿O prefieren ser más activos/as? ¿De qué temas hablan? ¿Se ayudan con los estudios? ¿De qué otras maneras te apoyan tus amigos/as?
3. ¿En qué te pareces a tus amigos/as? ¿En qué te diferencias? ¿Tienes amigos/as con creencias religiosas diferentes de las tuyas? ¿De edades diferentes? ¿De habilidades físicas o cognitivas diferentes? ¿De razas diferentes? ¿De culturas diferentes? ¿Cómo te afectan esas diferencias — o la falta de ellas?

PASO 2 Escribe en una hoja algunas oraciones sobre las semejanzas y/o diferencias entre tu compañero/a y tú, usando detalles específicos de la entrevista. Después, comparte tus ideas con él/ella. ¿Está de acuerdo contigo tu pareja? Prepárate para compartir los resultados con la clase.

Gramática

  I. *Saber* versus *conocer*

In Spanish two different verbs express the meaning *to know*: **saber** and **conocer.** The two verbs are not interchangeable. **Saber** is used to express knowing facts or information, and when followed by an infinitive, it means knowing *how to* perform an action or skill. In contrast, **conocer** refers to knowing, or being acquainted or familiar with, people, places, or things.

Sé que Santiago es la capital de Chile, pero no **conozco** la ciudad.	*I **know** that Santiago is the capital of Chile, but I **don't know** (I **am not familiar with**) the city.*
Sé hablar español y **conozco** a muchos chilenos.	*I **know how to speak** Spanish and I **know** (I **am acquainted with**) many Chileans.*

Formación y uso

Both **saber** and **conocer** have irregular conjugations in the **yo** form of the present tense. Note that **sé** carries a written accent mark to distinguish it from the pronoun **se.** All other present-tense forms of these verbs are regular.

saber: sé, sabes, sabe, sabemos, sabéis, saben
conocer: conozco, conoces, conoce, conocemos, conocéis, conocen

- When **saber** refers to knowing facts or information, it commonly is followed by a noun, the relative pronoun **que,** an interrogative word such as **qué, cuál, dónde,** or **cuándo,** or the word **si** (*if, whether*). Recall that when **saber** refers to knowing *how to do something,* it is followed by an infinitive.

¿Sabes el número de teléfono de Juan, nuestro compañero de clase? **Sé** su dirección de correo electrónico, pero su teléfono no.	*Do **you know** the telephone number of John, our classmate? I **know** his email address but not his phone number.*
Sabemos que hay una fiesta esta noche, pero **no sabemos** dónde es.	*We **know** that there is a party tonight, but we **don't know** where it is.*
Como Juan **no sabe** bailar, **no sé** si viene a la fiesta con nosotros o no.	*Since John **doesn't know** how to dance, I **don't know** if (whether) he is coming to the party with us or not.*

¡AHORA TÚ!

Complete 3-1 in MySpanishLab to practice these concepts.

- Since **conocer** refers to knowing people, places, or things, it is typically followed by a noun. When the noun is a person or persons in particular, the personal **a** precedes it.

Conozco España bastante bien. **Conozco** a muchos españoles. **Conozco** varias ciudades. También **conozco** sus platos típicos y sus vinos. ¡España me encanta!	*I **know** Spain fairly well. I **know** many Spaniards. I **am acquainted with** various cities. I also **am familiar with** its typical dishes and wines. I love Spain!*

- Recall that in the preterit, **saber** is irregular, while **conocer** is not. Since the preterit expresses a completed action in the past, the preterit forms of these verbs signal *the beginning of knowing* and translate as *found out* (**saber**) and *met (someone)* (**conocer**).

saber: supe, supiste, supo, supimos, supisteis, supieron
conocer: conocí, conociste, conoció, conocimos, conocisteis, conocieron

Vi a mi futuro esposo en una fiesta.　　I saw my future husband at a party.
　Primero **supe** su nombre.　　　　First I **found out** his name.
　Lo **conocí** algunas horas después.　I **met** him a few hours later.

- In the imperfect, both **saber** and **conocer** are regular. Since the imperfect emphasizes the continuous or habitual nature of an action in the past, the imperfect forms of these verbs retain the same meanings of *knowing* described in the first paragraph of this grammar section.

saber: sabía, sabías, sabía, sabíamos, sabíais, sabían
conocer: conocía, conocías, conocía, conocíamos, conocíais, conocían

Como político, mi abuelo **sabía** bien　As a politician, my grandfather **knew** the
　la historia de su pueblo y **conocía** a　history of his town well and **was acquainted**
　muchas personas en la comunidad.　**with** many people in the community.

¡AHORA TÚ!
Complete 3-2 in MySpanishLab to practice these concepts.

En contexto

3-7 ¿Conocen bien a su profesor/a de español?

PASO 1 Completen las oraciones, seleccionando el verbo apropiado (**sabe** o **conoce**), según el contexto. Después, pensando en su profesor/a, indiquen si la afirmación es cierta o falsa.

Nuestro/a profesor/a de español…

sabe	conoce		Cierta	Falsa
1. ☐	☐	todos los nombres de los estudiantes de la clase.	☐	☐
2. ☐	☐	a más de 1.000 personas en Facebook.	☐	☐
3. ☐	☐	hablar más de dos idiomas.	☐	☐
4. ☐	☐	la letra (*lyrics*) de la canción popular para las fiestas de San Fermín en Pamplona, España ("Uno de enero…").	☐	☐
5. ☐	☐	Puerto Rico.	☐	☐
6. ☐	☐	a alguien famoso.	☐	☐

Ahora, escriban otras oraciones sobre él/ella, usando **sabe** o **conoce**.

| 7. ☐ | ☐ | _____ | ☐ | ☐ |
| 8. ☐ | ☐ | _____ | ☐ | ☐ |

PASO 2 Repasen sus respuestas con su profesor/a de español. ¿Cuántas respuestas correctas tienen?

CONCLUSIÓN: Ahora contesten la pregunta inicial, "¿Conocen bien a su profesor/a de español?", seleccionando la(s) afirmación(es) más apropiada(s).

☐ Sí, lo/la conocemos bien.
☐ Lo/La conocemos más o menos.
☐ No, no lo/la conocemos bien.
☐ Lo/La conocemos mejor ahora, después de hacer esta actividad.

3-8 *¿Sé o conozco?* Anita, una estudiante universitaria, habla de un plan que tiene. Indica si sus oraciones deben empezar con **sé** o **conozco,** según el contexto. Escribe la letra **S** o **C** en el espacio en blanco.

1. _____ 2. _____ 3. _____ 4. _____ 5. _____ 6. _____

CONCLUSIÓN: ¿Qué afirmación(es) a continuación es/son cierta(s) sobre esta estudiante?

☐ Le importa contribuir a su comunidad local.
☐ Conoce aspectos de las culturas caribeñas.
☐ Es una persona físicamente activa y con mucha vida social.

3-9 Una red social nueva. No es fácil crear una red social personal de cero.

PASO 1 Lee la historia de Ángela, una novata en la universidad. Completa cada oración con la forma correcta de **saber** o **conocer** en el presente, pretérito o imperfecto, según el contexto.

Cuando llegué a la universidad, yo no (1) _____ a nadie. La gente, el campus y el pueblo eran nuevos para mí. Pero yo (2) _____ que con el tiempo, mucha paciencia y una actitud positiva, la situación se iba a mejorar. Después de algunas semanas, yo (3) _____ por mi profesor de español que había un club de español en el campus que se reunía los jueves por la tarde. Decidí asistir y así fue que (yo) (4) _____ a mi amiga Julia. Ahora Julia y yo (5) _____ a muchas personas. El club de español organiza un viaje anual a la República Dominicana para ofrecer servicio voluntario. Julia y yo no (6) _____ si vamos este verano o el próximo, ¡pero seguro que vamos a ir! Ahora formo parte de una pequeña comunidad aquí en mi campus y estoy mucho más contenta.

PASO 2 En grupos de tres, hablen de sus respuestas a las siguientes preguntas. Prepárense para compartir sus ideas con la clase.

1. Como novatos/as en la universidad, ¿ya conocen (o conocían) ustedes a algunas personas? ¿Son (o fueron) fáciles o difíciles sus primeros meses en la universidad?
2. ¿Cómo conocen (o conocieron) ustedes a nuevas personas en la universidad? ¿Por medio de algún club como Ángela, de alguna organización (como la iglesia, la sinagoga, una fraternidad o una sororidad), por medio de las clases académicas, de algún evento o lugar social, usando los medios sociales, etc.?
3. Para ustedes, ¿cuál es la mejor manera de conocer a otras personas? ¿Y de crear amistades o relaciones duraderas? ¿Qué requiere una amistad o relación duradera? ¿Es fácil o difícil de mantener?

3-10 **Una conexión especial.** Nuestras redes sociales pueden ser extensas o pequeñas, pero todos necesitamos alguna conexión especial con alguien.

PASO 1 Entrevístense sobre alguna conexión especial que tengan con alguien, ya sea con la pareja, el/la mejor amigo/a, alguien de la familia, alguien de la iglesia o de la comunidad, etc. Apunten las respuestas de su compañero/a.

1. ¿Cuándo conociste a la persona?
2. ¿Dónde y cómo se conocieron ustedes?
3. ¿Qué datos sorprendentes (*surprising*) o poco comunes sabes sobre él/ella?
4. ¿Qué sabe hacer muy bien esa persona? ¿Qué no sabe hacer para nada (*at all*)?
5. ¿Sabes tú cuáles son sus aspiraciones y/o planes para el futuro? Explica tu respuesta.
6. ¿Otra pregunta?: _____

PASO 2 Usando los datos de la entrevista, escribe un párrafo breve sobre tu compañero/a y su conexión especial con otra persona. Prepárate para compartir tu párrafo con tu compañero/a primero y quizás luego con el resto de la clase.

3-11 **¿Conoces bien a tus compañeros de clase?** La clase de español puede ayudarte a ampliar tu red social en la universidad, si llegas a conocer bien a tus compañeros.

PASO 1 Escribe seis oraciones sobre ti mismo: tres con **saber** y tres con **conocer.** Para cada verbo, dos de las tres oraciones deben ser falsas y solo una debe ser cierta. ¡Sé creativo/a!

MODELO: ***Saber:*** *1) Sé tocar la guitarra. 2) … 3) …*
   Conocer: *1) Conocí al presidente Obama en Chicago en el 2009. 2) … 3) …*

PASO 2 En grupos de cuatro, léanse sus oraciones en voz alta y adivinen (*guess*) cuáles son las falsas y las ciertas de cada compañero/a. Luego, lean algunos grupos de tres oraciones para que también participe toda la clase.

CONCLUSIÓN: Ahora contesta la pregunta inicial, "¿Conoces bien a tus compañeros de clase?", seleccionando la(s) afirmación(es) más apropiada(s).

☐ Sí, los conozco bien.
☐ No, no los conozco bien.
☐ Conozco bien a algunos compañeros, pero menos a otros.
☐ Los conozco mejor ahora, después de hacer esta actividad.

Gramática

 II. Los pronombres de objeto directo y los pronombres de objeto doble

Recall that an *indirect object* (IO) adds information to a verb by stating *to/for whom* the action is directed. Thus, it answers the question, *verb + to/for whom?* In Spanish, an indirect object is always expressed with an indirect object *pronoun*.

Pronombres de objeto indirecto			
me	*(to) me*	**nos**	*(to) us*
te	*(to) you (familiar)*	**os**	*(to) you (all) (fam., Spain)*
le	*(to) you (formal), him, her, it*	**les**	*(to) you (all) (for.), them*

Mis amigos **me** mandan
mensajes de texto (**a mí**).

*My friends send **me** text messages. /
My friends send text messages **to me**.
(Send to whom? → to me= IO.)*

■ A *direct object* (DO) also adds information to a verb; it answers the question, *verb + what/whom?* In Spanish, a direct object may be *replaced* by a direct object *pronoun*, but usually only after it has been mentioned previously in context.

Pronombres de objeto directo			
me	*me*	**nos**	*us*
te	*you (familiar)*	**os**	*you (all) (fam., Spain)*
lo/la	*you (formal), him/her, it*	**los/las**	*you (all) (for.), them*

Me los mandan sobre todo
durante los fines de semana.

*They send **them to me** especially during
the weekends. (Send what? → text
messages/them= DO.)*

■ When both an *indirect object pronoun* and a *direct object pronoun* are used together with a verb, the two pronouns in sequence are referred to as *double object pronouns*.

Formación y uso

¡AHORA TÚ!

Complete 3-3 in
MySpanishLab to
practice these concepts.

■ In Spanish, double object pronouns have a fixed order: the indirect object pronoun appears first, followed by the direct object pronoun (IO + DO).

■ When the combination IO + DO would result in a sequence where both pronouns begin with the sound **l** (i.e., **le/les** + **lo/la/los/las**), the indirect object pronoun **le/les** changes to **se**. The resulting sequence is always **se + lo/la/los/las.**

¡AHORA TÚ!

Complete 3-4 in
MySpanishLab to
practice these concepts.

Yo también **les** mando mensajes de
texto **a mis amigos**.

*I also send text messages **to my friends**.
(Send to whom? → to my friends/to
them= IO.)*

~~Les~~ **los** mando todos los días.
→ **Se los** mando todos los días.

*I send **them to them** every day.
(Send what? → text messages/
them= DO.)*

■ Recall that in Spanish, a prepositional phrase is often used to emphasize or clarify an indirect object pronoun, e.g., **a mí, a ti, a usted, a él, a ella, a nosotros/as, a vosotros/as, a ustedes, a ellos/as.** This is especially true for double object pronouns, since the change from **le/les** to **se** creates further ambiguity (i.e., the difference between singular and plural is lost).

Se los mando todos los días **a ellos**.   *I send* **them to them** *every day.*

■ Like single object pronouns, double object pronouns precede conjugated verbs or may attach to the end of an infinitive or a gerund. In either case, the fixed order is IO + DO. With an infinitive or a gerund, a written accent mark is required to show that the original emphasis on the verb is the same.

> **¡AHORA TÚ!**
>
> Complete 3-5 in MySpanishLab to practice these concepts.

Voy a mandar**le** un mensaje de texto **a mi padre**.

I'm going to send a text message **to my father**.

Voy a mandár**selo** (**a mi padre**). / **Se lo** voy a mandar (**a mi padre**).

I'm going to send **it to him**.

Estoy mandándo**selo** ahora mismo (**a mi padre**). / **Se lo** estoy mandando ahora mismo (**a mi padre**).

I'm sending **it to him** *right now.*

En contexto

3-12 **¿Cuánta confianza?** El nivel de confianza (*trust*) que tenemos con los demás afecta nuestras expectativas e interacciones sociales.

PASO 1 Empareja cada pregunta con la respuesta correspondiente, según los pronombres de objeto doble que aparecen. También provee la forma verbal correcta para cada respuesta.

Peticiones	**Respuestas**
1. ¿**Me** prestas veinte dólares? _____	a. Sí, **me lo** _____.
2. ¿**Me** haces un gran favor? _____	b. Sí, **te las** _____.
3. ¿**Me** muestras tus fotos personales? _____	c. Sí, **me los** _____.
4. ¿**Te** puedo contar mis secretos? _____	d. Sí, **te los** _____.
5. ¿**Te** puedo dar un consejo? _____	e. Sí, **te lo** _____.

PASO 2   Contesten las siguientes preguntas.

1. Piensen en las **peticiones** hechas en el **Paso 1.** ¿Son peticiones que típicamente le hacen ustedes a un/a buen/a amigo/a? ¿Y a un/a nuevo/a amigo/a? ¿Y a alguien de la familia? ¿Por qué?

2. Piensen ahora en las **respuestas** dadas en el **Paso 1.** ¿Son respuestas que típicamente le dan ustedes a un/a buen/a amigo/a? ¿Y a un/a nuevo/a amigo/a? ¿Y a alguien de la familia? ¿Por qué? Si no es así, ¿qué respuestas son más típicas o realistas para ustedes?

CONCLUSIÓN: Basándote en lo expresado en el **Paso 2**, ¿qué afirmación(es) a continuación es/son cierta(s) acerca de ti? Prepárate para compartir tu(s) conclusión(es) con tu pareja y/o con la clase.

Confío mucho y fácilmente…

☐ en mis buenos amigos.
☐ en todos mis amigos, incluso los nuevos.
☐ en mi familia.
☐ en pocas personas y solo después de algún tiempo.

3-13 **Las peticiones de nuestras comunidades.** Todos formamos parte de varias comunidades. ¿Cómo respondes a sus varias peticiones de ayuda?

PASO 1   Para cada petición, elige solamente **una** de las respuestas de la columna a la izquierda. Luego, en la columna a la derecha, contesta si cada pronombre usado en la respuesta es un objeto indirecto (OI) o directo (OD) y especifica el sustantivo al que se refiere.

1. Un vecino tuyo se va de viaje durante una semana. Vive solo y tiene dos gatos. Te pregunta si estás disponible y dispuesto/a a cuidarlos en su ausencia. La ayuda consiste en darles de comer, limpiar su caja sanitaria y jugar un poco con ellos todos los días.

☐ **Se los** cuido con mucho gusto.   a. **Se** es [OI / OD] y se refiere al _____.
☐ **Se los** cuido con pocas ganas.   b. **Los** es [OI / OD] y se refiere a _____.
☐ No **se los** cuido.

2. La vecindad donde vives celebra la Nochebuena anualmente con velas encendidas en bolsas de papel que iluminan las calles. Es una costumbre bien conocida que atrae a muchas personas de las comunidades circundantes (*surrounding*), quienes caminan o pasan en sus coches para ver las luminarias. La vecindad les pide a todos los vecinos su ayuda para comprar, poner y quitar las luminarias.

☐ **Se la** doy con mucho gusto.   a. **Se** es [OI / OD] y se refiere a _____.
☐ **Se la** doy con pocas ganas.   b. **La** es [OI / OD] y se refiere a _____.
☐ No **se la** doy.

3. Eres miembro de un equipo deportivo. El entrenador pide que todos/as sus atletas vayan al gimnasio tres veces a la semana, temprano por la mañana, para levantar pesas como equipo. Tienes coche pero otros dos atletas que viven cerca de ti no tienen. No hay transporte público. El entrenador te pide el favor de ir a buscarlos para llevarlos contigo al gimnasio.

☐ **Se lo** hago con mucho gusto.   a. **Se** es [OI / OD] y se refiere al _____.
☐ **Se lo** hago con pocas ganas.   b. **Lo** es [OI / OD] y se refiere al _____.
☐ No **se lo** hago.   _____

PASO 2 Comparen sus respuestas del **Paso 1.** ¿Son semejantes o diferentes sus respuestas a las peticiones? ¿Y al análisis gramatical? Explíquense sus respuestas.

CONCLUSIÓN: Basándote en lo expresado en el **Paso 2,** ¿qué afirmación es más apropiada para su grupo?

☐ Respondemos de manera [semejante / diferente] a las peticiones de ayuda de nuestras comunidades.

☐ Nos parece [fácil / difícil] el análisis gramatical de los pronombres de objeto doble.

3-14 Lazos familiares (*Family connections*).

PASO 1 La familia de Ricardo es muy unida y todos se cuidan bien. Completa cada oración con los pronombres de objeto doble apropiados, según el contexto.

MODELO: Cuando hago diligencias (*errands*), también *se las* hago a mis padres.

1. Mi tía nos saca fotos en las fiestas y después _____ _____ manda por correo electrónico.
2. Mi abuela cultiva unas rosas preciosas y _____ _____ regala a mis padres.
3. Mi madre hace un pastel de chocolate delicioso y _____ _____ trae a mi compañero de cuarto y a mí.
4. Mi hermano tiene una buena bicicleta y _____ _____ presta a mí con frecuencia.
5. El año pasado mi padre compró un coche nuevo y muy seguro y _____ _____ regaló a mi madre.

PASO 2 ¿Tienen ustedes fuertes lazos familiares? ¿Podrían ustedes usar algunas de las oraciones del **Paso 1** para describir a sus familias? Si no es así, ¿pueden cambiar algunas para que sí puedan usarse? Prepárense para compartir algunas de sus oraciones con la clase.

3-15 Un favor o un regalo inolvidable (*unforgettable*).

PASO 1 Piensa en un favor que alguien te hizo, o en un regalo que alguien te dio, que sea algo muy especial o inolvidable para ti. Apúntalo en una hoja, sin mostrárselo a ningún compañero de clase.

 PASO 2 Háganse las siguientes preguntas sobre el favor o el regalo. Al final, ¿son capaces de adivinar cuál fue el favor o el regalo inolvidable?

MODELO: E1: *¿Fue un favor o un regalo?*
E2: *Fue un regalo.*
E1: *¿Quién te lo dio?*
E2: *Me lo dio mi madre…*

1. ¿Fue un favor o un regalo?
2. ¿Quién te lo hizo/dio?
3. ¿Cuándo te lo hizo/dio?
4. ¿Dónde te lo hizo/dio?
5. ¿Por qué te lo hizo/dio?
6. ¿Cómo te lo hizo/dio?

 3-16 ¿A quién se lo/la pides? Cuando necesitas algún consejo o alguna ayuda, ¿a quién se lo/la pides? Hablen de los siguientes temas y explíquense sus respuestas.

MODELO: E1: *Un consejo sobre mi vida amorosa, se lo pido a mi hermana. ¿Y ustedes?*
E2: *Se lo pido a mi madre, porque es muy astuta en asuntos de amor.*
E3: *No se lo pido a nadie, porque para mí es un asunto muy privado.*

1. un consejo sobre la vida amorosa
2. un consejo sobre el dinero
3. un consejo sobre el coche
4. ayuda con la tarea de español
5. ayuda con la mudanza
6. ayuda con tecnología (la computadora, etc.)
7. un préstamo urgente de $300
8. ¿otro/a? _____

CONCLUSIÓN: Basándote en lo expresado anteriormente (*above*), ¿qué afirmación(es) a continuación es/son cierta(s) sobre ti? Prepárate para compartir tu(s) conclusión(es) con tu grupo y/o con la clase.

☐ Hay varias personas en mi vida personal de las que dependo o de las que puedo depender.
☐ Dependo solamente de una persona o de un par de personas.
☐ No me importa tener que pedir consejos o ayuda; es natural hacerlo.
☐ No me gusta pedir consejos ni ayuda; prefiero resolver mis problemas por mi cuenta.
☐ ¿Otra? _____

📖 Lectura: Una carta profesional

Antes de leer

3-17 **Tu red de conexiones.** Si tienes una red de conexiones personales y profesionales, tienes toda una comunidad de personas dispuestas a apoyarte. ¿Con qué virtudes y/o defectos del **Paso 1** estás de acuerdo?

PASO 1 Relaciona las virtudes de las redes de conexiones virtuales (por ejemplo, LinkedIn) con sus defectos.

Virtudes

1. Si subes tu currículo a Internet, está disponible en todo momento. _____
2. Si eres tímido, es más fácil pedirle a alguien por Internet que se una a tu red profesional. _____
3. Si eres activo en la red, la gente piensa en ti si surge una oportunidad. _____
4. Si estás conectado con mucha gente, los otros ven que eres respetado por muchos. _____
5. Si le escribes una recomendación pública a alguien, te va a recomendar a ti también. _____

Defectos

a. Huele a desesperación y egocentrismo estar conectado con muchísimas personas.
b. Los verdaderos profesionales están demasiado ocupados para leer lo que pones en Internet.
c. Los contactos hechos a través de Internet son superficiales y por eso no te ayudan.
d. Las empresas reciben miles de currículos. El contacto personal es lo que te destaca (*sets you apart*).
e. Las cartas de recomendación privadas son más honestas y por eso tienen mucho más peso.

PASO 2 ¿Qué tipo de trabajo quiere tener tu compañero/a? Basándote en su respuesta, ayúdale a determinar qué información debe poner en su perfil en una red de conexiones profesionales.

1. ¿Cómo debe ser la foto del perfil?
2. ¿Cuál debe ser la primera habilidad de su lista?
3. ¿De qué temas debe hablar en las actualizaciones de su estatus?
4. ¿Qué más debe hacer para destacarse en una red de conexiones profesionales?

Al leer

ESTRATEGIA AL LEER

Interpretar la mención de un contacto personal. Las cartas de presentación que mencionan un contacto personal se leen con más atención. Sin embargo, hay algunas reglas: es importante que la persona dé su permiso para mencionar su nombre y que el lector de la carta tenga una idea positiva de la persona que se menciona. Leer el nombre de un conocido en una carta saca al escritor del anonimato.

3-18 **¿Cierta o falsa?** Mientras vas leyendo la carta, indica si las siguientes oraciones son ciertas o falsas.

	Cierta	Falsa
1. Susana conoce personalmente a la Señora Roxana Vilariño Medina.	☐	☐
2. Susana conoce personalmente a Maggie Flynn.	☐	☐
3. Susana menciona a su contacto personal al principio y al final de la carta.	☐	☐
4. Susana conecta sus experiencias con los requisitos del puesto que solicita.	☐	☐
5. Susana ya trabajó en América del Sur.	☐	☐

Sra. Roxana Vilariño Medina
The Amistad Foundation
Avenida Abacay, 7134
Bucaramanga, Colombia

Estimada° Sra. Vilariño Medina: *Dear*

Maggie Flynn, coordinadora de voluntarios en la Fundación Amistad, se comunicó
con el Departamento de Español de mi universidad para darles información a los
estudiantes sobre su organización y las oportunidades que existen para trabajar con
ustedes. Después de hablar con Maggie y leer sobre la misión de la Fundación Amistad,
me gustaría solicitar el puesto° de coordinador/a de voluntarios. Mis metas personales   5   *apply for the position*
coinciden con las de su organización: interactuar con gente de otras partes del mundo, y
trabajar a favor de la justicia social para todos.

    Vivir fuera de Estados Unidos me encanta. Estudié en Granada, España, por cuatro
meses en el 2011 y he trabajado en Honduras y en México. Para vivir y trabajar en el
extranjero de manera eficaz°, la comunicación es esencial. En Honduras, construimos   10   *effectively*
clínicas de salud para comunidades rurales. Fue importante mantener una buena
comunicación en español en cada etapa del proyecto porque la salud de los pacientes
y las construcciones dependen de traducciones correctas. Si no nos hubiéramos
comunicado bien, podríamos haber afectado de manera negativa a las familias.
La buena comunicación es necesaria en cualquier idioma. Hace poco di una presentación   15   *symposium*
en español en un simposio° en mi universidad sobre nuestras clases de aprendizaje en   *printed*
la comunidad. A través de materiales impresos°, un video (que hice yo) y la conversación
que tuvimos, pudimos informar al público sobre los cursos y también crear relaciones con
otras organizaciones en la comunidad. Por eso estoy segura de poder hacer lo que ustedes
necesitan que haga el/la coordinador/a de voluntarios: mantener la organización del   20
programa, entrenar° a los voluntarios y crear relaciones con la gente de la comunidad.   *train*
    He tenido muchas experiencias de liderazgo° en la universidad y después de   *leadership*
analizarlas, puedo decir que mi mejor cualidad como líder de los grupos es mi habilidad
de comunicarme y tener empatía con mucha gente. Esta habilidad es muy útil para el
puesto de coordinador de voluntarios porque puedo usarla para mantener las relaciones   25
entre la Fundación Amistad y la comunidad local. En el verano del 2008 y en el del 2010,
viajé a Tijuana, México, con un grupo para construir casas para dos familias.
Estas experiencias cambiaron mi vida y me gustaría ayudar a los participantes de los
programas de la Fundación Amistad a superar los retos° de la comunicación y los choques°   *challenges /*
culturales para poder lograr algo muy importante a nivel personal y también global: llegar   30   *misunder-*
a conocer la cultura de otros, apreciar sus perspectivas y luchar para la justicia social.   *standings*
    Maggie Flynn habló muy bien de la Fundación Amistad y su trabajo con ustedes.
Tengo la misma formación que ella —hice la carrera de español en la misma universidad,
tomé los cursos de aprendizaje en la comunidad y estudié en el extranjero— y tengo
también la misma pasión por el trabajo con las comunidades del mundo hispano. La misión   35   *disparities*
de mi vida es ayudar a la gente del mundo y aliviar las disparidades° entre los grupos de
personas. Espero poder ayudar a la Fundación Amistad a cumplir con las mismas metas.

Esperando una respuesta de ustedes,

Susana Carrasco
Universidad Central | 2013
Biología Molecular y Celular | Español
carrasco@email.com | 001.555.861.0833

Después de leer

3-19 **¿Le das el puesto de trabajo?** Evalúa la carta de presentación.

PASO 1 La gente de la Fundación Amistad no quiere tener los mismos problemas que tuvieron con la persona anterior. Algunas de las causas fueron:

- Estaba triste todo el tiempo porque echaba de menos a su familia y a su novio.
- Se quejaba de las condiciones de vida en una zona rural.
- Creó materiales completamente nuevos y acabó por sentirse agobiada.
- Reveló que había aceptado el puesto porque no había encontrado trabajo en una empresa de Nueva York.
- No trabajó bien en equipo ni aceptó las críticas constructivas de sus supervisores.

Usando la información de la carta, ¿crees que Susana les va a dar los mismos problemas? Justifica tus respuestas.

PASO 2 También solicitó la práctica un estudiante de negocios internacionales y estudios latinoamericanos en Harvard. Tiene notas perfectas e hizo una práctica en Buenos Aires el verano pasado. En parejas, uno aboga (*argues for*) por Susana y otro por el estudiante de Harvard.

3-20 **Por extensión.** Analicemos nuestras redes de ayuda.

PASO 1 Entrevista a tu pareja para saber si tiene a quién pedirle la siguiente ayuda. ¿Tiene quien…

1. le dé un préstamo de $1.000 para empezar un pequeño negocio o pagar una deuda?
2. lo/la aconseje sobre su carrera después de la universidad?
3. le escriba una carta de recomendación detallada y positiva?
4. lo/la ponga en contacto con un dueño o un gerente que le pueda dar un trabajo?
5. le revise sus materiales para la búsqueda de trabajo (el currículum, la carta de presentación, un portafolio, etc.)?
6. le dé otro apoyo? Explica: _____

PASO 2 Ser parte de una red significa que tú también les ofreces tu ayuda a los demás. Explícale a tu pareja cómo ayudas a otros y cómo te gustaría poder ayudar en el futuro cuando tengas más experiencia o cuando tengas más éxito.

PASO 3 Escribe un párrafo en el que compares tu red de conexiones con la de tu pareja. Concluye con una oración sobre qué debes hacer para construir, mejorar o mantener tu red.

3-21 **Tu comunidad de colegas.** ¿Cómo pueden las empresas fomentar un sentido de comunidad entre sus empleados?

PASO 1 A continuación hay una lista de actividades que hacen algunas empresas para ayudar a crear un sentido de comunidad. Añade una actividad más y ponlas en orden, de la más importante (1) a la menos importante (6) para ti.

_____ Formar equipos de vóleibol para competir entre los empleados.

_____ Recibir una tarjeta firmada por todos tus colegas en tu cumpleaños.

_____ Ofrecer refrescos, café de alta calidad y comida para picar gratis.

_____ Darles un día libre —pagado— cuando logren alcanzar una meta difícil.

_____ Darles a todos un bono modesto de fin de año.

_____ Otra actividad: _____ .

 PASO 2 A fin de cuentas, los problemas entre colegas son inevitables. Piensen en posibles reacciones ante los siguientes problemas.

Problema	Reacción profesional	Reacción poco profesional
1. Llevas tu comida al trabajo y alguien te la roba.		
2. En las reuniones, un/a colega domina la conversación siempre.		
3. Tu supervisor/a prefiere (*favors*) a un/a colega tuyo/a.		
4. Compartes tu espacio con alguien muy desordenado.		
5. Un/a colega quiere salir contigo pero tú no quieres.		
6. Otro problema: _____		

Los espacios públicos y el sentido de comunidad

3-22 **Entender tu propia cultura.** Indica adónde irías para hacer las siguientes actividades. Al final, calcula más o menos qué distancia hay entre todos los lugares.

1. ir de compras _____
2. comer una pizza _____
3. tomar un café _____
4. encontrarte con tus amigos _____
5. pasear _____
6. jugar al fútbol _____

ESTRATEGIA CULTURAL

¿Tendrías que recorrer varias millas para hacer las actividades anteriores? En muchos lugares del mundo hispano, todas esas actividades se hacen en un solo lugar: la plaza. En Estados Unidos, tendemos a pensar en las calles solamente como vías para ir de un lugar a otro. En otros países, la calle y las plazas en sí son un destino porque se camina y se pasea más. Sí, se recibe a los amigos en la casa, pero es muy común encontrarse con las amistades y conversar durante el paseo en la plaza u otro espacio público. Esto crea un sentido fuerte de comunidad. Si te encuentras en un país hispano, ¡sal a la calle!

La Plaza Mayor de Madrid, España

La Plaza de Armas de Cusco, Perú

  3-23 La competencia cultural en acción. Con una pareja, busquen un mapa detallado de una de las siguientes plazas con fotos, si es posible. Considerando la ubicación y las actividades que ofrece la plaza, ¿cómo pasarían una tarde allí?

La Plaza Mayor de Madrid, España
La Plaza Mayor de Palma de Mallorca, España
La Plaza de la Constitución de Santiago, Chile
La Plaza de Mayo de Buenos Aires, Argentina
La Plaza de Armas de Cusco, Perú

Antes de verlo

3-24 "¿Qué es un centro de trabajo compartido?" El reportaje de Begoña describe la nueva moda de la gente que se reúne en el mismo espacio para trabajar en sus propios proyectos. Cuando tienes un proyecto individual que hacer, ¿cuáles son las ventajas y las desventajas de trabajar en un lugar solitario? ¿Y de trabajar en un lugar con mucha gente? Begoña, Manuela y Adrián colaboran virtualmente. ¿Crees que eso elimina la necesidad de trabajar en el mismo espacio físico?

Vocabulario útil

acogedor/a	*friendly, welcoming*	la herramienta	*tool*
ahorrar	*to save (money)*	liado/a	*busy*
albergar	*to house*	pulir	*to polish (up)*
el/la colega	*colleague*	el/la trabajador/a	*independent worker/*
el/la emprendedor/a	*entrepreneur*	autónomo/a	*contractor*
el/la empresario/a	*entrepreneur*	las sinergias	*synergies*
el futbolín	*foosball*		

Al verlo

3-25 ¿Comprendes? Contesta en una hoja las siguientes preguntas y prepárate para compartir tus ideas con la clase.

1. ¿Por qué está desesperada Begoña?
2. ¿Qué es el garaje? ¿Quiénes trabajan allí?
3. ¿Cuáles son las ventajas de trabajar en un centro de trabajo compartido?
4. ¿Cómo se diferencia el Impact Hub de otros centros de trabajo compartido?
5. ¿Qué te parece la idea de trabajar en un centro de trabajo compartido? ¿Preferirías trabajar en una oficina tradicional o en otro ambiente? Explica.

Después de verlo

3-26 ¡Luces, cámara, acción! Seleccionen un lugar interesante, peculiar o representativo de su universidad y escriban un breve reportaje sobre este espacio que capte el interés del público. En el reportaje incluyan una descripción del lugar (la configuración del espacio, el ambiente, etc.), información sobre su uso (¿para qué sirve?, ¿qué hace la gente allí?, ¿quiénes utilizan el espacio con más frecuencia?, etc.) y la opinión del público sobre el lugar. Preséntenle su reportaje a la clase.

Vocabulario

Los negocios	*Business*
el/la cliente/a	*client, customer*
la clientela	*clientele*
la cotización	*price quote*
las finanzas	*finance*
las ganancias	*profits*
la gerencia	*management*
la mercadotecnia	*marketing*
el/la propietario/a	*owner*
los recursos humanos	*human resources*
las ventas	*sales*

Otros sustantivos	*Other nouns*
el anexo	*(e-mail) attachment*
la agenda	*agenda, appointment book*
la campaña	*campaign*
el desafío, el reto	*challenge*
el prejuicio	*prejudice*

Verbos	*Verbs*
apreciar	*to value, appreciate*
despreciar	*to despise, look down on*
estar dotado/a (de)	*to be endowed, equipped (with)*
estar encargado/a (de)	*to be in charge (of)*
fomentar	*to encourage, foster, promote*
involucrar	*to involve, entail*
lanzar	*to launch*
procurar	*to strive to*
repartir	*to distribute, divide*

Adjetivos	*Adjectives*
adjunto/a	*attached*
desafiante	*challenging*

Adverbios	*Adverbs*
ante todo	*first and foremost*
cuanto antes	*as soon as possible*

Para refrescar la memoria

la carrera (profesional)	*(professional) career*
la cuenta	*bill*
el descuento	*discount*
el diseño	*design*
el envase	*container*
el/la gerente	*manager*
la tarjeta de crédito/débito	*credit/debit card*

En contexto

3-27 **El mundo de los negocios.** Hay muchos componentes en un negocio.

e **PASO 1** Empareja cada departamento con el trabajo que hacen sus empleados.

1. mercadotecnia _____

2. ventas _____

3. finanzas _____

4. gerencia _____

5. diseño _____

6. recursos humanos _____

a. Preparan informes sobre las finanzas de la empresa y pagan las cuentas.

b. Ofrecen talleres de capacitación (*training*) y aseguran que se sigan las normas de la empresa.

c. Crean materiales para generar interés en la empresa y en sus productos o servicios.

d. Tienen la autoridad para tomar decisiones sobre el funcionamiento o la marcha de la empresa.

e. Se comunican directamente con los clientes para venderles los productos o servicios.

f. Trabajan en la forma y la función de los envases de los productos.

PASO 2 Entrevístense para saber para cuál de los trabajos del **Paso 1** está más dotado/a su compañero/a. Justifiquen sus decisiones finales.

3-28 **Una agenda.** Una tarea en el trabajo puede requerir varios pasos.

e **PASO 1** Pon estas actividades en el orden más lógico de 1 a 6.

_____ Preparar la cotización.

_____ Abrir un correo electrónico de un cliente que pide una cotización.

_____ Preguntarle a tu supervisor/a si le puedes ofrecer un descuento, basándote en esa cantidad.

_____ Llamar al cliente para aclarar la cantidad del producto que quiere comprar.

_____ Anotar en tu agenda para mañana: si el cliente no manda el pedido, mandarle otro correo electrónico o llamarlo por teléfono.

_____ Responder al correo electrónico del cliente con un anexo de la cotización.

PASO 2 Ahora contesten las siguientes preguntas sobre el **Paso 1.**

1. ¿En qué departamento de la empresa trabaja esta persona?
2. ¿Qué características personales necesita alguien que hace este trabajo?
3. ¿Qué estilos de comunicación necesita utilizar la persona?

3-29 Ponerse de acuerdo.

PASO 1 Estás encargado/a de lanzar una campaña de mercadotecnia para convencer a más estudiantes de tu universidad de que se especialicen en el idioma español. Elige la campaña que creas que va a ser más exitosa y prepárate para justificar tu decisión.

1. *Interactuar con la cultura.* Esta campaña se enfoca en conocer los productos culturales estudiados en los cursos de español. Se usan las imágenes de los cuadros de Velázquez, Dalí y Botero. Se habla de los escritores hispanos que han ganado el Premio Nobel de Literatura. Se incluyen citas de las famosas novelas *Don Quijote de la Mancha* y *Cien años de soledad*. Las fotos son de estudiantes sentados en algún lugar cómodo leyendo un libro o de visita en algún museo de arte.
2. *Trabajar con el español.* Esta campaña se enfoca en las conexiones entre el español y el mundo laboral. Se usan las imágenes de varias profesiones que utilizan el español. Se habla del uso del español en Estados Unidos y en los negocios internacionales. Se cita a personas en empresas que buscan empleados que sepan hablar español y que conozcan bien las culturas hispanas. Las fotos son de estudiantes haciendo presentaciones orales en clase y en sus internados para sus cursos de aprendizaje en la comunidad.
3. *Ser ciudadanos globales.* Esta campaña se enfoca en la globalización y en su conexión con idiomas y culturas. Se usan las imágenes de políticos y activistas internacionales. Se cita a figuras del mundo hispano que tienen una voz importante en los discursos transnacionales sobre el medio ambiente, los derechos humanos, los conflictos armados y la economía global. Las fotos son de estudiantes tomando clases relacionadas e interactuando con gente en el extranjero.

 PASO 2 Pónganse de acuerdo sobre qué campaña va a atraer a más estudiantes a la especialidad en español. Compartan su decisión y sus conclusiones con el resto de la clase. ¿Cuál es la opinión de la mayoría?

 3-30 Hablemos claro.

PASO 1 Entrevístense y apunten en una hoja las respuestas de su compañero/a.

1. Piensa en tus ideas sobre los negocios. ¿Qué ideas positivas tienes? ¿Qué ideas negativas tienes? ¿Qué películas y/o programas de televisión se ambientan (*are set*) en el mundo de los negocios? ¿Qué imagen presentan de ese ambiente laboral (*work environment*)? ¿Qué experiencias personales tienes con el mundo de los negocios?
2. ¿Cuáles son algunos adjetivos que se asocian con los hombres de negocios? ¿Y con las mujeres de negocios? ¿Qué retos tienen los hombres en un puesto de autoridad? ¿Qué retos tienen las mujeres? Para ser buen/a líder en el mundo de los negocios, ¿qué tienes que hacer?
3. ¿Qué trabajos en el mundo de los negocios te interesan y por qué? ¿Qué importancia tiene el español en el mundo de los negocios? ¿Qué importancia tiene el conocimiento cultural? ¿Qué beneficios ofrecen las empresas multinacionales? ¿Qué daños (*damages*) pueden provocar?

PASO 2 Escribe en una hoja algunas oraciones sobre las semejanzas y/o diferencias entre tu compañero/a y tú, usando detalles específicos de la entrevista. Después, comparte tus ideas con él/ella. ¿Está de acuerdo contigo tu pareja? Prepárate para compartir los resultados con la clase.

Gramática

 ## III. El *se* pasivo y el *se* impersonal

 Recall that three different uses of **se** in Spanish have been presented thus far:

- **se** as a reflexive pronoun meaning *oneself, yourself/selves* (formal), *him/herself, themselves* (Chapter 2)
- **se** as a reciprocal pronoun meaning *each other, one another* (Chapter 2)
- **se** as an indirect object pronoun replacing **le/les** before **lo/la/los/las** and meaning *to you* (sing./pl. formal), *to her/him/it, to them* (Chapter 3).

Two additional uses are passive **se** and impersonal **se**. These are verb constructions where the performer or agent of the action is unimportant, unspecified, and perhaps even unknown to the speaker.

Se habla español.   Spanish *is spoken* (here). (The fact of "who" speaks Spanish is unimportant.)

Se vende de todo en esa tienda.   *They sell* everything in that store. ("They" is unspecified and not important to know.)

Formación y uso: el *se* pasivo

¡AHORA TÚ!

Complete 3-6 in MySpanishLab to practice these concepts.

The passive **se** construction typically translates as *is/are + past participle* in English, as in the first example above, *Spanish is spoken (here).* In Spanish, the *passive* **se** + *verb* sequence is followed by a noun that functions as the subject of the sentence (shown in pink). Thus, when this noun is singular, the verb is conjugated in the third-person singular, and when the noun is plural, the verb is conjugated in the third-person plural.

Se necesita empleado/a para   Employee *(is) needed* for motorbike
  mensajería en moto.   courier service.
Se venden carros usados.   Used cars *(are) sold* (here).

Formación y uso: el *se* impersonal

¡AHORA TÚ!

Complete 3-7 in MySpanishLab to practice these concepts.

The impersonal **se** construction typically translates as *They/People/You/One + verb* in English, as in the previous example, *They sell everything in that store.* In Spanish, the *impersonal se* + *verb* sequence can be followed by various different entities, such as an adverb, an infinitive, a prepositional phrase, or a clause. The verb is always conjugated in the third-person singular.

Se come bien en ese restaurante, pero no   *You eat* well in that restaurant, but
  se puede pagar con tarjeta de crédito.   *you can't* pay with a credit card.
Se dice que es el mejor restaurante   *They/People say* that it's the best
  del pueblo.   restaurant in town.

En contexto

3-31 **Las operaciones diarias de una organización.** Un día típico de trabajo involucra varios tipos de tareas e interacciones para mantener buenas relaciones, no solo con la clientela, sino también con la gerencia.

 PASO 1 Indica si cada tarea y/o interacción se hace para la clientela, la gerencia o las dos.

	Clientela	Gerencia	Las dos
1. Se contestan preguntas básicas sobre los productos o servicios de la organización.	☐	☐	☐
2. Se entregan reportes sobre las operaciones internas.	☐	☐	☐
3. Se ofrecen cotizaciones.	☐	☐	☐
4. Se crean estrategias para las campañas de mercadotecnia.	☐	☐	☐
5. Se procura responder a los correos electrónicos cuanto antes.	☐	☐	☐
6. Se piden consejos sobre problemas desafiantes.	☐	☐	☐
7. Se mantiene una comunicación abierta.	☐	☐	☐
8. Se habla de manera respetuosa y profesional.	☐	☐	☐

PASO 2 Analicen las construcciones con **se** en el **Paso 1.** ¿Es singular o plural cada verbo conjugado? ¿Pueden explicar por qué?

3-32 Un ambiente de trabajo positivo.

La gerencia de una organización es responsable de establecer los valores que determinen la cultura y el ambiente de trabajo. ¿Qué valores y acciones ayudan a crear un ambiente de trabajo positivo?

PASO 1 Completa cada oración con una construcción del **se** pasivo. Después, indica si estás de acuerdo o no con la afirmación hecha. Si no estás de acuerdo, ¿cómo puedes cambiarla para estar de acuerdo?

	Estoy de acuerdo:	Sí	No
MODELO: *Se aprecian* (apreciar) las opiniones de los empleados.		☑	☐
1. _____ (repartir) el trabajo de manera equitativa.		☐	☐
2. _____ (reconocer) el buen trabajo solo de "los favoritos".		☐	☐
3. _____ (celebrar) los éxitos como grupo.		☐	☐
4. _____ (despreciar) la cooperación.		☐	☐
5. _____ (resolver) los conflictos entre colegas cuanto antes.		☐	☐
6. _____ (apreciar) el espíritu competitivo ante todo.		☐	☐
7. _____ (fomentar) la creatividad.		☐	☐
8. _____ (tolerar) los prejuicios y abusos.		☐	☐

 PASO 2 Comparen sus respuestas. ¿Están de acuerdo con todas las afirmaciones hechas? ¿Necesitan cambiar alguna de ellas? ¿Cómo? Preparen un breve resumen o una conclusión para la clase.

3-33 ¿En qué tipo de organización se trabaja mejor? Todo puesto de trabajo tiene sus ventajas y desventajas. Algunos opinan que es mejor trabajar para una empresa pequeña de alcance local, mientras que otros piensan que es mejor trabajar para una gran empresa multinacional. ¿Qué opinas tú?

PASO 1 Usando construcciones con **se,** escribe tres oraciones a favor de tu elección entre una empresa pequeña y una multinacional.

MODELOS: *Es mejor trabajar para una empresa pequeña porque… 1) **se conoce** bien a la gerencia, 2) … 3) …*

VERSUS *Es mejor trabajar para una empresa multinacional porque… 1) **se puede** viajar a otros países, 2) … 3) …*

 PASO 2 Formen grupos con representantes de la misma opinión y léanse sus oraciones. Escojan tres de las mejores oraciones para presentárselas a la clase. ¿En cuál de los dos tipos de empresa prefiere trabajar la mayoría de los estudiantes?

3-34 ¿Cómo se aumentan las ventas? ¿Qué tipos de estrategias usan las empresas para mantener buenas relaciones con el público, atraer a más clientes y, en última instancia (*ultimately*), aumentar las ventas?

 PASO 1 Ustedes son los propietarios de un pequeño negocio en una ciudad con un alto porcentaje de hispanohablantes. Primero, decidan qué tipo de negocio tienen y qué productos y/o servicios venden. Después, escriban de tres a cinco oraciones, usando construcciones con **se,** para conectarse mejor con el público y anunciar lo que ofrece el negocio en la vidriera (*store front*), en el periódico local y en Internet.

MODELOS: E1: *Se venden productos de belleza.*
E2: *Se aceptan tarjetas de crédito.*

PASO 2 Ahora, como pareja, júntense con otra pareja y escuchen sus anuncios. Háganles preguntas para saber más y decidan si les interesa consumir o no sus productos y/o servicios. Compartan sus resultados con la clase. ¿Decidieron consumir los productos y/o servicios de la otra pareja? ¿Por qué? Expliquen sus razones.

Gramática

IV. *Se* para expresar acontecimientos no planificados

The passive **se** construction may be used with certain verbs to express unplanned or unexpected occurrences, a use often referred to as *no-fault* **se.** It emphasizes the accidental nature of an occurrence as *having happened to* someone and thus minimizes any personal responsibility for it.

¡Siempre **se me olvida** la contraseña!	*My password always **slips my mind!** (I always **forget** my password!)*
Se le descompuso la computadora.	*The computer **broke down on him.***

- The following verbs are commonly used in *no-fault* **se** constructions.

acabar *to run out of*	**descomponer** *to break down*	**perder** *to lose, to miss*
apagar *to go out*	**ocurrir** *to come up with*	**quedar** *to leave behind*
caer *to drop, to spill*	**olvidar** *to forget, to slip one's mind*	**romper** *to break, to tear*

Formación y uso

The *no-fault* **se** construction is made up of **se** + *indirect object pronoun* + *verb* + *subject*. The indirect object (IO) pronoun corresponds to the "victim" of the accidental occurrence. Recall the IO pronouns: **me, te, le, nos, os, les.** Remember also that a prepositional phrase may be used with an IO pronoun for clarification or emphasis, e.g., **a mí, a ti, a usted, a él, a ella, a nosotros/as, a vosotros/as, a ustedes, a ellos/as,** etc.

¡AHORA TÚ!

Complete 3-8 in MySpanishLab to practice these concepts.

A mi jefe se **le** descompuso la computadora.	*The computer broke down **on my boss**.*
A él se **le** descompuso la computadora, no **a mí.**	*The computer broke down **on him**, not **on me**.*

- As with passive **se,** when a *singular noun* follows the verb, it is conjugated in the third-person *singular*, and when a *plural noun* follows the verb, it is conjugated in the third-person *plural*. When an infinitive or a clause follows the verb, it is conjugated in the third-person *singular*.

Pepe es un desastre. Primero, **se le cayó** el café en la oficina.	*Pepe is a disaster. First his coffee **spilled on him** in the office.*
Después, **se le perdieron** las llaves de la oficina.	*Then **he lost** his keys to the office. (His keys to the office **were lost**.)*
¡A lo mejor **se le olvida** venir a trabajar mañana!	*Maybe **he will forget** to come to work tomorrow!*

¡AHORA TÚ!

Complete 3-9 in MySpanishLab to practice these concepts.

- The first two examples directly above show that while English uses a possessive adjective in these expressions (e.g., ***his*** *coffee,* ***his*** *keys*), Spanish uses an article (e.g., **el café, las llaves**). In Spanish, possession is already expressed through the IO pronoun.

En contexto

3-35 **Un viaje de negocios.** La empresa mandó a dos colegas a San Salvador para hacerle una presentación a un cliente potencial.

 PASO 1   Para cada acontecimiento, indica el sujeto y a quién(es) se le(s) ocurrió.

Acontecimiento	¿El sujeto?	¿A quién(es)?
1. Se le venció (*expired*).	el pasaporte / los pasaportes	a uno / a los dos
2. Se les ocurrió a tiempo.	el problema / los problemas	a uno / a los dos
3. Se les quedaron en el avión.	el documento / los documentos	a uno / a los dos
4. Se les apagó durante la presentación.	la luz / las luces	a uno / a los dos
5. Se les olvidaron.	la idea / las ideas	a uno / a los dos
6. Se les perdió.	el contrato / los contratos	a uno / a los dos

PASO 2   ¿Qué adjetivos describen a estos colegas? Decidan cómo puede la empresa intentar recuperar su reputación con el cliente en San Salvador. Prepárense para compartir sus ideas con la clase.

3-36 **Dilemas y soluciones.** En una oficina con buen ambiente laboral, se valora el trabajo en equipo y la resolución positiva de los problemas.

 PASO 1   Empareja cada dilema con la solución más lógica y apropiada.

Dilemas

1. A Miguel se le olvidó el reporte. _____
2. Se me olvidó llamar al cliente esta mañana. _____
3. ¡Se nos apagaron las luces en la oficina! _____
4. Se te cayó un botón de la camisa. _____
5. Se nos descompuso la fotocopiadora esta mañana. _____

Soluciones

a. Tengo otra en mi oficina. Voy a cambiarme antes de la reunión.
b. Se escribió otra versión en equipo rápidamente.
c. Alicia ya llamó al mecánico y llega mañana por la mañana.
d. El jefe va a llamar a la compañía de electricidad.
e. Llámalo enseguida y pídele disculpas.

PASO 2   Analicen las construcciones con **se** en el **Paso 1**. ¿Es singular o plural cada verbo conjugado? ¿Qué pronombre de objeto indirecto se usa? ¿Pueden explicar por qué?

3-37 **No se te entregó el informe.** Eres el/la jefe/a y alguien de tu equipo no te entregó un informe importante a tiempo.

PASO 1 Según tu opinión, decide si sus explicaciones son válidas o no.

	Válida	No válida
1. Se nos acabó la tinta de la impresora (*printer*).	☐	☐
2. A Guadalupe se le olvidó mandarme los datos más recientes.	☐	☐
3. Se me confundieron las fechas; pensaba que era para mañana.	☐	☐
4. Se me quedó el informe en el autobús esta mañana.	☐	☐
5. No se me ocurrió cómo escribir la conclusión.	☐	☐

PASO 2 Para cada explicación del **Paso 1,** escriban una solución para evitar el mismo problema en el futuro. Prepárense para compartir sus respuestas con la clase.

3-38 **Más acontecimientos inesperados y soluciones.**

PASO 1 En parejas, escriban tres acontecimientos inesperados en el contexto de una oficina o un negocio.

PASO 2 Intercambien con otra pareja sus tres acontecimientos inesperados y escriban algunas posibles soluciones para ellos. Luego, compartan sus soluciones. ¿Les parecen buenas y factibles (*feasible*) las soluciones ofrecidas por la otra pareja? ¿Por qué?

3-39 **¿Por qué no llegaste?** Tu jefe/a te invitó a una cena en su casa pero no llegaste.

PASO 1 Usa las siguientes frases para darle una explicación detallada.

Se me perdió / perdieron…
Se me olvidó / olvidaron…
Se me confundió / confundieron…
Se me descompuso / descompusieron…

PASO 2 Ahora túrnense para hacer el papel del/de la jefe/a y del/de la empleado/a. Luego, decidan si las explicaciones que se dieron fueron convincentes o no.

📖 Lectura literaria

Sobre el autor

Ángel de Saavedra, duque de Rivas (1791-1865), es uno de los escritores españoles más conocidos de la época romántica. El romanticismo, en el que predominan las emociones y la pasión, fue una reacción contra el Neoclasicismo. El costumbrismo también está presente en el romanticismo y en *Don Álvaro o la fuerza del sino,* con su enfoque en tipos de la clase popular y su manera de hablar y vestirse. De hecho, los personajes en la escena a continuación representan tipos de la clase popular: la gitana, el majo, el oficial, etc.

Antes de leer

3-40 El cotilleo (*gossip*). Un aspecto negativo de ser parte de una comunidad es el cotilleo.

PASO 1   Empareja cada chisme (*piece of gossip*) sobre los famosos con su tema correspondiente.

Chisme	Tema
1. Cuatro semanas después de dar a luz y esta cantante ya luce bikini en la playa. _____	a. #dopaje
2. Esta actriz lleva un anillo nuevo. ¿Se va a casar con su novio empresario? _____	b. #diamante
3. En la gala de anoche esta artista llevó un vestido apretado. ¿Está gordita o embarazada? _____	c. #demasiadobotox
4. Este rapero no pudo caminar desde el club hasta su auto; sus guardaespaldas lo llevaron. _____	d. #amante
5. Sus compañeros dicen que vieron al gran futbolista con una jeringa en la mano. _____	e. #dieta
6. Está casado pero este actor sale a cenar cada noche con una rubia misteriosa. _____	f. #barriguita
7. ¿Contenta, triste, preocupada, asustada…? La expresión en su cara no cambia. _____	g. #borracho

PASO 2   ¿Cuáles son los chismes actuales sobre los famosos? ¿Cómo afecta el cotilleo a los famosos? ¿Puede ser negativo y positivo el cotilleo?

Al leer

ESTRATEGIA AL LEER

Orientarse bien en una obra de teatro. El lector de una obra de teatro tiene que prestar atención a los siguientes elementos:
- La escenografía: los elementos visuales —paredes de una casa, un bosque pintado en los muros, etc.— del decorado.
- La utilería: los objetos —una mesa, un teléfono, un reloj que suena— que aparecen en escena.
- Las acotaciones: descripciones al principio de un acto o en paréntesis que describen qué deben hacer los actores.
- El diálogo: las palabras que recitan los actores.

3-41 ¿Son cotillas los personajes?

PASO 1   Mientras vas leyendo, escribe el nombre del personaje indicado en la cita e indica si es un comentario positivo o negativo.

Cita	Personaje	Positivo	Negativo
1. "Y [es] muy buen mozo".	_____	☐	☐
2. "…está muerta de hambre".	_____	☐	☐
3. "…se portó como un caballero".	_____	☐	☐
4. "…el señor marqués de Calatrava tiene… sobrada vanidad…"	_____	☐	☐
5. "…don Álvaro es un hijo bastardo…"	_____	☐	☐
6. "…el vejete roñoso del marqués…"	_____	☐	☐

PASO 2   Encuentra una cita de la obra en la que un personaje hace lo siguiente.

1. Alaba a alguien.
2. Critica a alguien.
3. Defiende a alguien.
4. Repite el chisme de otro(s).

JORNADA PRIMERA

por Ángel de Saavedra, duque de Rivas (España)

LA ESCENA ES EN SEVILLA Y SUS ALREDEDORES

ESCENA PRIMERA

La escena representa la entrada del antiguo puente de barcas de Triana, el que estará practicable a la derecha. En primer término, al mismo lado, un aguaducho° o barraca de tablas y lonas°, con un letrero que diga: «Agua de Tomares»; dentro habrá un mostrador rústico con cuatro grandes cántaros°, macetas de flores, vasos, un anafre° con una cafetera de hojalata y una bandeja con azucarillos. Delante del aguaducho habrá bancos de pino. …

small
outdoor café/
tarps
pitchers/
cooker

5

Canónigo: … ¿Y qué tal los toros de ayer?

…

Habitante Segundo: No fue la corrida tan buena como la anterior.

Preciosilla: Como que ha faltado en ella don Álvaro el indiano*, que a caballo y a pie es el mejor torero° que tiene España.

10 bullfighter

Majo: Es verdad que es todo un hombre, muy duro con el ganado y muy echado adelante.

Preciosilla: Y muy buen mozo.

Habitante Primero: ¿Y por qué no se presentaría ayer en la plaza?

Oficial: Harto tenía que hacer con estarse llorando el mal fin de sus amores.

15

Majo: Pues, qué, ¿lo ha plantado ya la hija del señor marqués?…

Oficial: No; doña Leonor no lo ha plantado° a él, pero el marqués la ha trasplantado a ella.

has dumped

Habitante Segundo: ¿Cómo?…

Habitante Primero: Amigo, el señor marqués de Calatrava tiene mucho copete° y sobrada vanidad para permitir que un advenedizo° sea su yerno.

20 upper-class
origins
newcomer

Oficial: ¿Y qué más podía apetecer su señorío que el ver casada a su hija (que, con todos sus pergaminos°, está muerta de hambre) con un hombre riquísimo y cuyos modales están pregonando° que es un caballero?

parchment
scrolls
are proclaiming

Preciosilla: ¡Si los señores de Sevilla son vanidad y pobreza, todo en una pieza! Don Álvaro es digno de ser marido de una emperadora… ¡Qué gallardo°!… ¡Qué formal y qué generoso!… Hace pocos días que le dije la buenaventura° (y por cierto no es buena la que le espera si las rayas de la mano no mienten), y me dio una onza de oro como un sol de mediodía.

25

gallant
told him his
fortune

30

Tío Paco: Cuantas veces viene aquí a beber, me pone sobre el mostrador una peseta columnaria.

*un español que hizo su fortuna en América

Majo: ¡Y vaya un hombre valiente! Cuando, en la Alameda Vieja, le salieron
aquella noche los siete hombres más duros que tiene Sevilla, metió
mano y me los acorraló° a todos contra las tapias del picadero° . 35

he cornered
them/ the
walls of the
riding arena

Oficial: Y en el desafío que tuvo con el capitán de artillería se portó como un
caballero.

Preciosilla: El marqués de Calatrava es un viejo tan ruin, que por no aflojar la
mosca y por no gastar…

beat him up

Oficial: Lo que debía hacer don Álvaro era darle una paliza° que… 40

Canónigo: Paso, paso, señor militar. Los padres tienen derecho de casar a sus hijas
con quien les convenga.

Oficial: ¿Y por qué no le ha de convenir don Álvaro? ¿Porque no ha nacido en
Sevilla?… Fuera de Sevilla nacen también caballeros.

America

Canónigo: Fuera de Sevilla nacen también caballeros, sí, señor; pero… ¿lo es don 45
Álvaro?… Sólo sabemos que ha venido de Indias° hace dos meses y que
ha traído… mucho dinero… pero ¿quién es?…

Habitante Primero: Se dicen tantas y tales cosas de él…

being

Habitante Segundo: Es un ente° muy misterioso.

Tío Paco: La otra tarde estuvieron aquí unos señores hablando de lo mismo, y 50
uno de ellos dijo que el tal don Álvaro había hecho sus riquezas siendo
pirata…

Majo: ¡Jesucristo!

Moor

Tío Paco: Y otro, que don Álvaro era hijo bastardo de un grande de España y de
una reina mora° … 55

What
nonsense!

Oficial: ¡Qué disparate!°

Tío Paco: Y luego dijeron que no, que era… No lo puedo declarar… Finca… o
brinca… Una cosa así… así como… una cosa muy grande allá de la
otra banda.

Oficial: ¿Inca? 60

Tío Paco: Sí, señor; eso: inca… inca…

nonsense

Canónigo: Calle usted, tío Paco; no diga sandeces°.

I won't go
into a lot of
detail

Tío Paco: Yo nada digo, ni me meto en honduras°; para mí cada uno es hijo de sus
obras, y en siendo buen cristiano y caritativo…

Preciosilla: Y generoso y galán. 65

stingy, old
man

Oficial: El vejete roñoso° del marqués de Calatrava hace muy mal en negarle
su hija.

infatuated

Canónigo: Señor militar, el señor marqués hace muy bien. El caso es sencillísimo.
Don Álvaro llegó hace dos meses; nadie sabe quién es. Ha pedido
en casamiento a doña Leonor, y el marqués, no juzgándolo buen 70
partido para su hija, se la ha negado. Parece que la señorita estaba
encaprichadilla°, fascinada, y el padre la ha llevado al campo, a la
hacienda que tiene en el Aljarafe, para distraerla. En todo lo cual el
señor marqués se ha comportado como persona prudente.

Después de leer

3-42 **¿Cierta o falsa?** Indica si las siguientes oraciones sobre la obra son ciertas o falsas.

	Cierta	Falsa
1. Preciosilla es la novia de don Álvaro.	☐	☐
2. Don Álvaro lleva poco tiempo en Sevilla.	☐	☐
3. Don Álvaro está enamorado de Leonor.	☐	☐
4. El marqués es noble pero pobre.	☐	☐
5. Hay mucho chisme sobre don Álvaro.	☐	☐
6. El marqués parece caerle mal al oficial.	☐	☐

3-43 **Analizar los elementos literarios.**

1. ¿Qué impresión te da esta obra sobre la vida de los sevillanos en aquella época? ¿Y de la vida de las mujeres? En los pueblos y ciudades pequeñas hay un sentido de comunidad muy fuerte. ¿Cuáles son las ventajas y desventajas de eso? La obra se estrenó en 1835. ¿Son diferentes las cosas hoy? Explica tu respuesta.

2. ¿Qué impresión crea la descripción del escenario al principio de la escena? ¿Qué contribuye la utilería —el letrero, los cántaros, etc.— a la obra? Por sus palabras, ¿qué sabes del carácter de los personajes? ¿Qué acotaciones añadirías para indicar las acciones de los personajes al hablar?

3. ¿Por qué habla la gente tanto de don Álvaro? Si fuera pobre, ¿tendrían tanta curiosidad por saber de él? ¿Qué piensas de la opinión de tío Paco: "para mí, cada uno es hijo de sus obras"? Según tu experiencia, ¿cómo se trata a las personas "nuevas" en una escuela, un trabajo, etc.?

4. El tema del destino está muy presente en la obra. ¿Cómo crees que va acabar la obra? ¿Qué importancia tiene la buenaventura que Preciosilla le dio a don Álvaro? Si don Álvaro representa lo moderno y el marqués lo tradicional, en tu opinión, ¿quién tiene más poder?

3-44 **El qué dirán.** Antes de hacer algo, ¿piensas en qué dirán los otros de ti?

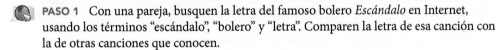

PASO 1 Con una pareja, busquen la letra del famoso bolero *Escándalo* en Internet, usando los términos "escándalo", "bolero" y "letra". Comparen la letra de esa canción con la de otras canciones que conocen.

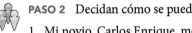

PASO 2 Decidan cómo se puede resolver los siguientes problemas.

1. Mi novio, Carlos Enrique, me dejó porque le dijeron que yo estaba saliendo con Marcos. Pero Marcos ha sido solamente mi amigo desde la infancia. ¿Cómo puedo volver con Carlos Enrique?

2. Mi mejor amiga me dijo un secreto y yo se lo conté a otra persona. Me siento muy mal. ¿Qué debo hacer?

3. Alicia ha hablado muy mal de mí en el pasado. Hoy vi que alguien escribió algo negativo de ella en Internet. Sé que es mentira, pero Alicia me cae muy mal. ¿Debo simplemente ignorarlo?

El mundo multicultural y los negocios

3-45 **Entender tu propia cultura.** Indica tus respuestas según la siguiente escala:
1 = me parece bien; 2 = no sé; 3 = me parece mal.

	1	2	3
1. Tu colega mujer lleva a un cliente al aeropuerto en un auto de la empresa.	☐	☐	☐
2. Todo el equipo trabaja un sábado para acabar un proyecto importantísimo.	☐	☐	☐
3. Tus clientes no te miran a los ojos.	☐	☐	☐
4. Al recibir una tarjeta de presentación la guardas en el bolsillo de tu chaqueta.	☐	☐	☐
5. Llegas un poquito tarde a una cita.	☐	☐	☐
6. Recibes un regalo de un cliente potencial y no lo abres en ese momento.	☐	☐	☐

ESTRATEGIA CULTURAL

Las situaciones anteriores son muy normales para ciertos grupos y ofensivas para otros. En los negocios tienes que desarrollar tus capacidades transculturales. Eso significa adquirir conocimientos sobre otros países —sus leyes, normas culturales, días festivos, etc.—, afinar (*fine tune*) tu sensibilidad para entender las diferencias y respetar el punto de vista de los demás. Según las autoras Jeanette S. Martin y Lillian H. Chaney, hay cuatro modelos para abarcar las diferencias de ética entre culturas. En tu opinión, ¿qué beneficios o problemas ofrece cada uno de los siguientes modelos?

1. Comportarte según la ética del otro país.
2. Aplicar la ética de tu país a todas las situaciones en el otro país.
3. No actuar según las normas de ninguno de los países, sino según las necesidades de las dos empresas.
4. Tener una visión más amplia: ¿qué manera de proceder rinde lo mejor para nuestro mundo?

Una fábrica en Argentina

Un entrenamiento para los empleados que viajan a otros países

 3-46 **La competencia cultural en acción.** Seleccionen uno de los cuatro modelos y propongan una acción apropiada para las siguientes situaciones.

1. La empresa de ustedes está construyendo una sucursal (*branch office*) en otro país. La única manera de recibir los certificados necesarios es a través de los pagos secretos y en efectivo a los burócratas.

2. Un cliente potencial muy importante ha venido a Estados Unidos a visitar la empresa de ustedes. Está prohibido fumar dentro del edificio. Él saca un cigarrillo y un encendedor para fumar.

3. La empresa los manda a ustedes a trabajar en una de sus fábricas en otro país. Por casualidad (*by chance*), descubren que los desperdicios tóxicos se echan al río sin ningún tratamiento especial. Cuando preguntan por qué, les dicen que no es ilegal.

📖 PODCAST
Los adolescentes y el biculturalismo
por Nuevos Horizontes.org (Estados Unidos)

Antes de escuchar

 3-47 **¿Qué es el biculturalismo?** La gente bicultural pertenece a dos comunidades.

PASO 1 Habla con tus compañeros de la clase para averiguar quiénes están de acuerdo con las siguientes afirmaciones.

Afirmación	Nombre(s)
1. Mis padres nacieron en otro país, pero yo me crié en este país.	_____
2. He vivido largos períodos de tiempo en dos países.	_____
3. He estudiado en el extranjero.	_____
4. Hablo dos idiomas.	_____
5. He vivido en una zona rural y también en una ciudad.	_____
6. He participado en dos religiones diferentes.	_____

PASO 2 Entre todos, decidan cuáles de las experiencias del **Paso 1** constituyen el biculturalismo y expliquen sus decisiones.

Al escuchar

ESTRATEGIA AL ESCUCHAR

Buscar más información. Si no entiendes todo lo que oyes en un programa de audio, muchas veces hay instrucciones sobre cómo buscar más información sobre el tema. Esas fuentes te dan la oportunidad de aclarar lo que escuchaste. También te pueden presentar la información de manera visual: por escrito o en videos.

3-48 **¿Cómo buscar más información?** Mientras vas escuchando, selecciona la respuesta correcta.

1. La información original sobre este estudio se encuentra en la página web de _____ .
   a. los CDC
   b. Nuevos Horizontes
   c. la investigadora, Corinne Ferdon

2. Se encuentran programas anteriores, entrevistas y otros temas de interés en la página web de _____ .
   a. los CDC
   b. Nuevos Horizontes
   c. la investigadora, Corinne Ferdon

3. La mejor frase para iniciar una búsqueda en Internet sobre este tema es _____ .
   a. la inmigración y la salud
   b. adolescentes biculturales y la salud
   c. actividades riesgosas

4. Para llegar a la página web de los CDC en español, hay que teclear _____ .
   a. triplew.cdc.gob.diagonal.spanish
   b. www.cdc.gob/spanish
   c. www.cdc.gov/spanish

5. Si uno prefiere hablar con una persona para buscar más información puede llamar al
   _____ .
   a. 1-180-223-4636
   b. 1-800-232-4636
   c. 1-800-232-4336

6. Las páginas web para mayor información que se ofrecen en este programa dan la
   impresión de ser fuentes _____ .
   a. fiables (*trustworthy*)
   b. no fiables
   c. falsas

Después de escuchar

 3-49 Las conductas saludables y riesgosas.

PASO 1 El estudio indica que los adolescentes latinos "con una fuerte conciencia de su cultura familiar" son más saludables, pero no explica el por qué. En su grupo, propongan una hipótesis de por qué ser bicultural les ayuda a ser más sanos.

PASO 2 Una segunda edición del programa les ofrece consejos a los padres latinos para poder ayudar a sus hijos adolescentes. Para cada consejo, expliquen su importancia para los dos grupos de adolescentes. Al final, ofrezcan un consejo más.

MODELO: *Es importante para los adolescentes latinos porque…*
          Es importante para cualquier adolescente porque…

1. Busquen un equilibrio entre los valores de la familia y los de la cultura dominante.
2. Pasen tiempo en familia.
3. Hablen con su hijo.
4. Escuchen a su hijo.
5. Otro consejo: _____

La investigación por Internet:
Analizar el sentido de comunidad en Internet

3-50 **Dale un "Me gusta".** A través de los medios sociales las empresas crean un sentido de comunidad.

 PASO 1 El gráfico representa algunas de las empresas o productos mexicanos con más seguidores en Facebook hace algunos años. Busca información para actualizar los números y saber más de estas empresas. ¿Qué cambios notas?

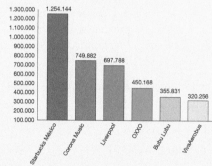

 PASO 2 El cambio es constante, sobre todo en Internet. Preparen una lista de las cosas que hoy son populares pero no lo eran hace cinco años, y viceversa. Consideren productos, servicios, empresas, plataformas en Internet, tipos de música, etc.

 3-51 **¿Cómo crear un sentido de comunidad?** Algunas empresas llegan a crear una comunidad muy fiel a ellas, por ejemplo, Apple, Levis, Whole Foods, etc. ¿Cómo lo hacen?

PASO 1 Con una pareja, busquen tres negocios del mundo hispanohablante y exploren su presencia en varias plataformas en Internet. Si no conocen ningún negocio, hagan una búsqueda con una combinación de las palabras claves siguientes.

- empresa, negocio, sede
- el nombre de un país (Panamá, Nicaragua, etc.)
- un sector específico (comestibles, informática, construcción, etc.)
- un portal específico (Facebook, Twitter, etc.)

PASO 2 Seleccionen la empresa con más presencia en Internet. Marquen los elementos que usan para crear un sentido de comunidad en torno al negocio y sus productos. Expliquen su decisión con ejemplos concretos.

1. ☐ Actualizan su información con frecuencia.
2. ☐ Ponen información de varios tipos (video, fotos, textos escritos, etc.).
3. ☐ Invitan a los seguidores a participar (preguntas, encuestas, juegos, etc.).
4. ☐ Responden a las preguntas y comentarios que sus seguidores les hacen.
5. ☐ Utilizan competencias y premios.
6. ☐ Les ofrecen algo especial a sus seguidores (descuentos, información nueva, etc.).
7. ☐ Algo más? _____

PASO 3 Contesten estas preguntas. ¿Cuál es su análisis final de estas empresas y su interacción con su comunidad? ¿Se sienten ustedes parte de una comunidad relacionada con algún producto, negocio o empresa? ¿Qué opinan del concepto de crear un sentido de comunidad en torno a una actividad comercial?

 La expresión escrita:
Escribir para crear conexiones

Muchas veces escribimos para relacionarnos con otras personas: para animarlas, entretenerlas, agradecerles algo, pedirles perdón o un favor, invitarlas a algo, clarificar un malentendido y otras cosas más. ¿Qué mensajes has escrito o recibido últimamente y cómo te han ayudado a mantener buenas relaciones con las personas que te rodean?

Antes de escribir

3-52 **Conectarse con mensajes breves.** Con pocas palabras se puede comunicar mucho.

PASO 1 Empareja los mensajes breves con su significado (*meaning*).

1. Un SMS: "Voy a llegar tarde". _____
2. Una tarjeta: "¡Enhorabuena!" _____
3. Escrito en el espejo: "Te quiero". _____
4. En la página de un amigo en Internet: "Gracias por tu ayuda". _____
5. Un papelito en la lonchera (*lunch box*) de tu pareja: "Lo siento". _____
6. En la pizarra del salón de clase: "¡Suerte con el examen!" _____

a. Me siento agradecido/a.
b. No quiero que te preocupes.
c. Quiero darles ánimo.
d. Me alegro por ti.
e. Espero que me perdones.
f. Estoy enamorado/a de ti.

PASO 2 Escojan individualmente uno de los mensajes anteriores y escriban otras palabras para expresar lo mismo. Luego, muéstrense sus mensajes nuevos y adivinen cuál de los significados se ha querido comunicar.

Al escribir

ESTRATEGIA AL ESCRIBIR

Escribir en un tono formal. Los mensajes de la actividad anterior se escribieron en un tono muy informal. En contextos académicos y profesionales tenemos que alterar nuestra escritura para que sea formal. Escribir un correo electrónico como si fuera un mensaje de texto se ve muy mal. También queda mal si escribes cartas profesionales con una estructura y/o tono informal.

3-53 **Un correo electrónico formal.** Vas a escribirle un correo electrónico formal a uno/a de tus profesores. Necesitas pedirle una carta de recomendación para un trabajo en el mundo de los negocios.

PASO 1 Decide a quién le vas a pedir la carta. Debe ser alguien que te conozca personalmente y que pueda escribir cosas positivas sobre ti. Piensa también en las conexiones entre el curso y el trabajo que buscas. ¿Es pertinente el material que aprendiste?

PASO 2 Redacta primero un esquema (*outline*). Considera la siguiente estructura para organizar tus ideas, o usa tu propia estructura.

- Un saludo con el nombre de tu profesor/a y su título (Estimada Dra. Gómez, etc.)
- Un párrafo para recordarle quién eres, qué curso tomaste con él/ella y cuándo, tu nota final, el tema de un posible trabajo que hiciste para el curso y cualquier otra información pertinente
- Un párrafo en el que le pidas la carta y le describas brevemente el trabajo que estás buscando
- Un párrafo en el que le expliques por qué crees que él/ella es la persona indicada para escribirte una carta de recomendación. ¿Qué aprendiste e hiciste en su curso que se relaciona con el trabajo y/o con tus características positivas?
- Una oración para darle las gracias
- Una despedida apropiada (Me despido con un cordial saludo, etc.)
- Tu nombre completo

3-54 Tu correo electrónico formal.

PASO 1 Escribe el primer borrador de tu correo electrónico formal. No te olvides de tratar de usted a tu profesor/a. No olvides incluir todos los puntos de tu esquema de la actividad anterior, pero redacta los puntos en el orden que te parezca más natural.

PASO 2 Intercambien sus borradores. Léanlos con cuidado y escriban comentarios y/o preguntas para mejorarlos. Después, tomen en cuenta los comentarios y/o preguntas de su pareja y hagan las revisiones. Finalmente, entréguenle su versión final a su profesor/a.

Después de escribir

3-55 A reflexionar. Busca en Internet ejemplos de cartas de recomendación en español. ¿Puede tu profesor/a escribir cosas semejantes de ti? Si quieres salir de la universidad con buenas cartas de recomendación, ¿qué tienes que hacer para conseguirlas? Apunta tus ideas para compartirlas en clase.

 La expresión oral:
Hablar para crear conexiones

La comunicación oral también se usa para crear, mantener y reparar las relaciones entre las personas. ¿Cómo se comunica uno oralmente para mantener buenas relaciones con los demás?

A. El habla interpersonal: Intercambios

3-56 **Impovisar.** Al realizar los siguientes *role-plays*, no se olviden del lenguaje corporal.

 PASO 1 Túrnense para hacer cada papel en las dos situaciones.

Situación 1

Persona A: Eres un/a viejo/a amigo/a de la Persona B. Lo/La invitas a salir contigo esta noche. Insistes porque él/ella ha cambiado mucho desde que su novio/a lo/la dejó hace dos meses. Temes que esté deprimido/a. Has decidido que van a salir los/las dos esta noche —¡a toda costa!

Persona B: Antes, salías mucho con la Persona A y tu novio/a. Ahora, salir con él/ella te trae recuerdos tristes de tu novio/a. También en los últimos meses has descubierto que prefieres hacer otras cosas, como leer, cocinar y estar con otro grupo de amigos. No quieres salir.

Situación 2

Persona A: Trabajas en el departamento de ventas en una empresa de herramientas. Están por lanzar un nuevo producto: una sierra (*saw*) eléctrica. Hay un incremento en el número de mujeres que compran sierras eléctricas, pero la de tu empresa es demasiado pesada y difícil de usar para la mayoría de las mujeres. Quieres que los ingenieros la cambien para poder vender más.

Persona B: Eres ingeniero/a. Tu equipo trabajó dos años para diseñar una nueva sierra eléctrica. Está hecha con la tecnología más avanzada. Los componentes electrónicos se produjeron en China. Cambiarla ahora significaría perder el trabajo de diez ingenieros y tener que cambiar los acuerdos con la fábrica en China. Es una belleza de la ingeniería. No quieres cambiarla.

PASO 2 Ahora algunos voluntarios harán los *role-plays* con una nueva pareja delante de la clase. La clase va a analizar qué pasó durante cada interacción y qué lenguaje corporal usaron.

ESTRATEGIA AL HABLAR

Ser consciente del lenguaje corporal. Además de las palabras que pronuncias, las señales de tu cuerpo también comunican. Si quieres crear una conexión positiva con tus interlocutores en una presentación formal o en una simple conversación, ten en cuenta lo siguiente:

- La cabeza erguida (*erect*), el contacto visual y una sonrisa comunican seguridad personal.
- Las manos no deben moverse demasiado, ni muy poco.
- No des la espalda al público. En una conversación, inclínate un poco hacia la otra persona.
- Estate quieto/a cuando habla la otra persona. Para demostrar interés, no te muevas mucho ni te distraigas.
- Otras señales positivas en una conversación son: imitar la postura de la otra persona y asentir (*to nod*) ligeramente con la cabeza.

B. El habla de presentación:
Una presentación de negocios

Antes de presentar

3-57 **Hablar para crear conexiones.** Vas a dar una presentación sobre una empresa. Puede ser una empresa de un país en el que se hable español o de uno en el que se hable inglés, la que vende productos hispanos o que les vende a hispanohablantes.

PASO 1 Busca información sobre una empresa que te interese por el lugar donde se encuentra o por los productos que vende, o busca un sector específico que te atraiga. Si escoges una empresa que ya se vio durante este capítulo, no repitas la misma información. Busca información general y luego selecciona un producto específico en el que enfoques la mayor parte de la presentación.

PASO 2 Planea tu presentación sobre la empresa. Debe durar de cinco a siete minutos. Luego, practica la presentación antes de darla en clase. Presta atención al lenguaje corporal. ¿Mueves mucho las manos? ¿Miras tus diapositivas en vez de mirar al público? Utiliza el lenguaje corporal de manera efectiva para involucrar a tu público mientras hablas.

Después de presentar

3-58 **A votar.** Después de escuchar todas las presentaciones, la clase va a votar por la empresa con los productos que más les interesen. ¿Son productos que pueden comprar en su comunidad? ¿A través de Internet? ¿Piensa alguien comprar esos productos?

El servicio comunitario:
Un mapa de los bienes de la comunidad
(Tu comunidad)

Los mapas de los bienes de una comunidad nos ayudan a maximizar el uso de los elementos positivos de una comunidad. Tú y tus compañeros van a crear un mapa en español de los bienes de una comunidad desde el punto de vista de un/a hispanohablante.

 3-59 Crear un mapa de los bienes para hispanohablantes. Sigan estos pasos y luego creen el mapa.

 PASO 1 Consulten un mapa para delinear los confines geográficos de la comunidad que van a describir. ¿Van a concentrarse en la zona universitaria? ¿Van a escoger un barrio específico, quizá donde vive un buen número de hispanohablantes?

Es buena idea hacer un mapa con los negocios donde se habla español.

PASO 2 Determinen qué bienes quieren poner en el mapa. Empiecen por decidir entre estas categorías: individuos, lugares (escuelas, parques, clínicas, etc.), negocios u oficinas de servicios humanos. Luego, decidan si es buena idea seleccionar un tema más específico (escuelas públicas, negocios con dueños latinos, gente con talento artístico, abogados bilingües, etc.).

PASO 3 Pónganse de acuerdo sobre el tipo de información que van a incluir en el mapa final. Consideren estas posibilidades: texto escrito, fotos, videos, entrevistas, enlaces, materiales escaneados, etc. Decidan también si el mapa final va a ser virtual, en papel o en los dos formatos.

3-60 Reflexionar. Contesta las siguientes preguntas sobre tu experiencia con este proyecto de servicio para la comunidad.

1. **¿Qué?** Describe con qué contribuiste al mapa y cómo lo hiciste.
2. **¿Y qué?** ¿A qué conclusiones llegas sobre esa comunidad? ¿Ofrece más o menos los bienes que pensabas? Si vives en esa comunidad, ¿descubriste algo nuevo?
3. **¿Ahora qué?** ¿Cómo puede tu clase difundir el mapa? ¿Cómo pueden hacer una mercadotecnia eficaz del mapa para que la gente sepa que existe? Publíquenlo, incluyendo las mejores ideas de todos.

Resumen de vocabulario

Parte 1: El ámbito personal

Personas y relaciones / *People and relationships*
la amistad — *friendship*
el consejo — *(piece of) advice*
la imagen — *image*
el/la novato/a — *freshman*

La tecnología / *Technology*
el correo electrónico, el email — *e-mail (message)*
el enlace — *link*
la etiqueta — *tag, label*
los medios sociales (de comunicación) — *social media*
el perfil — *profile*
la red (social) — *(social) network*

Otros sustantivos / *Other nouns*
la especialidad (de estudios) — *major (studies)*
el pedido — *purchase order*
la petición — *request*

Verbos / *Verbs*
actualizar — *to update*
confiar (en) — *to trust (in), count on*
especializarse (en) — *to major (in), specialize (in)*
etiquetar — *to tag*
proyectar — *to project, plan*

Adjetivos / *Adjectives*
disponible — *available*
dispuesto/a — *willing*
duradero/a — *long-lasting*
sedentario/a — *sedentary*

Parte 2: El ámbito profesional

Los negocios / *Business*
el/la cliente/a — *client, customer*
la clientela — *clientele*
la cotización — *price quote*
las finanzas — *finance*
las ganancias — *profits*
la gerencia — *management*
la mercadotecnia — *marketing*
el/la propietario/a — *owner*
los recursos humanos — *human resources*
las ventas — *sales*

Otros sustantivos / *Other nouns*
el anexo — *(email) attachment*
la agenda — *agenda, appointment book*
la campaña — *campaign*
el desafío, el reto — *challenge*
el prejuicio — *prejudice*

Verbos / *Verbs*
apreciar — *to value, appreciate*
despreciar — *to despise, look down on*
estar dotado/a (de) — *to be endowed, equipped (with)*
estar encargado/a (de) — *to be in charge (of)*
fomentar — *to encourage, foster, promote*
involucrar — *to involve, entail*
lanzar — *to launch*
procurar — *to strive to*
repartir — *to distribute, divide*

Adjetivos / *Adjectives*
adjunto/a — *attached*
desafiante — *challenging*

Adverbios / *Adverbs*
ante todo — *first and foremost*
cuanto antes — *as soon as possible*

La conciencia social

📖 Explorando el tema

Pregunta: ¿Cómo puedo unirme a una causa digna de recibir ayuda?

Yadira Peña Mora

Recomiendo que busques algo relacionado con tus pasiones y pasatiempos. Así tus acciones *solidarias* serán naturales y fáciles de incorporar en tu vida. A mí me encanta el deporte y las causas que apoyo tienen que ver con eso. Por ejemplo, quería un póster de Rafael Nadal para mi habitación. Lo compré de la Fundación Rafa Nadal, porque parte del dinero se usa para financiar su causa: ofrecer programas de educación deportiva a niños y adolescentes socialmente desfavorecidos. A través de mi interés en los deportes, apoyo a niños marginados de todo el mundo. Además, me gusta *recaudar fondos* para el medio maratón de mi ciudad a favor de la lucha contra el cáncer. Por último, cuando compro tenis nuevos, doy los viejos a un programa que los recicla para hacer pistas de atletismo (*running tracks*). Los deportes son mi vida y mi causa.

Patricio Pellicer

Sugiero que tomes una clase de aprendizaje a través de servicio. Normalmente en clases de este tipo, uno hace algún servicio voluntario relacionado con una materia académica. Tomo estas clases no solo porque me permiten maximizar mi tiempo y mis esfuerzos en mis estudios, sino también porque me *proporcionan* la oportunidad de ser solidario. Para mi clase de español trabajé en una escuela dando clases particulares a estudiantes hispanohablantes. En mi clase de marketing, preparamos una página en Facebook para una organización *sin fines de lucro* local. Mi experiencia favorita fue en mi clase de biología: analizamos el agua en un vecindario local, preparamos un informe, le presentamos los resultados al alcalde y le escribimos una carta al editor del periódico local. Me dio mucha satisfacción *abogar* por el medio ambiente y la salud pública.

Marisa Hernández

¡Hay que viajar! No hay nada como ir a otro lugar para cambiar tu perspectiva y construir un mundo mejor. Fui con mi familia a Costa Rica y pasamos una semana rescatando tortugas marinas (*rescuing sea turtles*). Estudié un semestre en España y además de tomar clases, hice un trabajo voluntario en una casa para personas mayores. Este tipo de servicio voluntario consiste en hacer actividades con los residentes, pero lo más importante, en mi opinión, es simplemente escucharlos y hacerles compañía. No es necesario tener pasaporte para viajar y servir. Todos los años durante las vacaciones de primavera, cuando la mayoría de los estudiantes se va para la playa, me voy para Georgia a colaborar con un proyecto que informa a los trabajadores *itinerantes* de sus derechos. Esta experiencia me ha confirmado que sí quiero estudiar derecho en el futuro.

4-1 **Práctica con el contexto.** Estas expresiones están en letras itálicas en la lectura. Emparéjalas con las descripciones.

1. solidario/a _____
2. recaudar fondos _____
3. proporcionar _____
4. sin fines de lucro _____
5. abogar _____
6. itinerante _____

a. obtener dinero
b. no permanente
c. defender, trabajar a favor de
d. asociado/a a la causa u opinión de alguien
e. cuyo propósito no es ganar dinero
f. dar

4-2 **Reflexiones sobre Yadira, Patricio y Marisa.**

PASO 1 Indica si cada frase es cierta para Yadira (Y), Patricio (P) y/o Marisa (M). En una hoja, apoya tus respuestas con información de la lectura.

Sus acciones solidarias tienen un impacto…

1. en su comunidad local. _____
2. a nivel nacional. _____
3. a nivel internacional. _____
4. en el medio ambiente. _____
5. en la educación o formación de otras personas. _____
6. en la salud física o emocional de otras personas. _____

PASO 2 Conversen sobre las siguientes preguntas.

1. ¿Qué acciones solidarias de Yadira, Patricio y/o Marisa les interesan más? ¿Por qué?
2. ¿Hay otras acciones solidarias que ustedes ya realizan o que les interesa realizar en el futuro? Expliquen sus respuestas.

PASO 3 Escribe tu propia respuesta a la pregunta inicial de la lectura anterior ("¿Cómo puedo unirme a una causa digna de recibir ayuda?") y preséntasela a la clase. Se votará por la respuesta:

- más factible (*feasible*)
- más idealista
- más divertida
- más difícil de implementar
- más escéptica
- más aventurera

PARTE 1

EL ÁMBITO PERSONAL

 Vocabulario

Abogar por...	**Advocating for...**
las poblaciones vulnerables/ desfavorecidas	*vulnerable/ disadvantaged populations*
los/las niños/as desplazados/as	*displaced children*
los/las trabajadores/as itinerantes	*migrant workers*

Causas	**Causes**
los derechos (humanos)	*(human) rights*
la protección del medio ambiente	*environmental protection*
la vivienda asequible	*affordable housing*

Organizaciones benéficas y actos caritativos	**Charitable organizations and acts**
el aprendizaje a través de servicio	*service learning*
el compromiso cívico	*civic engagement*
la organización no gubernamental (ONG)	*nongovernmental organization (NGO)*
la organización sin fines de lucro	*nonprofit organization*

Verbos	**Verbs**
comprometerse (con)	*to commit (to), engage (in)*
dar(le) clases particulares (a)	*to tutor*
hacer (un) trabajo/ servicio voluntario	*to do volunteer work/ service, to volunteer*

ofrecer clases de formación	*to offer training*
proporcionar	*to provide*
recaudar fondos	*to fundraise*
rechazar	*to reject*
unirse (a)	*to join (an organization, a cause)*

Adjetivos	**Adjectives**
apático/a	*apathetic*
marginado/a	*marginalized*
solidario/a	*supportive*

Para refrescar la memoria

la contaminación	*pollution*
fomentar	*to encourage, foster, promote*
mejor	*better*
mejorar	*to improve, make better*
las personas mayores	*the elderly, senior citizens*
reciclar (alumnio, plástico, vidrio)	*to recycle (aluminum, plastic, glass)*
los recursos	*resources*

En contexto

4-3 La solidaridad en el mundo hispano.

PASO 1   Asocia cada fundación con su logotipo.

Fundación	Logotipo

1. La Fundación Pies Descalzos, de Shakira, proporciona educación a los niños desplazados de Colombia. _____
2. La Fundación Selva Negra, de Maná, se dedica a cuidar y a mejorar el medio ambiente. _____
3. La Fundación Eva Longoria ayuda a jóvenes hispanas a prosperar con la educación y la preparación empresarial. _____
4. La Fundación Familia López, de Jennifer López, ayuda a las madres a acceder a recursos médicos para sus hijos. _____
5. La Fundación Ángel Corella fomenta el ballet en España con una escuela, becas de formación y una compañía. _____

a. una madre con dos bebés
b. una flor rosada
c. una figura humana que baila
d. la huella de un pie
e. una hoja verde

Shakira, cantautora y filántropa colombiana

PASO 2   ¿Cuál es el orden de importancia (de 1 a 5) de las causas en el **Paso 1**? En grupos, comparen sus opiniones y completen las frases.

1. A nosotros nos importa(n) mucho…
2. No estamos de acuerdo en cuanto a la importancia de… porque…
3. Otra(s) causa(s) que nos importa(n) mucho, pero que no sale(n) en el **Paso 1**, es/son…

4-4 ¿Qué dificultades nos afectan?

PASO 1   Entrevisten a varios compañeros de clase sobre las dificultades que los afectan a nivel personal o que afectan a alguna persona conocida. Rellenen la tabla con sus respuestas.

Dificultad	Nombres de compañeros/as	A nivel personal	A alguna persona conocida
1. el alto costo de la educación superior		☐	☐
2. la discriminación		☐	☐
3. la contaminación		☐	☐
4. un desastre natural		☐	☐
5. la falta de vivienda asequible		☐	☐
6. ¿otra dificultad?		☐	☐

PASO 2   Preséntale a la clase información sobre uno/a de tus compañeros/as. Después, habla con varios/as compañeros/as. ¿A qué conclusión(es) llegas? Para ti y/o para la clase, ¿forman parte de una realidad lejana o cercana estas dificultades?

4-5 Ponerse de acuerdo.

PASO 1 Lee sobre tres actividades solidarias. ¿Cuál te interesa más y por qué?

1. Ayudar en la construcción de una casa de Hábitat para la Humanidad el sábado por la mañana de nueve a doce. La casa queda a cinco millas del campus y es para una pareja con niños pequeños. Muchas personas hispanohablantes van a participar.

2. Bailar 24 horas —de sábado a domingo— en un maratón de danza organizado por tu universidad. Cada participante tiene que recaudar $250, y los fondos se reparten entre varias causas. Es una actividad benéfica en la que participan más de mil personas.

3. Ver una película en español —"Rosario Tijeras" (Emilio Maillé, México/Colombia, 2005)— y después escuchar una ponencia (*talk*) sobre las representaciones del narcotráfico en el cine. La entrada es gratis pero piden una donación de $5 para las víctimas de la violencia del narcotráfico.

 PASO 2 Pónganse de acuerdo sobre una de las tres actividades para hacerla juntos. Después, indiquen las características que definan a su grupo y compartan el resultado con el resto de la clase.

Nos gustan las actividades…

☐ físicas.
☐ intelectuales.
☐ que requieren el uso del español.

☐ que no nos obligan a recaudar fondos.
☐ ¿otra característica?

 4-6 Hablemos claro.

PASO 1 Entrevístense y apunten en una hoja las respuestas de su compañero/a.

1. ¿Te consideras una persona solidaria? ¿Qué causa(s) apoyas? Describe tu nivel de compromiso cívico en una escala de 1 (apático/a) a 5 (muy comprometido/a). Usa ejemplos específicos para apoyar tu respuesta. Por ejemplo, ¿haces algún trabajo voluntario? ¿Cuánto tiempo le dedicas a la semana o al mes? ¿Donas sangre, dinero, artículos y/o comida?
2. ¿Qué opinas de las declaraciones públicas de solidaridad? ¿Influyen en tu opinión de una persona sus actividades y declaraciones solidarias? ¿Apoyas tú alguna causa públicamente? Por ejemplo, ¿publicas en Facebook tus opiniones? ¿Te pones camisetas con el lema (*slogan*) de alguna causa? ¿Qué no estás dispuesto/a a hacer nunca para ninguna causa?
3. ¿Cuál es el papel de la política en las causas sociales? ¿Crees que ciertas injusticias o problemas deben solucionarse sin la intervención del gobierno? ¿Hay alguna ley (*law*) en particular que quieres que se escriba, que se cambie o que se elimine? ¿A ti personalmente te gusta estar informado/a y/o hablar de política?

PASO 2 Escribe en una hoja algunas oraciones sobre las semejanzas y/o diferencias entre tu compañero/a y tú, usando detalles específicos de la entrevista. Después, comparte tus ideas con él/ella. ¿Está de acuerdo contigo tu pareja? Prepárate para compartir los resultados con la clase.

Gramática

I. El modo (*mood*) subjuntivo (influencia, duda y emoción)

Mood refers to how an event is perceived. When Spanish speakers perceive an event to be factual or an objective reality, they use the *indicative mood*. However, when they perceive an event subjectively, for instance, because it is outside their realm of knowledge or experience, they use the *subjunctive mood*.

Sé que la Fundación Pies Descalzos **ayuda** a niños desplazados en Colombia.	*I know* (that) the Barefeet Foundation *helps* displaced children in Colombia.
No creo que ayude a las personas mayores.	*I don't believe* (that) it *helps* the elderly.

A. Formación

The subjunctive mood in the present tense (or the *present subjunctive*) is based on **yo** forms of the present indicative. The **-o** ending is changed to **-e** for **-ar** verbs and to **-a** for **-er** and **-ir** verbs.

> **hablar** → *hablo*: hable, hables, hable, hablemos, habléis, hablen
> **leer** → *leo*: lea, leas, lea, leamos, leáis, lean
> **escribir** → *escribo*: escriba, escribas, escriba, escribamos, escribáis, escriban

■ Irregularities or spelling changes in the present indicative **yo** forms are maintained in the present subjunctive.

> **tener** → *tengo*: tenga, tengas, tenga, tengamos, tengáis, tengan
> **conocer** → *conozco*: conozca, conozcas, conozca, conozcamos, conozcáis, conozcan
> **escoger** → *escojo*: escoja, escojas, escoja, escojamos, escojáis, escojan

■ Additional spelling changes occur in all forms of the present subjunctive of infinitives that end in **-car** (c → qu), **-gar** (g → gu), or **zar** (z → c), in order to preserve the original pronunciation of these consonants.

> **buscar** → *busco*: busque, busques, busque, busquemos, busquéis, busquen
> **llegar** → *llego*: llegue, llegues, llegue, lleguemos, lleguéis, lleguen
> **rechazar** → *rechazo*: rechace, rechaces, rechace, rechacemos, rechacéis, rechacen

■ In the present subjunctive, **-ar** and **-er** *stem-changing verbs* follow the same pattern as in the present indicative, where the **nosotros/as** and **vosotros/as** forms do not have a stem change.

> **(e → ie) pensar** → *pienso*: piense, pienses, piense, pensemos, penséis, piensen
> **(o → ue) poder** → *puedo*: pueda, puedas, pueda, podamos, podáis, puedan
> **(u → ue) jugar**[1] → *juego*: juegue, juegues, juegue, juguemos, juguéis, jueguen

¡AHORA TÚ!

Complete 4-1 in MySpanishLab to practice these concepts.

¡AHORA TÚ!

Complete 4-2 in MySpanishLab to practice these concepts.

¡AHORA TÚ!

Complete 4-3 in MySpanishLab to practice these concepts.

¡AHORA TÚ!

Complete 4-4 in MySpanishLab to practice these concepts.

---

[1]**Jugar** is the only verb in Spanish with a **u** → **ue** stem-change in the present tense. Note also the spelling change **g** → **gu** in the subjunctive forms of this verb.

¡AHORA TÚ!

Complete 4-5 in MySpanishLab to practice these concepts.

- In the present subjunctive, **-ir** *stem-changing verbs* follow the same pattern as in the present indicative, except for the **nosotros/as** and **vosotros/as** forms, which follow the stem change that occurs in the preterit **e → i, o → u**.

   (e → i, i)[2] **pedir** → *pido*: pida, pidas, pida, pidamos, pidáis, pidan
   (e → ie, i) preferir → *prefiero*: prefiera, prefieras, prefiera, prefiramos, prefiráis, prefieran
   (o → ue, u) dormir → *duermo*: duerma, duermas, duerma, durmamos, durmáis, duerman

- Six verbs have irregular forms in the present subjunctive, including those that do not end in **-o** in the **yo** form of the present indicative.

estar → **esto**y	esté, estés, esté, estemos, estéis, estén
dar → **do**y	dé[3], des, dé, demos, deis, den
ser → **so**y	sea, seas, sea, seamos, seáis, sean
ir → **vo**y	vaya, vayas, vaya, vayamos, vayáis, vayan
saber → **s**é	sepa, sepas, sepa, sepamos, sepáis, sepan
haber → **ha**y	haya, hayas, haya[4], hayamos, hayáis, hayan

B. Uso

In general, three conditions regarding *sentence structure* and *meaning* co-occur when the subjunctive mood is used in Spanish.

1. A sentence has at least *two clauses* (or verbs): a main (independent) clause and a subordinate (dependent) clause. A main clause can stand alone and form a complete thought, whereas a subordinate clause cannot. It commonly follows the conjunction **que,** which must be expressed in Spanish (whereas it is optional in English).

Propongo varias soluciones.	*I propose various solutions.*
Propongo que todos **protejamos** el medio ambiente.	*I propose (that) we all protect the environment.*

2. The two clauses have *different subjects*. When the subordinate clause does not show a change in subject, an infinitive generally is used in it.

Quiero vivir en un mundo mejor.	*I want to live in a better world.*
Pido que todos **trabajemos** juntos.	*I ask (that) we all work together.*

---

[2] When two stem-change options are shown, the first one refers to the stem change in the present tense, and the second one refers to the stem change in the preterit and the gerund.

[3] The first- and third-person singular forms **dé** have a written accent mark to distinguish them from the preposition **de.**

[4] The third-person singular subjunctive form **haya** is the equivalent of indicative **hay.** Both express *there is* (followed by a singular noun) or *there are* (followed by a plural noun).

3. The main clause, or the conjunction that follows it, expresses *subjectivity*, such as influence, doubt, emotion, unknown entities, unknown events, or interdependent events. This subjectivity affects the mood used in the subordinate clause.

Sé que el Cuerpo de Paz **es** una organización internacional eficaz.

I know (that) the Peace Corps is an effective international organization.

Dudo que **tenga** un impacto negativo en las comunidades a las que sirve.

I doubt (that) it has a negative impact on the communities served.

■ Some main clause expressions that express *influence, doubt,* or *emotion* include the following.

Influence			
(no) es importante	it's (not) important	**(no) pedir (i, i)**	to (not) ask
(no) es necesario	it's (not) necessary	**(no) proponer**	to (not) propose
(no) es preferible	it's (not) preferable	**(no) querer (ie)**	to (not) want
(no) es urgente	it's (not) urgent	**(no) recomendar (ie)**	to (not) recommend
Doubt			
es dudoso	it's doubtful	**dudar (de)**	to doubt
no es cierto	it's not certain	**no creer**	to not believe
(no) es (im)posible	it's (not) (im)possible	**no estar seguro/a (de)**	to not be sure (of)
(no) es (im)probable	it's (not) (im)probable	**no pensar (ie)**	to not think
Emotion			
es bueno	it's good	**(no) alegrarse (de)**	to (not) be glad (about)
es interesante	it's interesting	**(no) esperar**	to (not) hope
es una lástima	it's a shame	**lamentar**	to regret
es sorprendente	it's surprising	**temer**	to fear

Es importante que **haya** vivienda asequible para todos.

It's important (that) there is affordable housing for all.

Algunos **dudan** que esto **sea** posible.

Some doubt (that) this is possible.

Espero que **encontremos** soluciones factibles pronto.

I hope (that) we find feasible solutions soon.

■ The subjunctive mood rarely appears in the main clause, except when it begins with **tal vez, quizá(s),** or **ojalá (que)**.

Tal vez **haga** trabajo voluntario en algún país centroamericano.

Perhaps I'll do volunteer work in a Central American country.

¡Ojalá (que) mi español **sea** suficiente!

I hope (that) my Spanish will be sufficient!

En contexto

4-7 **Valores y acciones.** Nuestros valores tienen una relación estrecha con nuestras acciones.

e **PASO 1** Conecta las cláusulas en cada sección, formando oraciones correctas y lógicas.

A. Juliana Sánchez Ramírez, estudiante de veintidós años, de Chicago, IL

1. Me gusta _____
2. Es necesario que _____
3. Creo que _____

a. nos mantengamos activos durante toda la vida.
b. es posible combinar la educación cultural con la física.
c. bailar salsa y merengue.

B. Martin Toles, abogado de treinta años, de Kalamazoo, MI

4. Lamento que _____
5. No dudo que _____
6. Quiero _____

d. no existan los mismos derechos para todos los ciudadanos.
e. vivir en una comunidad donde no haya discriminación.
f. una pareja homosexual debe disfrutar de los mismos beneficios que una pareja heterosexual.

C. Sally Stevens, programadora de veinticinco años, de Palo Alto, CA

7. Es importante _____
8. Pienso que _____
9. Es una lástima que _____

g. la niñez es una etapa sagrada de la vida.
h. desarrollar una perspectiva global.
i. algunos niños vivan sin la seguridad de una familia estable.

e **PASO 2** Basándote en las declaraciones de cada individuo, ¿qué trabajo voluntario hace?

a. Juliana Sánchez Ramírez   b. Martin Toles   c. Sally Stevens

1. Pasa una semana al año en México trabajando en un orfanato asociado con su iglesia. _____
2. Visita las escuelas públicas de su comunidad para dar clases de baile latino a los estudiantes. _____
3. Ayuda a recaudar fondos para la Alianza para la Igualdad, una organización local que apoya los derechos de las personas homosexuales. _____

 PASO 3 En parejas, conversen brevemente sobre las ideas expresadas. ¿Te identificas con alguna de estas tres personas? ¿Con cuál(es)? ¿Por qué?

4-8 Pequeñas medidas. Es posible contribuir a grandes causas con pequeñas acciones diarias. Primero, completa la oración, usando la forma correcta del presente del subjuntivo del verbo indicado. Después, escribe la letra de la acción más lógica.

1. Es terrible que tantas personas _____ (morir) de cáncer. _____

2. Es necesario que los hospitales _____ (tener) recursos abundantes. _____

3. Es urgente que todo el mundo _____ (responsabilizarse) de nuestro planeta. _____

4. Es preferible que todos nosotros _____ (apoyar) la agricultura local. _____

5. Es importante que una comunidad no _____ (olvidarse) de sus poblaciones vulnerables, como los discapacitados y los veteranos. _____

6. Es bueno que _____ (haber) organizaciones para el beneficio y crecimiento personal de los jóvenes. _____

   a. Dono mis artículos poco usados a las Industrias *Goodwill*.
   b. Compro productos frescos en un mercado de granjeros de mi comunidad.
   c. En la oficina de correos, compro sellos que contribuyen a la investigación del cáncer de mama.
   d. Compro galletas de las *Girl Scouts*.
   e. Recojo papeles y basura que encuentro por la calle.
   f. Dono sangre regularmente.

4-9 Tus ideas. ¿Qué causa te parece más importante o urgente?

PASO 1 Escoge una de las causas de la lista o piensa en otra. Expresa tres ideas o valores acerca de esa causa. Usa varias expresiones impersonales: *es importante, es necesario,* etc. Después, escribe tres medidas que ya tomas, o que puedes tomar, para contribuir a esa causa.

- *la agricultura local*
- el reciclaje
- la conciencia sobre la diabetes
- los derechos de los homosexuales
- la libertad de expresión a través de los medios sociales
- ¿otra causa?

MODELO: *La agricultura local. Tres valores: 1) es importante que comamos productos naturales y no procesados, 2) … , 3) … . Tres medidas: 1) elijo comer en restaurantes que usan ingredientes de granjas locales, 2) … , 3) …*

PASO 2 Formen grupos de personas interesadas en diferentes causas. Túrnense presentando sus causas, los valores asociados con ellas y las medidas que quieren tomar. Debido a los recursos limitados (de tiempo, energía y dinero), ustedes solo pueden apoyar **una** de las causas. ¿Cuál va a ser? ¿Por qué?

Gramática

 ## II. Los mandatos de *nosotros*

 A **nosotros** command is directed at two or more individuals, including the speaker. In English, a **nosotros** command begins with the expression, *Let's....*

Donemos comida enlatada al banco de comida de nuestra iglesia.

Let's donate canned goods to the food bank at our church.

Pidamos la ayuda de otros amigos también.

Let's ask for help from other friends, too.

A. Formación y uso

> **¡AHORA TÚ!**
>
> Complete 4-6 in MySpanishLab to practice these concepts.

A **nosotros** command uses the **nosotros** form of the *present subjunctive* in a main clause. The following chart summarizes these forms.

Types of forms	Examples of *nosotros* commands		
Regular	hablemos	leamos	escribamos
Irregular **yo** form	tengamos	conozcamos	veamos
With a spelling change	busquemos	lleguemos	rechacemos
Without a stem-change	pensemos	recordemos	volvamos
With a stem-change	pidamos	sirvamos	durmamos
Irregular in present subjunctive	**demos**	**seamos**	**estemos**

Pensemos positiva y creativamente.

Let's think positively and creatively.

No rechacemos a los desfavorecidos.

Let's not reject the disadvantaged.

- Only one **nosotros** command departs from the above patterns: the affirmative **nosotros** command of the verb **ir** is **vamos.** The negative command maintains the expected irregular present subjunctive form **no vayamos.**

Vamos al ayuntamiento a protestar.

Let's go to city hall to protest.

No vayamos enseguida. **Esperemos** un poco más.

Let's not go right away. Let's wait a little longer.

- As with all commands, object pronouns attach to the end of *affirmative* commands, which then require a written accent mark to retain their original stress. Object pronouns precede *negative* commands.

Ayudemos a las personas mayores.

Let's help the elderly.

Ayudémoslas.

Let's help them.

No **rechacemos** a los pobres.

Let's not reject the poor.

No **los** rechacemos.

Let's not reject them.

- When the pronoun **nos** or **se** is attached to the end of an *affirmative* **nosotros** *command*, the final **-s** is deleted from the verb form.

¡Vámonos!

Let's go/leave!

Donemos dinero a las familias de las víctimas.

Let's donate money to the victims' families.

Donémoselo.

Let's donate it to them.

En contexto

4-10 Trabajemos juntos.

PASO 1 En cada oración, identifica la forma infinitiva del verbo principal e indica si declara un hecho o si es un mandato de **nosotros**. Después, contesta las preguntas que siguen.

Oración	Forma infinitiva	Declara un hecho	Da un mandato
MODELO: Vivimos en una casa desordenada.	*vivir*	☑	☐
1. Tenemos muchos trastos (*junk*) en el sótano de la casa.		☐	☐
2. Organicémoslos en tres grupos: los que queremos, los que tienen valor pero no queremos y los que no tienen valor.		☐	☐
3. Ordenemos bien los que queremos.		☐	☐
4. Pongamos en el coche los que tienen valor, pero no queremos.		☐	☐
5. Tiremos los que no tienen valor.		☐	☐
6. Trabajamos muy bien juntos.		☐	☐

CONCLUSIÓN: ¿Cuál de las acciones que aparecen a continuación es la **más lógica** a seguir?

☐ Llamemos a Amnistía Internacional.
☐ Contactémonos con Médicos Sin Fronteras.
☐ Vamos a Goodwill.
☐ Escribámosle a Greenpeace.

PASO 2 En grupos, compartan sus experiencias.

1. ¿Han tenido ustedes alguna experiencia semejante? Descríbanla.
2. ¿Cuáles son los beneficios y las desventajas de eliminar trastos de la casa? ¿Y para la sociedad?
3. ¿Cuáles son mayores, los beneficios o las desventajas? Expliquen sus respuestas.

|e| **4-11** Un proyecto entre amigos.

PASO 1 Escucha a un grupo de amigos que hablan sobre su proyecto. Indica si cada oración expresa un hecho o da un mandato sobre una acción grupal.

	Expresa un hecho	Da un mandato		Expresa un hecho	Da un mandato
1.	☐	☐	5.	☐	☐
2.	☐	☐	6.	☐	☐
3.	☐	☐	7.	☐	☐
4.	☐	☐	8.	☐	☐

PASO 2 ¿Qué saben de este grupo de amigos? ¿Qué planes tienen? Intercambien toda la información que recuerden.

PASO 3 ¿Les interesa el proyecto de estos amigos? ¿Por qué? ¿Pueden ustedes pensar en otros proyectos semejantes que beneficien a los niños de su comunidad? Provean por lo menos tres mandatos de **nosotros** adicionales, relacionados con el proyecto del **Paso 1** o con otro proyecto de ustedes.

Proyecto: _____

4-12 Un proyecto tuyo. ¿Qué te apasiona? ¿Influyes en lo que hacen tus amigos o tu familia?

PASO 1 Escoge de la lista una causa que te apasione o añade una tuya. Después, piensa en un proyecto que puedas implementar con tus compañeros o amigos para contribuir a esa causa y provee una descripción breve del proyecto.

- *el ejercicio físico*
- el medio ambiente
- la agricultura

- la educación
- la justicia social
- las personas mayores

- los animales
- los niños
- ¿otra causa?

MODELO: *Mi causa: el ejercicio físico*
Mi proyecto: ayudar a otros a sentir los beneficios del ejercicio físico

PASO 2 Ahora, escribe por lo menos tres mandatos de *nosotros* para convencer a tus amigos o familiares de que trabajen contigo en tu proyecto.

MODELO: *Dediquemos algunas horas de servicio voluntario a organizar una carrera local para* Girls on the Run.

PASO 3 Formen grupos y túrnense para presentar sus proyectos y sus sugerencias. Después, contesten las siguientes preguntas.

1. ¿En cuál(es) de los proyectos están dispuestos ustedes a participar?
2. ¿Cuál de los proyectos ha recibido el mayor apoyo del grupo? ¿Por qué?

4-13 ¡Pasémoslo bien!

PASO 1 Escribe por lo menos tres mandatos de *nosotros* para algo que puedas hacer hoy en clase con tus compañeros. Piensa en verbos que sean fáciles de representar con acciones o gestos (*gestures*).

MODELO: *¡Cantemos "La Bamba"!*

PASO 2 Ahora formen grupos y presenten sus mandatos. Escojan dos o tres mandatos de su lista para dárselos a la clase y hacerlos todos juntos.

📖 Lectura: Artículo periodístico

Antes de leer

4-14 ¿Qué es un proyecto vital? A algunas personas, la pasión por una causa les cambia la vida. Su causa se convierte en un "proyecto vital".

PASO 1 Para entender mejor este concepto, lee lo siguiente e indica si los ejemplos representan o no un proyecto vital.

	Sí	No
1. Ruth Aguilera es profesora de filosofía. Este año participó en un medio maratón para ayudar a recaudar fondos para las investigaciones científicas sobre el cáncer. Lo hizo para honrar la memoria de una amiga de la infancia que se murió de leucemia.	☐	☐
2. Jill Jones, estudiante de ingeniería, es vice presidenta del club estudiantil de Ingenieros sin Fronteras. Ha viajado dos veces a Uganda para excavar pozos de agua (*wells*) en zonas rurales. Quiere hacer un doctorado en ingeniería civil para mejorar la construcción de los pozos de agua.	☐	☐
3. Miguel Sobral Alcalá sigue una dieta vegetariana para mantener su salud y la del medio ambiente. Trabaja en el huerto comunitario donde utilizan métodos orgánicos. Da clases sobre la agricultura urbana y escribe un blog para compartir recetas vegetarianas con ingredientes naturales.	☐	☐

PASO 2 Según los ejemplos del **Paso 1,** ¿cómo se define un proyecto vital? Indiquen todas las características ciertas. ¿Pueden pensar en otras características?

☐ Repercute en varios ámbitos de la vida.
☐ Es momentáneo.
☐ Afecta un aspecto aislado de la vida.
☐ Es solitario y no afecta a los demás.
☐ Es solidario, con efectos positivos para los demás.
☐ Es duradero.
☐ ¿Otras características?

Al leer

ESTRATEGIA AL LEER

Utilizar elementos visuales para captar la idea principal. Al leer un periódico, dependemos mucho de los elementos visuales para captar primero la idea principal de un artículo y así decidir si queremos leer más detalles del texto. Estos elementos visuales suelen incluir el título, fotografías, dibujos, símbolos y/o el uso de distintos tipos de letra.

4-15 **Práctica con los elementos visuales.** A continuación se presenta un artículo sobre el proyecto vital de María Torres-Solanot, fotógrafa de Zaragoza, España. Mira el título, la foto y las frases en negrita en el artículo. ¿Cuál es el proyecto vital de María Torres-Solanot? ¿Qué información lo indica?

4-16 **Práctica con el contexto.** Estas palabras están subrayadas en la lectura. Mientras vas leyendo, usa el contexto para emparejarlas con sus expresiones sinónimas.

1. retratar _____
2. gestar _____
3. gestión _____
4. recaba _____
5. desinteresada _____
6. vertiente _____

a. desarrollar
b. generosa
c. consigue, obtiene
d. fotografiar
e. administración
f. aspecto, faceta

Heraldo.es
Paula Figols, Zaragoza |
18/03/2012 a las 06:00
La fotógrafa zaragozana°   *a person from Zaragoza*
María Torres-Solanot dirige un
proyecto de cooperación con niñas
abandonadas en Bolivia.

**En Bolivia, 30.000 niños han sido
abandonados y viven en orfanatos°.**   *orphanages*
Miles más malviven° en la calle   *scrape by*
sin ninguna protección social.
María Torres-Solanot, fotógrafa   5
zaragozana, cuenta los fríos
datos mezclados con los cálidos° recuerdos de su experiencia en Sucre (Bolivia) dando clases de   *warm*
fotografía a niñas de dos orfanatos.

     María Torres-Solanot (fotógrafa de HERALDO durante seis años y ahora fotoperiodista°   *photojournalist*
'freelance') ha dado un salto al otro lado de la cámara y ha creado **un proyecto de cooperación**   10
con niñas huérfanas en Sucre y de denuncia del abandono infantil°: Opencameras. Todo empezó   *child abandonment*
con un viaje en otoño del 2011. María se fue en octubre a dar clases de fotografía a niñas de dos
orfanatos. La estancia prevista de un mes se prolongó casi tres y se ha acabado convirtiendo en su
proyecto vital.

     "Fui con mi equipo fotográfico y un portátil°. Las niñas aprendieron a <u>retratar</u> el día a día en   15   *laptop*
su hogar y a dar los primeros pasos en el manejo de la informática°. **La fotografía les servía para**   *computer skills*
retratar su entorno, estimular su curiosidad y sus ganas° de aprender. Son niñas que han pasado   *desire*
experiencias muy duras. Aun así, conservan una alegría increíble. Los hogares de acogida° hacen   *orphanages*
una labor muy importante", cuenta María.

     "Conviviendo con ellas, cada día me iba involucrando° más y me acostaba pensando cómo   20   *getting involved*
podía ayudarles", reflexiona. El proyecto de Opencameras se empezó a <u>gestar</u> en el día a día del
centro de acogida Calor de Hogar de Sucre. "La fotografía y la informática ayudan a las niñas,
les dan herramientas° para su futuro. **Y la fotografía sirve también para mostrar su realidad y**   *tools*
concienciar° a la gente. La fotografía puede ayudar a cambiar el mundo", afirma esta fotógrafa y   *raise awareness*
cooperante.   25

El proceso

María volvió a Zaragoza en Navidad y empezó a dar forma a su proyecto de Opencameras, que
va en camino de convertirse en una ONG. Ella se está formando en cooperación y <u>gestión</u> de
entidades sin ánimo de lucro°, mientras <u>recaba</u> apoyos y prepara su próximo viaje. **"He recibido la**   *nonprofits*
ayuda <u>desinteresada</u> de mucha gente", cuenta agradecida. A principios de abril volverá a Sucre,   30
cargada de cámaras y dispuesta a° continuar con la labor.   *ready to*

     En un primer momento quiere proporcionar material escolar, fotográfico, informático, juegos
y ropa a las niñas que conoció en el orfanato. María quiere continuar con las clases de fotografía
e informática, y apoyar a las niñas para que puedan continuar con su educación. Después quiere
ampliar el proyecto a otros centros de acogida.   35

     Opencameras también tiene una <u>vertiente</u> de denuncia. "Quiero documentar las causas y
consecuencias del abandono infantil, en Bolivia y en otros lugares. Sin formación y apoyo es muy
difícil escapar del círculo de exclusión", reflexiona. Planea exposiciones, reportajes, clases…

     Y a punto de partir de nuevo a Bolivia, recuerda su último día en Sucre, el pasado diciembre:
"Las niñas me pidieron que por favor no las olvidara".   40

Después de leer

4-17 **Entender la acción.** Indica si las oraciones describen las actividades de María Torres-Solanot en España, en Bolivia o si no se sabe.

	España	Bolivia	No se sabe
1. Da clases de fotografía en orfanatos.	☐	☐	☐
2. Se quedó más tiempo de lo planeado.	☐	☐	☐
3. Toma clases sobre la cooperación y gestión de las ONG.	☐	☐	☐
4. Va a ampliar su proyecto contratando a dos fotógrafas más.	☐	☐	☐
5. Consigue materiales donados para las niñas huérfanas.	☐	☐	☐

4-18 **Por extensión.** En el proyecto vital de María Torres-Solanot, se utiliza la fotografía como terapia para las huérfanas. La expresión artística, ya sea por la fotografía o por otros medios, puede tener un impacto terapéutico en la vida de las personas que sufren física, psicológica o emocionalmente.

PASO 1 Empareja las expresiones artísticas con su impacto terapéutico más probable. Después, provee algún ejemplo adicional.

Expresión artística	Impacto terapéutico
1. A los niños con cáncer les ofrecen clases de dibujo y pintura en el hospital. _____	a. En su papel, pueden decir y hacer cosas que no pueden o no quieren hacer en la vida real.
2. Se les recomienda a las personas que sufren de ansiedad que escuchen música clásica. _____	b. Los movimientos rítmicos pueden ayudar con el equilibrio.
3. Como parte de la recuperación después de una operación de rodilla, se incorpora el baile. _____	c. Pueden expresar sus emociones a través de imágenes y colores.
4. Se usa la escritura como parte del proceso de desintoxicación. _____	d. Tiene un efecto calmante.
5. A las personas marginadas y en condiciones de pobreza se les enseña fotografía. _____	e. Les permite poner en evidencia las condiciones de sus entornos y compartirlas con otros.
6. Se monta una obra de teatro cuyos actores son pacientes de un programa para víctimas de abuso. _____	f. Ayuda a examinar los pensamientos y a identificar metas.
7. ¿Otro ejemplo? _____	

PASO 2   Ahora contesten las siguientes preguntas.

1. ¿Cuál de los ejemplos del **Paso 1** se refiere al artículo leído?
2. Según el artículo, ¿qué otros beneficios tienen las clases de fotografía para estas muchachas? ¿Y para María?
3. En su opinión, ¿tienen limitaciones las clases de fotografía en la vida de las huérfanas que se describen en el artículo? ¿Cuáles son?
4. ¿Cuáles son algunos ejemplos del papel terapéutico, o simplemente placentero (*pleasant*), de las artes en la vida de ustedes?

4-19 Los proyectos vitales reconocidos y personales.

PASO 1   ¿Conocen a alguien que tenga un proyecto vital? En parejas, piensen en dos personas famosas o en sus propios contactos personales. Apunten por lo menos dos o tres maneras en que los proyectos vitales se manifiestan o manifestaban en su vida. Pueden escoger entre las personas de la lista o pensar en otras.

- César Chávez
- Demi Lovato
- Angelina Jolie
- Rigoberta Menchú
- Dr. Martin Luther King, Jr.
- ¿Otra persona?

PASO 2   ¿Tienen ustedes un proyecto vital? Compartan sus ideas y describan las formas en que sus proyectos vitales se manifiestan en su vida.

PASO 3   Escojan uno de los proyectos vitales del **Paso 1** o **2** para presentárselo a la clase. Entre todos los proyectos vitales presentados, ¿hay aspectos o causas en común?

COMPETENCIA CULTURAL
Reconocer lo positivo en todas las culturas

 04-20 **Entender tu propia cultura.** ¿Cómo reaccionan ustedes frente a las críticas? Describan sus reacciones en las siguientes situaciones y después resúmanlas en una oración. Entre ustedes, ¿hay una reacción "cultural" única a las críticas o hay varias?

1. Escribes un trabajo con mucho esfuerzo, creatividad y pasión por el tema. Tu profesor/a te devuelve el trabajo y todos sus comentarios son sobre los errores.
2. Delante de tus colegas, tu supervisor/a en el trabajo te riñe (*scolds*) por un error que cometiste. Aparte de ese error, eres un/a empleado/a ejemplar.
3. Tu compañero/a de cuarto es de otro país y nunca te critica personalmente, pero con frecuencia te cuenta algo negativo de sus clases, la universidad, la ciudad o la política de tu país.

ESTRATEGIA CULTURAL

No todas las culturas tratan la crítica de la misma manera. En algunas culturas la crítica es una parte integral de la conversación. En ciertas culturas, la crítica se hace de manera más suave o indirecta. La cultura mexicana, por ejemplo, es altamente cortés (*polite*). En general es buena idea combinar siempre los comentarios negativos con los positivos. Dado el enfoque de este capítulo —las causas—, es posible que acabemos enfocándonos solo en los retos de las sociedades estudiadas, perdiendo de vista lo positivo. Cuando interactúas con alguien, fíjate en lo positivo de su cultura, no solamente en los problemas. Si no conoces los aspectos positivos de su cultura, ¡hazle preguntas sobre las maravillas de la naturaleza, la comida, la música, el arte, las figuras y los lugares históricos, etc.!

La Peña de Bernal, monolito impresionante en el estado de Querétaro, México, tiene un gran atractivo para los practicantes de escalada en roca (*rock climbing*).

La Universidad Nacional Autónoma de México (UNAM) se cuenta entre las mejores universidades del mundo. Su campus central fue nombrado Patrimonio de la Humanidad por la UNESCO en el 2007.

4-21 **La competencia cultural en acción.** Seleccionen un país de habla hispana y busquen en Internet algunos datos interesantes y positivos sobre su cultura. Como ejemplo, miren las fotos y descripciones en estas páginas sobre la cultura mexicana. Después, preparen un párrafo que presente algunos retos en combinación con algunos aspectos positivos de ese país. Preséntenselo a la clase, acompañándolo de algunas imágenes.

Antes de verlo

4-22 **"Hay que respetar al peatón".** El reportaje de Manuela trata de una solución sorprendente a los problemas de los peatones (*pedestrians*) en la Ciudad de México. ¿Es peligroso ser peatón en tu ciudad? ¿Hay zonas o cruces particularmente difíciles? ¿Es peligroso andar en bicicleta? ¿Qué otros problemas de seguridad existen en tu ciudad?

Vocabulario útil

concienciar *to raise awareness*	la lucha libre *wrestling*
disfrazarse *to wear a costume*	el/la luchador/a *wrestler*
echarse para adelante *to move ahead*	reprender *to reprimand, chide*
en apuros *in danger, in a predicament*	superpoblado/a *overpopulated*
infatigable *tireless*	

Al verlo

4-23 **¿Comprendes?** Contesta en una hoja las siguientes preguntas y prepárate para compartir tus ideas con la clase.

1. Describe el problema social que investiga Manuela en su último reportaje. ¿Cuáles son los peligros que enfrentan los ciudadanos?
2. ¿Quién es el Peatonito? ¿A qué se dedica? ¿Cómo protege a los peatones?
3. ¿Cómo reacciona la gente a la presencia de este superhéroe?
4. ¿Cómo son semejantes el Peatonito y Jorge Cañes? ¿Cómo son diferentes?
5. ¿Por qué crees que funciona bien la figura de un luchador? ¿Cómo reaccionaría la gente de tu ciudad si se encontrara con la figura del Peatonito por la calle?

Después de verlo

4-24 **¡Luces, cámara, acción!** Seleccionen un tema social para el próximo reportaje en la serie de Manuela. Preparen el guión para la introducción del reportaje. Consideren estas técnicas para enganchar (*to hook*) al público: contar una anécdota, compartir datos, hacer preguntas o citar a un experto. Prepárense para presentarle su introducción a la clase. De los otros grupos, ¿qué introducción les parece la mejor? ¿Por qué?

Vocabulario

Desafíos	Challenges
la hambruna	*famine*
la (in)estabilidad política	*political (in)stability*
el país en vías de desarrollo	*developing country*

Medidas	Measures
la ayuda humanitaria internacional	*international humanitarian aid*
el comunicado de prensa	*press release*
el empoderamiento	*empowerment*
el llamamiento (España), el llamado (Américas)	*appeal*
la petición de asilo	*request for asylum*
los servicios sociales	*social services*

Organizaciones	Organizations
la Organización de las Naciones Unidas (ONU)	*United Nations (UN)*
la sede (de una organización)	*headquarters (of an organization)*
el sindicato	*labor union*

Personas y cualidades	People and qualities
las dotes de mando	*leadership qualities*
el liderazgo	*leadership*
el/la refugiado/a	*refugee*

Verbos	Verbs
delegar	*to delegate*
desempeñar (un papel)	*to carry out, play (a role)*
intervenir (ie) (en un momento de crisis)	*to intervene (in a moment of crisis)*
llenar un formulario	*to fill out a form*
proveer (de)	*to provide, supply (with)*

Adjetivos	Adjectives
atrevido/a	*daring*
peligroso/a	*dangerous*

Para refrescar la memoria

la carrera (profesional)	*(professional) career*
la guerra	*war*
el hambre	*hunger*
involucrar	*to involve, entail*
mudarse	*to move (one's place of residence)*
repartir	*to distribute, divide*
el SIDA	*AIDS*

En contexto

Michelle Bachelet, presidenta de Chile desde el 2006 hasta el 2010 y ahora de nuevo a partir del 2014, ha sido la primera directora de ONU Mujeres, entidad de la ONU que fomenta la igualdad de sexo y el empoderamiento de la mujer.

4-25 Causas y carreras. Hay tres campos profesionales especialmente involucrados en el servicio al público: los servicios sociales dentro de Estados Unidos, la ayuda humanitaria internacional y la política. ¿Cuánto sabes de lo que hace un/a profesional en estos campos?

 PASO 1 Asocia cada acción con el/la profesional que la desempeña.

1. Determina las leyes. _____
2. Viaja a otro país en momentos de crisis, como la guerra, la hambruna o la inestabilidad política, como empleado/a de la Cruz Roja. _____
3. Ayuda a determinar si alguien tiene derecho a recibir beneficios económicos en Estados Unidos (por ejemplo, estampillas para comida, ayuda financiera para el cuidado de sus hijos, etc.) y luego le ayuda a solicitarlos. _____
4. Coordina con gente de otro país la creación de una versión culturalmente apropiada de un programa que ha funcionado bien en Estados Unidos. _____
5. Recauda fondos para *Meals on Wheels*. _____
6. Decide cuánto dinero da el gobierno a las agencias sociales. _____

a. un/a funcionario/a de servicios sociales en Estados Unidos
b. un/a trabajador/a de ayuda humanitaria internacional
c. un/a político/a

PASO 2 Ahora contesten las siguientes preguntas.

1. ¿Qué connotaciones tiene cada uno de estos tres campos profesionales para ustedes?
2. ¿Qué conexión tiene cada uno con el estudio del español o de otros idiomas?
3. ¿Les gustaría trabajar en uno de estos campos profesionales? ¿Cuál(es)? ¿Por qué?
4. ¿Qué cualidades y experiencias son necesarias para trabajar en estos campos? ¿Tienen ustedes ya las cualidades y experiencias necesarias? Si no, ¿cómo pueden desarrollarlas?

Diego Torres, cantautor argentino, fue Embajador de Buena Voluntad de Unicef (Fondo de las Naciones Unidas para la Infancia) en Latinoamérica.

4-26 La ayuda humanitaria internacional. Trabajar en el campo de la ayuda humanitaria internacional puede ser peligroso.

PASO 1 Pon estas acciones en orden de menos (1) a más (5) peligrosa, según tu opinión.

1. Inmediatamente después de un desastre natural, llegar y organizar las primeras ayudas. _____
2. Comprometerte a dos años de trabajo para empezar un programa para mejorar la salud materna en un lugar con alta incidencia de SIDA. _____
3. Mudarte a Europa para trabajar en la sede de una organización donde coordinas actividades de ayuda a otros países. _____
4. Pasar tres meses al año en alta mar con una organización dedicada a la protección de los animales marinos. _____
5. Trabajar en un campamento de refugiados, repartiendo raciones de comida y agua. _____

 PASO 2 Comparen sus respuestas. ¿Definen ustedes el peligro de la misma manera? ¿Qué actividades de la lista harían o no? ¿Por qué? ¿Cuál de ustedes es la persona más atrevida?

4-27 Ponerse de acuerdo.

PASO 1 Vas a solicitar un trabajo que consideras ideal para ti. La empresa busca a alguien que trabaje bien en equipo, que hable español y que esté dispuesto a viajar al extranjero de vez en cuando. Necesitas solo una carta de recomendación y ahora tienes que decidir a cuál de las siguientes personas pedírsela. Elige a la mejor persona y prepárate para explicar por qué elegiste a esa persona y no a las otras dos.

1. *El entrenador de un equipo deportivo de la escuela secundaria.* Tu entrenador te conoce muy bien y sabes que te estima mucho. Demostrabas tus dotes de mando no solo en el campo deportivo sino también en otras situaciones. El equipo ganó casi todos los partidos y te dieron el premio al "buen espíritu deportivo". Al final de tu último año escolar, tu clase hizo un viaje a México y tu entrenador fue uno de los profesores acompañantes.

2. *Tu profesora de historia.* La clase que más te ha gustado en la universidad fue un curso de historia sobre la Unión Europea que tomaste el semestre pasado. Sacaste una A en el curso y escribiste tu trabajo final sobre la economía española actual. En tus investigaciones leíste mucho material en español y la profesora te escribió comentarios muy positivos en el trabajo. Nunca fuiste al despacho de la profesora durante sus horas de consulta y no sabes si te reconocerá.

3. *Tu profesor de español.* Tomaste un curso de español hace un año con un profesor que te cayó muy bien. Sacaste una B en gran parte porque faltaste a muchas clases y no entregabas la tarea. Cuando estabas en clase, participabas mucho. Le pediste una carta de recomendación para estudiar en el extranjero pero luego decidiste que no querías estar tan lejos de tu familia.

PASO 2 Pónganse de acuerdo sobre quién es la mejor persona a la que pedir la carta. Después, escriban tres recomendaciones a los estudiantes de primer año sobre cómo conseguir buenas cartas de recomendación en su último año de universidad. Compartan su decisión y sus recomendaciones con el resto de la clase.

MODELO: *Recomendamos que el escritor de la carta te conozca muy bien.*

4-28 Hablemos claro.

PASO 1 Entrevístense sobre tres campos de servicio al público que aparecen a continuación y apunten en una hoja las respuestas de su compañero/a.

los servicios sociales	la ayuda humanitaria internacional	la política

1. ¿Conoces a personas (famosas o no) que trabajen en cada campo? ¿Quiénes son? ¿Las admiras?
2. ¿En qué consiste el trabajo en cada campo? ¿Qué ventajas y/o desventajas tiene? ¿Qué estudios o formación necesitas tener? ¿Qué experiencias previas? ¿Qué cualidades personales?
3. ¿Puedes ser tú buen/a profesional en alguno de los campos? ¿Por qué? ¿Te interesa trabajar en alguno de ellos?

PASO 2 Escribe en una hoja algunas oraciones para describir el trabajo ideal para tu compañero/a en el servicio al público. Después, comparte tus ideas con él/ella. ¿Está de acuerdo contigo tu pareja? Prepárate para compartir los resultados con la clase.

Gramática

III. Los mandatos de *usted/ustedes* (formales)

A formal command may be directed at one person (singular) or a group of people (plural).

- In the singular, formal commands are used with an individual whom you address *formally* as **usted (Ud.),** as opposed to *informally* as **tú.**

  Rellene este formulario, por favor.　　　**Fill out** this form, please.

  No tenga miedo de pedir mi ayuda.　　　**Don't be** afraid to ask for my help.

- In the plural, formal commands correspond to the pronoun **ustedes (Uds.).**[5]

  Llamen a varias agencias de servicios sociales.

  Call various social service agencies.

  Hagan una lista de los servicios que ofrecen.

  Make a list of the services (that) they offer.

Formación y uso

¡AHORA TÚ!

Complete 4-7 in MySpanishLab to practice these concepts.

Formal commands use the *present subjunctive* form in a main clause. Refer to grammar point I in this chapter to review the forms. An example of each type of form is given in the chart below.

	Examples of formal commands	
Types of forms	**Singular (*Ud.*)**	**Plural (*Uds.*)**
Regular	hable	hablen
Irregular **yo** form	tenga	tengan
With a spelling change	busque	busquen
With a stem-change	pida	pidan
Irregular in present subjunctive	**vaya**	**vayan**

Organicen un evento para recaudar fondos.

Organize a fundraiser.

No gasten más de $500 dólares.

Don't spend more than $500 dollars.

- The subject pronouns **usted (Ud.)** and **ustedes (Uds.)** may be used in formal commands to add emphasis. When used, the pronoun appears *after* the conjugated verb.

  Tenga usted cuidado en su viaje.　　　*You **be** careful on your trip.*

  No **haga** usted nada peligroso.　　　***Don't** you **do** anything dangerous.*

---

[5]In Latin America, an **ustedes** command may be directed at a group of individuals addressed as **tú** or **usted** in the singular. In Spain, where **vosotros** is used to refer to *you, plural, informal,* a formal command with **ustedes** implies that at least one person in the group is addressed formally with **usted** in the singular.

■ Object pronouns attach to the end of *affirmative* commands, which then require a written accent mark to retain their original stress. Object pronouns precede *negative* commands.

Contesten el teléfono en español.

Contéstenlo en español.

No lo **contesten** en español.

Answer *the phone in Spanish.*

Answer *it in Spanish.*

Don't answer *it in Spanish.*

En contexto

4-29 **Llamamientos para apoyar causas.**

PASO 1 Primero, señala el/los mandato/s formal/es en cada llamamiento. Después, selecciona la causa general para la que se busca apoyo.

a. los niños   b. el medio ambiente   c. la salud   d. la inmigración   e. la pobreza

1. Únase a nuestra causa. Amigos de la Tierra Internacional recibirá diez dólares por cada texto que se mande. _____
2. Patrocine (*sponsor*) un niño y cámbiele la vida. _____
3. Autoexamínese para ganarle al cáncer de mama. _____
4. Firme nuestra petición para darles el estatus de protegido temporal (*TPS*) a los guatemaltecos en Estados Unidos. _____
5. Inscríbase y reciba información sobre los niños de comunidades en conflicto. _____
6. Tome consciencia; el fumar mata. _____
7. Ofrézcase como voluntario. Bríndeles tutoría a adultos que se están preparando para el examen de ciudadanía (*citizenship*) de Estados Unidos. _____
8. Síganos en Twitter y entérese de cómo disminuir su huella de carbono. _____
9. Colabore con nosotras: teja (*knit*) mantas para abrigar a los más necesitados. _____
10. Suba una foto de su mejor momento de ecoturismo. _____

PASO 2 De los llamamientos expresados en el **Paso 1**, ¿cuáles…

1. requieren que se mande dinero? _____
2. se pueden cumplir desde la computadora? _____
3. solamente se pueden hacer de manera no virtual? _____

 PASO 3 Escojan el llamamiento que más le interese o motive a cada uno de ustedes a participar en la causa. Después, expliquen lo siguiente:

1. su interpretación del llamamiento
2. por qué les interesa o motiva a participar en la causa
3. los pasos que pueden seguir para contestar el llamamiento

Dolores Huerta recibió la Medalla Presidencial de la Libertad por su trabajo a favor de los trabajadores. Fue fundadora —con César Chávez— del sindicato *National Farm Workers Association*.

4-30 ¿Descripción o mandato? Los sindicatos se preocupan por los derechos de sus miembros.

| e | **PASO 1** Indica si cada oración describe lo que hacen los sindicatos, o si es algo que los sindicatos les mandan hacer a sus miembros. |

	Descripción	Mandato
MODELO: Piensan en el bienestar de los demás.	☑	☐
1. Negocian con el liderazgo de una organización.	☐	☐
2. Asistan a las reuniones.	☐	☐
3. Expresan sus opiniones durante las negociaciones.	☐	☐
4. Renuevan contratos.	☐	☐
5. Reporten casos de abuso.	☐	☐
6. Infórmense de sus derechos.	☐	☐
7. No se olviden de votar por el contrato.	☐	☐
8. Denuncian situaciones injustas o peligrosas.	☐	☐

PASO 2 Ahora piensen en las acciones que los miembros de un sindicato piden de sus líderes. Escriban cuatro mandatos para los líderes de un sindicato, procurando usar mandatos afirmativos y negativos, con y sin pronombres. Después, compartan sus ideas con la clase.

4-31 Un evento importante. El director de una ONG está en el proceso de organizar un evento muy importante para su organización. Ha preparado una lista de las tareas que se necesita realizar y ahora las está delegando a sus voluntarios.

| e | **PASO 1** En cada oración, escribe la forma correcta del mandato formal (singular o plural) del verbo entre paréntesis. |

MODELO: *Julia, <u>escriba</u> (escribir) un comunicado de prensa, por favor.*

1. Pedro y Alex, _____ (vender) entradas a todas las personas que puedan.
2. Pedro, _____ (contratar) a algunos músicos y a un proveedor de comida, por favor.
3. Julia y Ana, por favor, _____ (organizar) y _____ (hacer) copias de un folleto con anécdotas positivas de los refugiados que llegaron este año y a quienes nuestro centro ha ayudado.
4. Todos, _____ (recordar) a los invitados en cada momento que se aceptan también donaciones de dinero y artículos para el hogar para los recién llegados.
5. Ana, _____ (preparar) un discurso breve pero convincente.
6. Pedro y Alex, durante el evento, por favor, _____ (recibir) a la gente, _____ (repartir) la comida, _____ (servir) las bebidas y luego, _____ (ayudar) a limpiar el salón.

 PASO 2 Ahora respondan a las siguientes preguntas para sacar conclusiones sobre esta organización.

1. ¿Qué prepara esta organización no gubernamental?
2. ¿Cuál es su causa?
3. ¿Cuál es la meta de estas actividades?

Gramática

IV. El modo subjuntivo (lo desconocido y lo interdependiente)

A. El uso del subjuntivo con entidades desconocidas

Some Spanish verbs may be followed by a *noun* that is an *unknown entity*. When this entity is described by a clause (i.e., an *adjective clause*, rather than simply an adjective), the *subjunctive* mood is used. If the entity is known, the indicative mood is used.

Verbs commonly followed by unknown entities			
buscar	*to look for*	**no conocer**	*to not know/be familiar with*
necesitar	*to need*	**no ver**	*to not see*
		no hay	*there is/are no*

Busco voluntarios trilingües.

I'm looking for trilingual volunteers.

Busco voluntarios que **hablen** inglés, español y quechua.

*I'm looking for volunteers who **speak** English, Spanish, and Quechua.*

Busco a los voluntarios que **hablan** inglés, español y quechua.

*I'm looking for the volunteers who **speak** English, Spanish, and Quechua.*

B. El uso del subjuntivo con eventos desconocidos

The following conjunctions may begin a subordinate (dependent) clause that expresses an *anticipated or unknown event*. In such cases, the *subjunctive mood* is used in that clause. If the event in the subordinate clause is *habitual or known*, however, the indicative mood is used.

Conjunctions that express...			
Anticipated events		Unknown events	
cuando	*when*	**aunque**	*although, even though*
en cuanto	*as soon as*	**donde**	*where, wherever*
tan pronto como	*as soon as*	**como**	*how(ever)*
mientras (que)	*as long as, while*	**de manera que**	*so that*
hasta que	*until*	**de modo que**	*so that*
después de que	*after*		
antes de que	*before*		

Anticipated or unknown events (subjunctive):

Voy a donar mucho dinero a la Asociación Protectora de Animales cuando **pueda**.

I am going to donate a lot of money to the Humane Society when I can.

Cuando **pueda**, **voy a donar** mucho dinero a la Asociación Protectora de Animales.

When I can, I am going to donate a lot of money to the Humane Society.

Habitual or known events (indicative):

Siempre **dono** mi cambio a la Asociación Protectora de Animales cuando **compro** en Petco.

*I always **donate** my change to the Humane Society when I **shop** at Petco.*

Cuando **compro** en Petco, siempre **dono** mi cambio a la Asociación Protectora de Animales.

*When I **shop** at Petco, I always **donate** my change to the Humane Society.*

- Given its meaning, the conjunction **antes de que** requires the subjunctive, unless there is no change of subject, in which case **que** is usually dropped and an infinitive is used after the preposition **de.**

Change of subject (subjunctive):

Voy a practicar español antes de que **trabajemos** en México.

*I am going to practice my Spanish before **we work** in Mexico.*

Antes de que **trabajemos** en México, **voy a practicar** español.

*Before **we work** in Mexico, I am going to practice my Spanish.*

No change of subject (infinitive):

Voy a practicar español antes de **trabajar** en México.

*I am going to practice my Spanish before **working/I work** in Mexico.*

Antes de **trabajar** en México, **voy a practicar** español.

*Before **working/I work** in Mexico, I am going to practice my Spanish.*

C. El uso del subjuntivo con eventos interdependientes

The following conjunctions begin a subordinate (dependent) clause that expresses a condition or purpose related to the main (independent) clause. After such conjunctions, the *subjunctive mood* is used. If there is no change of subject, however, an infinitive is usually used after the prepositions **de, sin,** or **para.**

Conjunctions that express...			
Conditions		**Purposes**	
a condición de que	on condition that, provided that	**a fin de que**	so that, in order to/that
con tal de que	provided that	**para que**	so that, in order to/that
en caso de que	in case		
a menos que	unless		
sin que	without		

Change of subject (subjunctive):

Tiene que haber generosidad para que una sociedad **funcione** bien.

There has to be *generosity for a society **to work** well.*

Para que una sociedad **funcione** bien, **tiene que haber** generosidad.

*For a society **to work** well, **there has to be** generosity.*

No change of subject (infinitive):

Reciclo para **proteger** el medio ambiente.

*I **recycle** in order **to protect** the environment.*

Para **proteger** el medio ambiente, **reciclo.**

*In order **to protect** the environment, I **recycle.***

En contexto

4-32 **¿Es así en el momento actual?** Primero, señala los verbos conjugados en las siguientes oraciones. Después, indica si la oración se refiere a una entidad definida o existente, o si se refiere a algo inexistente **en el momento actual.**

En el momento actual…	existe	no existe
MODELO: <u>Buscamos</u> voluntarios que <u>puedan</u> manejar.	☐	☑
1. Agradecemos el vehículo que donan los señores García.	☐	☐
2. Agradecemos cualquier vehículo que se done.	☐	☐
3. Necesitamos más voluntarios que ayuden durante la semana o los fines de semana.	☐	☐
4. Busco al voluntario que ayuda en la cocina los jueves por la tarde.	☐	☐
5. En Estados Unidos hay seis millones de personas mayores que pasan hambre.	☐	☐

CONCLUSIÓN: ¿A cuál de las siguientes organizaciones se refieren las oraciones?

☐ Sociedad Humanitaria Internacional   ☐ Comidas en Ruedas
☐ UNICEF   ☐ Médicos Sin Fronteras

4-33 **¿Existente o inexistente?** Escucha las siguientes oraciones y presta atención a las formas verbales. Después, indica si la oración se refiere a una entidad definida o existente, o si se refiere a algo inexistente en el momento actual.

1. existente   inexistente   4. existente   inexistente
2. existente   inexistente   5. existente   inexistente
3. existente   inexistente   6. existente   inexistente

CONCLUSIÓN: ¿A qué organización se refieren las oraciones que escuchaste?

☐ Hábitat para la Humanidad   ☐ *Greenpeace*
☐ Enseñar para América   ☐ Cruz Roja

4-34 Lo ideal.

PASO 1 Usa la forma correcta de los verbos entre paréntesis en el presente del subjuntivo. Después, indica si, en tu caso, la afirmación es verdad.

	¿Es verdad?	
	Sí	**No**
A. Quiero una carrera que…		
MODELO: <u>tenga</u> *(tener) un impacto positivo en la vida de los demás.*	☑	☐
1. _____ (involucrar) el uso del español.	☐	☐
2. _____ (implicar) mucho riesgo (*risk*).	☐	☐
3. _____ (estar) relacionada con una organización no gubernamental.	☐	☐
B. Busco un puesto de trabajo que…		
4. _____ (pagar) por lo menos $40.000 dólares al año.	☐	☐
5. no me _____ (obligar) a trabajar con otras personas, porque soy una persona introvertida.	☐	☐
6. me _____ (permitir) vivir en Latinoamérica.	☐	☐

PASO 2 En parejas, conversen brevemente sobre sus respuestas. ¿Qué tienen en común ustedes? ¿En qué se diferencian? Preparen un breve resumen o conclusión para la clase.

4-35 **Mi trabajo.** ¿Qué condiciones de trabajo tienes actualmente? ¿Qué condiciones de trabajo buscas en el futuro? Combina elementos de las tres listas para formar oraciones lógicas en español. Usa formas verbales correctas en presente del indicativo o del subjuntivo, según el contexto. Sigue los modelos.

buscar	una empresa / una ONG	contratar a más empleados/as
conocer	un/a jefe/a	ascender a sus empleados/as
necesitar	un puesto	tener buenos beneficios
querer	un contrato	atender bien a los clientes
tener	un salario	ser capaz / justo/a / honrado/a
	¿otro sustantivo?	¿otra cláusula adjetival?

A. Mis tres oraciones sobre lo que tengo o conozco:
MODELO: *Tengo un jefe que es injusto y antipático.*

B. Mis tres oraciones sobre lo que quiero o busco:
MODELO: *Quiero un jefe que sea justo y simpático.*

 4-36 **¿Acción habitual o acción futura?** Escucha las siguientes oraciones y presta atención a las formas verbales. Después, indica si la oración se refiere a una acción habitual (expresada por una forma verbal en el indicativo en la cláusula subordinada) o a una acción futura (expresada por una forma verbal en el subjuntivo en la cláusula subordinada).

1. acción habitual   acción futura
2. acción habitual   acción futura
3. acción habitual   acción futura
4. acción habitual   acción futura
5. acción habitual   acción futura
6. acción habitual   acción futura

CONCLUSIÓN: ¿A cuál de las siguientes organizaciones se refieren las oraciones que escuchaste?

☐ Las *Girl Scouts*
☐ El Cuerpo de Paz
☐ *AmeriCorps*
☐ *Goodwill*

📖 Lectura literaria

Sobre el autor

Mario Bencastro (1949) es autor de novelas, cuentos, poemas y obras teatrales. *El fotógrafo de la muerte* es un cuento del libro *Árbol de la vida: historias de la guerra civil* (1993) y trata de la violencia durante la guerra civil en El Salvador durante los años 80. El cuento describe tanto la tristeza de un pueblo aterrorizado por la violencia como lo absurdo de la labor de una organización incapaz de proteger los derechos humanos de nadie.

Antes de leer

4-37 El poder de las fotografías. Empareja cada foto con lo que representa.

a.   b.   c.   d.   e.

Es símbolo…

1. de la Guerra Civil Española. _____
2. de la lucha por los derechos de los indígenas. _____
3. de la pobreza. _____
4. de la lucha revolucionaria. _____
5. del terrorismo. _____

Al leer

ESTRATEGIA AL LEER

Identificar los detalles que apoyan una idea principal. Los detalles pueden adquirir una importancia especial en los textos literarios. A veces las ideas principales no se presenten de forma directa sino a través de ciertos detalles clave.

4-38 ¿Dónde aparece en el cuento? Mientras vas leyendo, indica en qué sección(es) aparecen los siguientes elementos.

	Primera sección	Última sección
1. la oficina de la Comisión de Derechos Humanos	☐	☐
2. Teófilo	☐	☐
3. una muchacha que busca a su hermano	☐	☐
4. una madre que busca la foto de su hijo desaparecido	☐	☐
5. el periodista que lleva el primer artículo publicado	☐	☐

Primera sección

bookshelves

En la Comisión de Derechos Humanos, oficina pequeña con varios estantes° repletos de libros, catálogos con fotografías y paredes pobladas de notas, calendarios y mensajes, un empleado se encontraba sentado detrás de un escritorio ocupado en revisar unos documentos. Al advertir° que dos hombres entraban apresuradamente° en la oficina, abandonó la lectura y se puso de pie para recibirlos. Uno de ellos se adelantó a saludarlo extendiendo una mano hacia él.   5

 —Buenos días, estamos supuestos a reunirnos aquí con…

 —¿Son ustedes los periodistas? —preguntó el empleado.

 —Yo soy el periodista y él es el fotógrafo —dijo uno de ellos.

Los tres se saludaron con cálidos apretones de mano°.   10

 —Pues, como le expliqué ayer que hablé con usted —dijo el periodista—, necesitamos datos para una serie de artículos sobre la situación de los derechos humanos en el país…

 —Pasen adelante, tomen asiento por favor —rogó el empleado.

 —Gracias, muy amable —dijo el fotógrafo secándose la frente sudorosa con un   15
pañuelo—. Dispense que venimos un poco tarde, es que el bus en que veníamos se atrasó°, desviaron° el tráfico debido a una marcha de protesta…

 —No se preocupen, entiendo, hoy en día no se puede estar a tiempo en nada, si no es una cosa es otra.

 —Así es, todo es tan inseguro —afirmó el periodista.   20

 —En cuanto a la información que necesitan para los artículos, estoy dispuesto a cooperar en todo lo que quieran —dijo el empleado—, con la única condición de que no mencionen mi nombre, que simplemente me llamen Teófilo.

 —De acuerdo, como usted guste —afirmó el fotógrafo.

 —Es por razones de seguridad, nada más —dijo Teófilo—. Ustedes comprenden.   25

 —Entendemos perfectamente. No hay ningún problema —dijo el periodista al tiempo que sacaba una libreta y un lápiz y se disponía a tomar nota.

 —¿Me permite que tome unas fotografías? —preguntó el fotógrafo.

 —Sí, puede tomarle al local°, pero no a mí —aclaró Teófilo.

 —Entiendo, no se preocupe.   30

El hombre recorrió la oficina y tomó varias fotos mientras el periodista hablaba con Teófilo.

 —Dígame, ¿en qué consiste su trabajo en la Comisión?

 —Pues, soy el fotógrafo —contestó Teófilo—. Diariamente recorro sesenta kilómetros a la redonda de la ciudad, en busca de las víctimas de la noche anterior, lo   35
cual, le confieso, no requiere mayor esfuerzo porque los muertos abundan… sobre todo últimamente en que el terrorismo urbano ha aumentado. Raramente bajan de siete… Una vez hallé cuarenta y seis.

 —¿Cómo los identifica? Es decir, ¿cómo sabe en qué lugar se encuentran los cadáveres?   40

 —La gente los señala con cruces de cartón o con ramas. Me guío por las cruces, por la manada° de perros callejeros desenterrando huesos°, o por las aves de rapiña° volando sobre los cuerpos en descomposición.

 —¿Es necesario mover los cuerpos para fotografiarlos? —preguntó el fotógrafo.

Glosses (left margin):
- bookshelves — estantes
- noticing/ hastily — advertir/ apresuradamente
- warm handshakes — apretones de mano
- was delayed/ they diverted — atrasó/ desviaron
- premises — local
- pack/ digging up bones/ birds of prey — manada/ huesos/ aves de rapiña

—Primero se les toma fotografías en la posición exacta en que son encontrados 45
—contestó Teófilo—, luego por partes, sobre todo cuando han sido torturados… Hay
unos que no se pueden fotografiar de cuerpo entero porque están decapitados… A
veces sólo se encuentran manos, brazos o piernas…

—¿Qué hacen con los restos°? —inquirió el periodista. *remains*

—Los transportamos al cementerio más cercano. En ciertas ocasiones se les 50 *they are*
entierra° en el mismo lugar donde son descubiertos, por la falta de espacio en los *buried*
cementerios.

Una señora, visiblemente perturbada°, entró en la oficina. Teófilo y el periodista se *upset*
pusieron a pie.

—¡Ando buscando a mi hijo! ¡Quién me pudiera ayudar a encontrarlo! 55
Teófilo fue hacia ella.

—Pase adelante señora, ¿en qué puedo servirle?

—Mi hijo desapareció hace como una semana —dijo desesperada—. He ido
a todos los hospitales y a la Cruz Roja, pero nadie me da razón de él. ¡Por favor,
ayúdeme! 60

—Cálmese señora —rogó Teófilo—. Haremos todo lo posible por encontrarlo.
Lo primero que tiene que hacer es revisar estas fotografías… Son las más recientes
—le entregó un catálogo e indicó una silla—. Siéntese por favor, y revíselas
detenidamente°. *carefully*

Teófilo regresó a sentarse detrás del escritorio. El fotógrafo acompañó a la señora hacia 65
la esquina en que estaba la silla indicada por el empleado. Ella tomó asiento y empezó
a revisar el catálogo bajo la atenta mirada del fotógrafo que parecía querer ayudarle
en su búsqueda.

—¿Cree usted que existe parecido alguno° entre las víctimas? —prosiguió el *anything in*
periodista—. Es decir, en la forma que mueren. 70 *common*

—Curiosamente, los muertos se parecen° —dijo Teófilo—. Sus caras muestran *resemble one*
idénticos gestos postreros, que bien pueden ser de dolor o de desafío… Como si el *another*
mismo que murió ayer resucitara° hoy con la luz del día y nuevamente volviera a *came to life*
ser ejecutado en la oscuridad… La violencia parece nutrirse de° dos bandos: los que *feeds on*
tratan de exterminar la rebeldía, y los que están decididos a no morir, por mucho que 75
los maten…

Sumamente exaltada, la señora se acercó al escritorio señalando una fotografía.

—¡Éste es, señor, éste es mi hijo! ¡Mire cómo lo han dejado!
Compasivamente, acostumbrado a aquella escena dolorosa, el joven se incorporó°, fue *stood up*
hacia la señora. 80

—Cálmese señora —dijo mientras observaba la fotografía detenidamente por
unos segundos—. Este cuerpo está en el Cementerio General… Por favor, señora,
cálmese. Nosotros la acompañaremos si desea ir a reclamarlo.

—Sí, por favor, se lo voy a agradecer con toda mi alma —dijo ella entre
sollozos°—. Y voy a comprar como pueda un ataúd° para mi hijo, porque hay que 85 *sobs/casket*
enterrarlo° como Dios manda. *bury him*

Última sección

En la oficina de la Comisión de Derechos Humanos, el empleado ordenaba unos
documentos sobre el escritorio. En una esquina, una muchacha revisaba una colección
de fotografías. Ella se incorporó y fue hacia el empleado. 90

disappointment

—Es imposible —dijo con desilusión°—. He revisado todos los catálogos y no veo una sola fotografía con cara parecida a la de mi hermano.

—Es que, realmente, es muy difícil reconocerlos —dijo el empleado mirando a la muchacha—. Las fotografías, en general, no permiten distinguir los rostros°.

faces

—No se sabe si son hombres o mujeres. Están desfigurados… Parecen monstruos… 95

—Por otro lado, no se sabe a ciencia cierta si su hermano ha muerto. Es posible que aún esté vivo.

—Posiblemente, pero lo dudo —dijo ella—. Ya tiene seis meses de desaparecido…

—Sí, tiene razón, es bastante tiempo. ¿Y qué hacía su hermano?

—Trabajaba de día en un almacén, y de noche estudiaba en la universidad. Ya 100
estaba en el último año para graduarse de ingeniería civil… Se sacrificaba mucho para estudiar.

—Es la única manera de salir adelante cuando se es pobre.

—Mi hermano era muy inteligente… Todos teníamos fe en que llegaría a ser un gran hombre. 105

perhaps

—Quién sabe, acaso° aparezca…

—Desapareció sin saber que su esposa estaba embarazada… Pronto dará a luz.

—Ese niño es la esperanza del futuro.

En ese momento entró en la oficina el periodista, con varios periódicos bajo el brazo.

—Buenas tardes. 110

—Buenas tardes —dijo el empleado—. ¿En qué puedo servirle?

—¿Podría hablar con Teófilo, por favor? Soy periodista, estamos trabajando en una serie de artículos —ofreció un periódico al empleado—. Quiero mostrarle° el primero que ha sido publicado, y adquirir información para el siguiente artículo de la serie.

show him

—¿Teófilo? —preguntó el empleado. 115

—Sí, Teófilo, el fotógrafo de la Comisión —insistió el periodista.

—Teófilo desapareció hace como cinco días — dijo el empleado—. Ha muerto.

—¿Teófilo, muerto? ¡No puede ser! —dijo el periodista sorprendido.

—Sí. Justo ayer encontramos su cadáver.

drawer

El empleado fue a sacar una fotografía de una gaveta° y la entregó al periodista. Éste, al 120
observarla, no pudo contener una lágrima, buscó asiento en una silla y, por un momento, estuvo en silencio, con la cabeza inclinada sobre el pecho y la mirada suspendida en el oscuro piso de la oficina.

—La Comisión sufre en carne propia los mismos abusos que trata de denunciar —dijo el empleado. 125

pressing
pointing at it

—¡No puede ser que esta horrenda imagen represente la realidad! ¡No puede ser! —dijo el periodista incorporándose, apretando° la fotografía contra su pecho, luego señalándola°—, Si solamente hace unos días vi esa cara llena de vida, dinámica, sonriente. ¡No puede ser!

El empleado se acercó al periodista con la intención de calmarlo y le dijo: 130

—¿En qué puedo servirle amigo? Soy el nuevo fotógrafo. Estoy a sus órdenes.

El periodista le miró enigmáticamente, y dijo:

addressing
features
job

—Es curioso, amigo, pero sus palabras tienen el mismo tono de voz, cálido y tranquilo de Teófilo, ¿sabe? —dirigiéndose° a la muchacha y señalando al empleado—. Las facciones° de su cara demuestran tenacidad, y la mirada, como la de Teófilo, es 135
clara e imperturbable… Características acaso necesarias para desempeñar el cargo° de fotografiar la muerte, y estar dispuesto a correr el grave riesgo de ser atrapado por ella…

file

El periodista abandonó la oficina. El empleado sacó unos papeles de un fichero°, tomó asiento detrás del escritorio y se dedicó a leerlos. La muchacha continuó la búsqueda del 140
hermano entre el grueso catálogo de fotografías.

Después de leer

 4-39 **Práctica con los detalles.** En este cuento hay varias ideas que se comunican de manera indirecta, puramente a través de detalles. Para cada idea de la lista, provean y expliquen en una hoja por lo menos dos citas específicas del texto que la apoyan.

Idea	Detalles del texto
1. La violencia en este cuento es desbordada (extrema, fuera de control).	a. *"La muchacha continuó la búsqueda de su hermano entre el grueso catálogo de fotografías."* El catálogo es grueso porque la cantidad de muertos es enorme. b.
2. A pesar de la calma del fotógrafo, el caos y la locura predominan.	a. b.
3. La muerte iguala a todos.	a. b.

 4-40 **Analizar los elementos literarios.** Conversen sobre el significado de los siguientes elementos literarios en el cuento y apunten sus respuestas en una hoja.

1. Lean la primera oración del cuento. ¿Qué relación hay entre las condiciones físicas de la oficina y la situación del país?
2. ¿Cuál es el efecto de describir a todos los muertos como parecidos? Presten atención a dos citas en particular: "Como si el mismo que murió ayer resucitara hoy con la luz del día y nuevamente volviera a ser ejecutado en la oscuridad." y "No se sabe si son hombres o mujeres. Están desfigurados… Parecen monstruos…".
3. Determinen el nivel socioeconómico de las personas del cuento. ¿Qué detalles revelan ese nivel? ¿Qué importancia tiene?
4. El periodista escribe una serie de artículos "sobre la situación de los derechos humanos en el país" y para el final del cuento el primer artículo ya ha salido publicado. Piensen en un título para el artículo y decidan qué fotos lo deben acompañar. ¿Cómo será el próximo artículo de la serie?

COMPETENCIA CULTURAL
El tiempo y los profesionales bilingües

4-41 **Entender tu propia cultura.** Busca la siguiente información y contesta las preguntas.

1. ¿Cuál es la dirección de la oficina del Seguro Social más cercana?
2. En pocas palabras, ¿para qué va uno a la oficina del Seguro Social?
3. ¿Cuál es la ruta a seguir para llegar a esa oficina desde tu casa?
4. ¿Cuánto tiempo necesitas para llegar más o menos?
5. Al llegar, ¿puedes comunicarte en tu idioma?

ESTRATEGIA CULTURAL

Imagínate tener que hacer lo mismo en un país nuevo, usando otro idioma que no entiendes. Para los inmigrantes, los trámites más sencillos pueden ser muy complicados. Tienen que entender qué es el Seguro Social. La oficina puede estar en una zona que desconocen. Si no tienen coche o si no manejan, puede ser difícil llegar. Si tienen más de un trabajo, es posible que su horario no coincida con las horas de la oficina. Por último, existe la barrera del idioma. Los profesionales bilingües en los servicios sociales necesitan dedicarles más tiempo a sus clientes porque tienen que trabajar por lo menos con dos idiomas y dos culturas. Para cada trámite hay que ver el proceso desde la perspectiva del cliente y tener paciencia.

Para poder moverse en una ciudad desconocida hay que saber leer un mapa, entender las palabras, evitar zonas inseguras, poder hacer preguntas si te pierdes y más cosas.

Al traducir un formulario hay que usar el conocimiento del idioma y de la cultura. Por ejemplo, en la sección de "dirección", los formularios de algunos países hispanos piden "la colonia" o "la urbanización", un concepto cultural que no aparece en los formularios estadounidenses.

4-42 La competencia cultural en acción. Seleccionen una oficina o un negocio de su comunidad. Repitan el proceso de la actividad anterior, pero desde la perspectiva de alguien de otra cultura y otro idioma. Después, preparen un diálogo entre un/a profesional de servicios sociales y su cliente para explicarle la forma de llegar al lugar y de hacer un trámite. Preséntenle su diálogo a la clase.

PODCAST
"El proyecto 333",
por Sonia Martín en Solidaridades Radio (España)

Antes de escuchar

4-43 **¿Son demasiadas cosas?** Reflexiona sobre el número de cosas que tienes o que sueles comprar (por ejemplo, ropa, aparatos electrónicos, libros, etc.).

PASO 1 Completa cada oración pensando en ti.

1. Tengo pocos/as…
2. Tengo un número normal de…
3. Reconozco que tengo demasiados/as…
4. Cuando voy de compras, casi siempre me compro…

PASO 2 Comparen sus respuestas del **Paso 1** y contesten las siguientes preguntas. Después, preséntenle sus conclusiones a la clase.

1. ¿Son ustedes parecidos o diferentes en cuanto a las cosas que tienen y/o compran?
2. En su opinión, ¿existe una cantidad ideal de cosas? ¿Cuándo son demasiadas las cosas?
3. ¿Qué revelan sobre nosotros las cosas que tenemos? ¿Y sobre la época en la que vivimos?

Al escuchar

ESTRATEGIA AL ESCUCHAR

Usar pausas y cambios de turno para entender el discurso hablado (*spoken discourse*). Cuando escuchamos un podcast o un programa de radio, no existe ningún elemento **visual** —ni foto ni texto ni signos de puntuación— que nos ayude a entender. Una buena estrategia al escuchar es usar las pausas y cambios de turno (como si fueran comas y puntos) para clarificar la estructura del discurso y así comprender mejor las ideas principales expresadas.

4-44 **Práctica con los cambios de turno.** Escucha un fragmento del podcast.

PASO 1 Mientras vas escuchando, completa la tabla. Presta atención al cambio de turnos y a las ideas principales expresadas durante cada turno.

Hablante	Ideas principales expresadas
1. Patricia	
2. Sonia	
3. Patricia	
4. Sonia	
5. Patricia	
6. Sonia	
7. Patricia	

PASO 2 Ahora contesten las siguientes preguntas sobre sus respuestas del **Paso 1.**

1. En general, ¿son breves o largos los turnos de Sonia en el podcast? ¿Y los de Patricia?
2. ¿Qué papel tiene Sonia en el discurso? ¿Y Patricia? ¿Aportan el mismo tipo y cantidad de información?
3. La información del podcast sugiere que el oyente (*listener*) tome una medida. ¿Qué medida es?

Después de escuchar

4-45 ¿Comprendiste bien las reglas del Proyecto 333?

e **PASO 1** Indica si las siguientes oraciones son ciertas o falsas.

	Cierta	Falsa
1. Los participantes solamente pueden usar 33 prendas de ropa durante un período de tres meses.	☐	☐
2. Los accesorios tienen que incluirse dentro de las 33 prendas.	☐	☐
3. El pijama y la ropa de deporte cuentan.	☐	☐
4. Puedes guardar cinco prendas o accesorios adicionales, pero no los puedes usar a menos que dones o tires alguna de las 33 prendas que ya usas.	☐	☐
5. Está permitido intercambiar ropa con otros participantes.	☐	☐

PASO 2 ¿Para qué seguir tantas reglas raras? A continuación, lean los tres objetivos principales del Proyecto 333 y expliquen su conexión con las reglas.

1. aprender a priorizar
2. reconsiderar tu nivel personal de consumo
3. aprender a reconocer y distinguir la calidad de los objetos

4-46 **Limita tu propio armario.** ¿Te sería fácil o difícil participar en el Proyecto 333?

PASO 1 Piensa en tu propio armario y crea **dos listas**: una para las prendas y accesorios que guardarías y otra para los que donarías o tirarías.

PASO 2 Comparen sus listas y contesten las siguientes preguntas. Después, compartan sus respuestas con la clase.

1. ¿Qué tienen en común sus listas? ¿En qué se diferencian sus listas?
2. ¿Qué revelan sus listas sobre sus personalidades, actividades, valores, etc.?

PARTE 3

ACTIVIDADES CULMINANTES

📖 La investigación por Internet:
Explorar y definir tu ser solidario

4-47 **Explorar oportunidades solidarias.** Existen portales en Internet que conectan a voluntarios con las organizaciones que los necesitan.

PASO 1 Elige la organización más lógica para la persona que ha seleccionado los siguientes términos de búsqueda en este portal.

Actividades solidarias

◉ Voluntariado presencial ◯ Voluntariado virtual
◯ Trabajo

País   España ▼

Categorías   Deportes ▼

Aficiones   Jóvenes ▼

Pueden participar

☐ Voluntariado en grupo ☐ Voluntariado en familia

Buscar

☐ Entrenadores/as de baloncesto; La Torre de Hortaleza, Asociación
☐ Voluntariado de verano: compañía durante el día para personas mayores en un centro; Fundación FADE
☐ Voluntarios/as para programa "Reforestaciones 2015"; Reforesta

PASO 2 Ahora túrnense para hacer y contestar las siguientes preguntas.

1. De las tres oportunidades del **Paso 1,** ¿cuál te interesa más? ¿Por qué?
2. ¿Qué variables u opciones de este formulario seleccionarías tú? Explica tus respuestas.

04-48 **Delinear tu perfil personal.** ¿Te conoces bien? ¿Qué te apasiona? ¿Tienes o quieres tener influencia en los ámbitos que te apasionan?

PASO 1 Para delinear bien tu perfil personal, reflexiona sobre los siguientes temas y apunta tus respuestas.

1. ¿Cuáles son tus recursos personales? Piensa en tu tiempo disponible para unirte a una organización, el dinero, tu energía, tus conocimientos sobre el tema, tu experiencia, etc.
2. ¿Cuáles son tus puntos fuertes? Algunos ejemplos son la organización, la creatividad, la paciencia, la fuerza física, la comunicación verbal y/o escrita, el bilingüismo, etc.
3. ¿Cuáles son tus valores personales? Piensa en lo que consideras importante en las áreas de la educación, la justicia social, los niños, las personas mayores, los animales, el medio ambiente, etc.
4. ¿Qué información o tema de este capítulo te ha impresionado más?

PASO 2 Haz búsquedas en Internet para encontrar causas, organizaciones (locales, nacionales o internacionales) y oportunidades solidarias que coincidan con tu perfil personal. Conéctate con <hacesfalta.org> y <es.idealist.org> para algunas ideas.

PASO 3 Ahora entrevístense sobre sus perfiles personales.

1. ¿Qué causas has descubierto en tu búsqueda que coincidan con tu perfil personal?
2. ¿Qué organizaciones has encontrado que comparten tu misma visión?
3. ¿Has encontrado alguna oportunidad solidaria que te interese? ¿Cómo es?
4. ¿Cuál es la probabilidad de que te comprometas con esa oportunidad solidaria? Explica tu respuesta.

La expresión escrita:
Escribir para persuadir

La escritura persuasiva tiene como propósito convencer al lector a que adopte cierto punto de vista o tome cierta acción. Es un texto que ofrece y apoya una opinión concreta y que pone al autor en posición de líder. Como tal, es una de las formas de escritura más antiguas y usadas del mundo. El filósofo griego Aristóteles identificó los tres elementos que más influyen en los seres humanos y que todavía perduran:

- **Ethos**: establecer la credibilidad, mostrando un buen conocimiento del tema tratado
- **Logos**: apelar a la razón (*reason*), usando evidencias para crear un buen equilibrio (*balance*) entre hechos, ejemplos y referencias
- **Pathos**: apelar a las emociones, provocando empatía, compasión o miedo

Antes de escribir

 4-49 **Incluir elementos visuales para persuadir.** Los elementos visuales pueden aumentar el efecto del lenguaje.

PASO 1 Lean la información en la siguiente infografía. Apunten las acciones que ustedes ya hayan tomado y compárenlas.

1. ¿Qué actividades tienen en común?
2. ¿Quién es la persona que más cuida el planeta? ¿Y la que menos lo cuida?
3. ¿Qué acciones verdes importantes no aparecen en la infografía?

PASO 2 Aunque sencilla en su forma visual, esta infografía intenta persuadir a los lectores. Contesten las siguientes preguntas.

1. ¿Qué quieren los autores de la infografía que piense el lector? ¿Cómo lo consiguen?
2. ¿Qué quieren que sienta el lector? ¿Cómo lo consiguen?
3. ¿Qué quieren que haga el lector? ¿Cómo lo consiguen?

PASO 3 Elijan una causa y preparen una infografía. Decidan qué quieren que piense, sienta y haga el lector. Escriban algunos retos u objetivos relacionados con la causa y elijan o creen imágenes que contribuyan a su mensaje. Por último, preséntenle su infografía a la clase.

Al escribir

ESTRATEGIA AL ESCRIBIR

Guiarse por otros textos como modelo. Cuando quieres producir por primera vez algún tipo de texto y no sabes comenzar, una buena estrategia es buscar un modelo como guía o inspiración. Buscar y seguir un modelo no es plagio sino una estrategia efectiva y común para empezar a escribir. Es posible usar un modelo como punto de partida, pero después, tienes que expresarte con tus propias palabras e ideas.

4-50 **Un mini ensayo persuasivo.** Vas a escribir un mini ensayo persuasivo breve sobre alguna causa que te importe mucho.

 PASO 1 Repasa los tres elementos de un ensayo persuasivo (a saber, **ethos, logos** y **pathos,** presentados al comienzo de esta sección) y lee varios modelos en Internet. Conéctate, por ejemplo, con <hacesfalta.org> o <es.idealist.org>. Considera también tus resultados en las actividades 04-12, 04-19 y 04-48 y el uso efectivo de elementos visuales para persuadir.

PASO 2 Escribe primero un esquema. Considera la siguiente estructura para organizar tus ideas, o usa tu propia estructura.

- La introducción: capta la atención de los lectores con humor, una historia, etc.
- Exponer tu propósito, objetivo o reto
- Establecer la necesidad: ¿por qué es importante tu causa?; explica el problema y lo que puede pasar si no se toman medidas
- Satisfacer la necesidad: ofrece una solución y refuta otras posibles soluciones o alternativas
- La visualización: describe cómo será el futuro después de que se implemente tu solución
- La conclusión: tu llamamiento a la acción; invita al lector a unirse a un grupo exclusivo
- Cerrar con alguna pregunta retórica: invita al lector a seguir reflexionando sobre el tema y la causa

4-51 Tu mini ensayo persuasivo.

PASO 1 Escribe el primer borrador de tu mini ensayo persuasivo. Sigue tu esquema de la actividad previa punto por punto, pero redacta los puntos en el orden que te parezca más natural.

 PASO 2 Intercambien sus borradores. Léanlos con cuidado y escriban comentarios y/o preguntas para mejorarlos. Después, tomen en cuenta los comentarios y/o preguntas de su pareja y hagan las revisiones. Finalmente, entréguenle su versión final a su profesor/a.

Después de escribir

4-52 **A compartir.** Después de recibir las últimas correcciones y comentarios de tu profesor/a, investiga maneras de compartir tu mini ensayo persuasivo con un público mayor. Podría ser a través de tu página web personal o por Facebook. También podría ser en conexión con alguna organización de tu comunidad relacionada con el tema. Es posible que la organización agradezca tu ayuda para alcanzar a la población hispanohablante local, si no lo hace ya.

📖 La expresión oral:
Hablar para persuadir

Tanto el discurso persuasivo como el ensayo persuasivo tienen como propósito convencer al oyente a que adopte cierto punto de vista o tome cierta acción. La diferencia está en la transmisión. Al ser presentado oralmente, el discurso persuasivo tiene elementos visuales y de actuación mucho mayores. Por lo tanto, hay que tomar en cuenta los siguientes aspectos.

- **La comunicación verbal:** el ritmo y claridad del habla, la necesidad de repetir ideas clave, organizar el contenido de manera transparente y fácil de seguir
- **La comunicación no verbal:** mantener contacto visual, usar gestos estratégicos para enfatizar ciertos puntos importantes, o sea, recurrir al lenguaje corporal en general
- **La conexión con el público:** usar el sentido del humor, interactuar con el público, contar anécdotas personales

A. El habla interpersonal: Intercambios

4-53 **Improvisar.** Los siguientes *role-plays* proveen práctica con las habilidades de persuasión. Al realizarlos, no se olviden de las recomendaciones anteriores sobre el contacto visual.

PASO 1 Túrnense para representar cada papel en las dos situaciones.

Situación 1

Persona A: Eres cajero/a (*cashier*) en *PetWorld*, una tienda que vende de todo para mascotas (*pets*). La empresa recauda fondos para la Asociación Protectora de Animales y otras fundaciones que ayudan a los animales. Se le exige a cada cajero/a que les pida a sus clientes una donación para esta causa, además de la compra de un calendario por $7 el cual contiene cupones para *PetWorld*.

Persona B: Eres dueño/a de dos gatos y un perro. También eres cliente fiel (*faithful*) de *PetWorld*. Eres una persona muy generosa y simpática. Tu esposo/a acaba de perder su trabajo y ahora viven de un solo sueldo.

Situación 2

Persona A: Eres representante de *Big Brothers Big Sisters*, una ONG que ayuda a los niños desfavorecidos conectándolos con mentores voluntarios que desarrollan una relación personal positiva con ellos. Necesitas reclutar a más mentores para que pasen por lo menos tres días al mes con un/a niño/a. Sigues un proceso riguroso de selección para proteger los intereses de los niños.

Persona B: Eres soltero/a y sin hijos. Tienes buen trabajo y eres responsable, pero no tienes mucho tiempo libre. Trabajas de lunes a viernes de nueve a cinco y tienes que viajar a otras ciudades por lo menos un fin de semana al mes. Quieres contribuir de manera positiva a la vida de los jóvenes.

PASO 2 Ahora algunos voluntarios harán los *role-plays* con una nueva pareja delante de la clase. La clase va a analizar qué pasó durante cada interacción y qué estrategia(s) de persuasión y de contacto visual usaron.

B. El habla de presentación: Un discurso persuasivo

Antes de presentar

4-54 **Hablar para persuadir.** Prepara un discurso persuasivo para convencer a tu público a que apoye un proyecto específico que busca fondos para realizarse. Al final, vas a dar tu discurso persuasivo en clase.

PASO 1 El *crowdsourcing* (o financiamiento colectivo) es un fenómeno que aprovecha el gran alcance de Internet para buscar apoyo financiero para proyectos específicos. Existen portales de *crowdsourcing* para varias causas (<Kiva.org>, <idea.me>, <fandyu.com>, <lanzanos.com>, <kickstarter.com>). Visita estos portales y selecciona el proyecto que más te convenza. Después, contesta las siguientes preguntas.

1. ¿Cuál es el nombre del proyecto? ¿En qué portal de *crowdsourcing* lo encontraste?
2. ¿Con qué causa(s) está relacionado el proyecto?
3. ¿Por qué te convence el proyecto? ¿Usaron los creadores del proyecto los tres elementos de la persuasión (**ethos, logos** y **pathos**) presentados en la sección anterior?

PASO 2 Busca varios modelos de discursos persuasivos en Internet. Usa expresiones como *persuasive speaking* para explorar ejemplos en YouTube.

PASO 3 Planea tu propio discurso persuasivo. Debe durar de cinco a siete minutos. Toma en cuenta lo siguiente y practícalo antes de darlo en clase.

- La descripción del discurso persuasivo y los modelos que hayas visto
- Cómo vas a integrar los tres elementos de la persuasión (**ethos, logos** y **pathos**)
- Los aspectos clave de la comunicación verbal, la no verbal y cómo conectar con la clase

Después de presentar

4-55 **¡A votar!** Después de escuchar todos los discursos, la clase va a votar por el proyecto que más le haya convencido de ser digno de apoyo. ¿Qué proyecto tiene el mayor número de votos?

El servicio comunitario:
La educación y el bilingüismo

Se propone a continuación un proyecto de servicio comunitario relacionado con la educación y el bilingüismo.

 4-56 **Crear un libro bilingüe hecho en casa para niños pequeños.** Una manera sencilla de ayudar a los niños pequeños y fomentar su bilingüismo en español y en inglés es crear un libro bilingüe hecho en casa (*homemade*). Generalmente, los libros de este tipo tienen en cada página una oración sencilla que aparece en los dos idiomas y un dibujo que corresponde con el significado de la oración. En parejas, van a crear un libro bilingüe hecho en casa.

El elefante gris tiene una trompa larga.
The grey elephant has a long trunk.

Una mamá lee
con su hijo.

PASO 1 Escojan un tema para el libro, por ejemplo, "los animales". Debe ser apropiado para un/a niño/a de tres a cinco años. Creen contenido para unas diez páginas. Se puede crear a mano o en computadora. Escriban oraciones con versiones en los dos idiomas y dibujen o elijan ilustraciones apropiadas para ellas.

PASO 2 Combinen los elementos del libro. Pónganle un título y sus nombres en la portada (*cover*). Si se hace en computadora, impriman las páginas para crear un libro físico. Entréguenle su libro a su instructor/a.

PASO 3 Después, busquen organizaciones en su comunidad que tengan interés en su libro como donación.

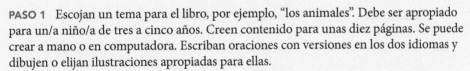 **4-57** **Reflexionar.** Contesten las siguientes preguntas sobre su experiencia con el servicio comunitario. Trabajen con su pareja del libro bilingüe hecho en casa.

1. **¿Qué?** Resuman brevemente el contenido de su libro bilingüe hecho en casa. Expliquen por qué creen que a un/a niño/a le va a gustar.
2. **¿Y qué?** ¿Qué importancia tiene la lectura para los niños?
3. **¿Ahora qué?** Preparen una lista de los lugares en su comunidad donde los voluntarios puedan leer con los niños (por ejemplo, escuelas, bibliotecas u otras organizaciones). ¿Existen oportunidades para leer en español? ¿Tienen interés en hacer servicio voluntario de este tipo?

Resumen de vocabulario

Parte 1: El ámbito personal

Abogar por...

las poblaciones vulnerables/
desfavorecidas

los/las niños/as desplazados/as
los/las trabajadores/as itinerantes

Causas

los derechos (humanos)
la protección del medio ambiente

la vivienda asequible

**Organizaciones benéficas
y actos caritativos**

el aprendizaje a través de servicio
el compromiso cívico
la organización no
gubernamental (ONG)
la organización sin fines
de lucro

Advocating for...

*vulnerable/
disadvantaged
populations
displaced children
migrant workers*

Causes

*(human) rights
environmental
protection
affordable housing*

**Charitable
organizations
and acts**

*service learning
civic engagement
nongovernmental
organization (NGO)
nonprofit
organization*

Verbos

comprometerse (con)

dar(le) clases particulares (a)
hacer (un) trabajo/servicio
voluntario

ofrecer clases de formación
proporcionar
recaudar fondos
rechazar
unirse (a)

Adjetivos

apático/a
marginado/a
solidario/a

Verbs

*to commit (to),
engage (in)
to tutor
to do volunteer
work/service, to
volunteer
to offer training
to provide
to fundraise
to reject
to join (an
organization, a
cause)*

Adjectives

*apathetic
marginalized
supportive*

Parte 2: El ámbito profesional

Desafíos

la hambruna
la (in)estabilidad política
el país en vías de desarrollo

Medidas

la ayuda humanitaria
internacional
el comunicado de prensa
el empoderamiento
el llamamiento (España),
el llamado (Américas)
la petición de asilo
los servicios sociales

Organizaciones

la Organización de las Naciones
Unidas (ONU)
la sede (de una organización)

el sindicato

Challenges

*famine
political (in)stability
developing country*

Measures

*international
humanitarian aid
press release
empowerment
appeal

request for asylum
social services*

Organizations

*United Nations
(UN)
headquarters (of an
organization)
labor union*

Personas y cualidades

las dotes de mando
el liderazgo
el/la refugiado/a

Verbos

delegar
desempeñar (un papel)

intervenir (ie) (en un
momento de crisis)
llenar un formulario
proveer (de)

Adjetivos

atrevido/a
peligroso/a

**People and
qualities**

*leadership qualities
leadership
refugee*

Verbs

*to delegate
to carry out, play
(a role)
to intervene (in a
moment of crisis)
to fill out a form
to provide, supply
(with)*

Adjectives

*daring
dangerous*

La creatividad en acción

5 CAPÍTULO

📖 Explorando el tema

Pregunta: ¿Qué te inspira?

Citas (quotations) célebres que inspiran.

1. "Cada uno de *los cinco sentidos* es filósofo".

Ramon Llull (1232–1315), filósofo mallorquín

2. "La diligencia es madre de la buena ventura y *la pereza*, su contrario, jamás llegó al término que pide un buen deseo".

Miguel de Cervantes Saavedra (1547–1616), escritor español

3. "Hay mucho que saber y es poco el vivir y no se vive si no se sabe".

Baltasar Gracián (1601–1658), escritor español

4. "Yo no estimo *tesoros* ni *riquezas;* y así, siempre me causa más contento poner riquezas en mi pensamiento que no mi pensamiento en las riquezas".

Sor Juana Inés de la Cruz (1651–1695), religiosa y escritora novohispana (mexicana)

5. "La conciencia es el mejor y más imparcial *juez* que tiene *el hombre de bien*".

José de San Martín (1778–1850), militar argentino, libertador de Argentina, Chile y Perú

6. "No se restaura el honor cometiendo una *villanía*".

Manuel Tamayo y Baus (1829–1898), dramaturgo español

7. "Tiene el leopardo un abrigo, En su monte seco y pardo: Yo tengo más que el leopardo, Porque tengo un buen amigo".

José Martí (1853–1895), escritor, poeta, filósofo y político cubano

8. "La multitud, la masa anónima, no es nada por sí misma. La multitud será un instrumento de *barbarie* o de civilización según carezca o no del coeficiente de una alta **dirección** moral".

José Enrique Rodó (1871–1917), escritor y político uruguayo

e **5-1** **Práctica con el contexto.** Las siguientes palabras están en letras itálicas en la lista anterior de citas. Empareja las palabras con las descripciones.

1. célebre _____
2. los cinco sentidos _____
3. la pereza _____
4. los tesoros _____
5. las riquezas _____
6. el juez _____
7. el hombre de bien _____
8. la villanía _____
9. la barbarie _____

a. persona que tiene autoridad para juzgar y sentenciar
b. ser humano justo y honesto
c. abundancia de bienes y cosas preciosas
d. famoso/a, notable, celebrado/a
e. mala conducta o acto malo
f. la vista, el oído, el olfato, el gusto y el tacto
g. rusticidad, falta de cultura, crueldad
h. conjunto de dinero, valores u objetos preciosos
i. negligencia, descuido o tardanza en las obligaciones

e **5-2** **Citas célebres.** La creatividad depende en parte de la inspiración.

PASO 1 Escribe las citas de la lectura anterior que sirven de inspiración en las siguientes situaciones. Puede haber varias respuestas correctas.

1. Antes de emprender (*embark upon*) una actividad difícil _____
2. Al sentirse desilusionado/a o deprimido/a _____
3. Cuando uno siente que no encaja (*fit in*) en la sociedad _____
4. Al sentirse rebelde _____
5. Después de un fracaso (*failure*) _____

PASO 2 Primero, comparen sus respuestas del **Paso 1.** Después, entrevístense con las siguientes preguntas.

1. ¿Qué cita de la lista te inspira más y por qué? ¿Qué cita no te inspira para nada y por qué?
2. ¿Qué cita te podría haber ayudado en algún momento del pasado y por qué?
3. ¿A quién(es) conoces que podría(n) inspirarse con alguna de estas citas y por qué?
4. ¿Qué otra(s) cita(s) te ha(n) servido de inspiración y por qué?

Vocabulario

Sustantivos	**Nouns**
la conjetura	*conjecture, speculation*
la creatividad	*creativity*
la imaginación	*imagination*
la inspiración	*inspiration*

Verbos	**Verbs**
componer	*to compose*
emprender	*to undertake, embark (up)on*
ensayar	*to rehearse*
esbozar	*to sketch, outline*
filmar, rodar (ue)	*to film*
predecir (i, i)	*to predict*

Adjetivos	**Adjectives**
creativo/a	*creative*
imaginario/a	*imaginary*
imaginativo/a	*imaginative*
inspirado/a	*inspired*

Para refrescar la memoria

a lo mejor, quizá(s), tal vez	*perhaps*
las (bellas) artes	*(fine) arts*
el consejo	*piece of advice*
el cuadro, la pintura	*picture, painting*

En contexto

Detalle del mural de Diego Rivera en el Palacio Nacional de la Ciudad de México

5-3 **Las obras creativas.** ¿Qué crean los artistas y cómo lo hacen?

PASO 1   Empareja los elementos más apropiados de las tres columnas. Añade las palabras necesarias para formar oraciones completas.

1. el dramaturgo	interpreta	películas
2. la directora	toca	cómics
3. el músico	diseña	bachatas
4. la bailarina	filma	cuadros
5. el pintor	baila	papeles
6. la modista	pinta	instrumentos
7. el actor	escribe	prendas
8. la caricaturista	dibuja	obras de teatro

PASO 2   Escriban cinco preguntas para uno/a de los artistas del **Paso 1** sobre la creación de sus obras. Utilicen palabras como las siguientes.

costos	esbozar	materiales	practicar
ensayar	inspiración	modelos	utensilios

5-4 **La educación y las artes.** Los estudios demuestran que las artes mejoran el aprendizaje.

PASO 1 Pregúntales a tus compañeros de clase si participaron en las siguientes actividades cuando asistían a la escuela secundaria. OJO: Solo puedes hacerle una pregunta a cada persona.

Actividad	Nombre de tu compañero/a
1. la banda o la orquesta	
2. el coro (*chorus*)	
3. el teatro	
4. el periódico o el anuario (*yearbook*)	
5. clases de arte	
6. clases de escritura creativa	

 PASO 2 En momentos de crisis económica, los programas de arte de las escuelas públicas tienden a cancelarse. Entrevisten a un/a compañero/a que haya participado en una de las actividades del **Paso 1** para saber qué destrezas, habilidades y/o características personales le ayudaron a desarrollar esa actividad y cómo. Preparen argumentos para evitar que se elimine(n) su(s) actividad(es) preferida(s).

5-5 **Ponerse de acuerdo.**

 PASO 1 Lee sobre estos tres conjuntos musicales y escucha su música en Internet si es posible. ¿A cuál te gustaría más ver en vivo?

1. *Monsieur Periné.* Conjunto de músicos colombianos que inventaron el "suin" (*swing*) a la colombiana, usando instrumentos usados en algunos tipos de música colombiana: el charango, el clarinete y el acordeón. Han tenido mucho éxito en Colombia, México y otros países.
2. *Calle 13.* Grupo rap de Puerto Rico formado por los hermanastros René Pérez Joglar y Eduardo José Cabra Martínez. Experimentan con muchos géneros de música y su letra muchas veces contiene crítica social. Han ganado varios premios Grammy Latino.
3. *Jesse & Joy.* Son hermanos y cantan música popular. Se criaron en México, de padre mexicano y madre estadounidense. Varias telenovelas mexicanas han usado sus canciones. Han sido premiados con varios premios Grammy Latino.

 PASO 2 Pónganse de acuerdo sobre cuál de los tres conjuntos van a ver en vivo. Luego, júntense con otro grupo de la clase que decidió ver otro conjunto. Intenten convencerles de que cambien de idea y que los acompañen al concierto que ustedes escogieron.

5-6 Hablemos claro.

PASO 1 Entrevístense y apunten en una hoja las respuestas de su compañero/a.

1. ¿Qué obras de arte hay en tu casa y qué función tienen? ¿Qué artistas o estilos artísticos te gustan más? ¿Qué piensas de los museos de arte y por qué? ¿Qué sabes y/o qué opinas de los siguientes pintores latinos famosos: El Greco, Pablo Picasso, Fernando Botero, Diego Rivera, Frida Kahlo?

2. ¿Te gusta la literatura? ¿Alguna vez has quedado profundamente impresionado/a después de leer una novela, un cuento o un poema, escrito en inglés o en español? Describe lo que sentiste. En tu opinión, ¿qué función tiene la literatura en la educación? ¿Por qué se incluye la literatura en el aprendizaje del español?

3. ¿Con qué frecuencia vas al cine y por qué? ¿Cuáles son tus películas favoritas y por qué? ¿Qué has aprendido de otros países u otras culturas a través del cine? Explícalo con ejemplos concretos. ¿Sabes qué influencias recibe la gente de tu país y tu cultura a través del cine?

PASO 2 Considerando la información del **Paso 1,** ¿qué actitud crees que tiene tu compañero/a sobre la importancia de la producción artística en la sociedad? Escribe tus ideas en algunas oraciones. Después, compártelas con él/ella. ¿Está de acuerdo contigo tu pareja? Prepárate para compartir tus ideas con la clase.

Gramática

I. Los mandatos de *tú*

 A **tú** command is an order or suggestion directed at an individual whom you address informally as **tú**, as opposed to formally as **usted (Ud.).** Recall that **tú** typically is used to address a friend, someone close to you, or someone your own age.

¡**No vayas** sin mí! **Espéra**me, por favor.   ***Don't go*** *without me!* ***Wait*** *for me, please.*

Formación y uso

Tú commands have different forms in the affirmative and negative. Affirmative **tú** commands use the third-person singular forms of the present indicative, while negative **tú** commands use the second-person singular forms of the present subjunctive.

> **¡AHORA TÚ!**
>
> Complete 5-1 in MySpanishLab to practice these concepts.

Infinitive	Affirmative		Negative	
bailar	bail**a**	*dance*	no bail**es**	*don't dance*
beber	beb**e**	*drink*	no beb**as**	*don't drink*
escribir	escrib**e**	*write*	no escrib**as**	*don't write*

■ Some common verbs have irregular affirmative **tú** commands.

Infinitive	Irregular affirmative		Infinitive	Irregular affirmative	
venir	**ven**	*come*	hacer	**haz**	*do, make*
tener	**ten**	*have*	decir	**di**	*say, tell*
poner	**pon**	*put*	ir	**ve**	*go, leave*
salir	**sal**	*go out*	ser	**sé**	*be*

Ten paciencia. **Sé** honesto. **Di** la verdad.

Be patient. Be honest. Tell the truth.

¡AHORA TÚ!

Complete 5-2 in MySpanishLab to practice these concepts.

■ Recall from Chapter 4 that many verbs are irregular in the present subjunctive. These same irregular forms appear in negative **tú** commands.

Types of present subjunctive forms	Infinitive	Negative	
Regular	hablar	**no hables**	*don't speak*
Irregular yo form	venir	**no vengas**	*don't come*
With a spelling change	tocar	**no toques**	*don't touch*
With a stem-change	pensar	**no pienses**	*don't think*
Irregular in present subjunctive	ir	**no vayas**	*don't go*

No vayas con él y **no** lo **pienses** más.

Don't go with him and don't think more of it.

¡AHORA TÚ!

Complete 5-3 in MySpanishLab to practice these concepts.

■ As with all commands, object pronouns attach to the end of affirmative commands, which then require a written accent mark to retain their original stress. Object pronouns directly precede the verb in negative commands.

Contesta el teléfono en español.

Answer the phone in Spanish.

Contéstalo en español.

Answer it in Spanish.

No le **mandes** la carta.

Don't send the letter to him.

No se la **mandes**.

Don't send it to him.

En contexto

5-7 **Estrategias para la escritura.** Una carrera universitaria requiere que el/la alumno/a produzca varios tipos de escritura, desde un ensayo o informe hasta un poema o cuento breve. ¿Qué estrategias fomentan este proceso creativo?

PASO 1   Para cada mandato de **tú**, identifica la forma infinitiva del verbo e indica si la estrategia te parece buena o mala, según tu opinión y tu experiencia personal.

	Infinitivo	Buena	Mala
1. **Empieza** con un esquema.		☐	☐
2. **Sé** perfeccionista.		☐	☐
3. **Escribe** según un orden secuencial estricto, desde la introducción hasta la conclusión.		☐	☐
4. **No busques** modelos.		☐	☐
5. **Dúchate** con agua caliente para aclarar los pensamientos.		☐	☐
6. **No descanses** para reflexionar.		☐	☐
7. **Bebe** mucho café.		☐	☐
8. **No te permitas** hacer revisiones de lo escrito.		☐	☐
9. **Ve** a caminar o a correr.		☐	☐
10. **Escucha** música clásica.		☐	☐

PASO 2   Comparen sus respuestas en las últimas dos columnas. ¿Cuáles contestaron igual? ¿Cuáles no? En conclusión, ¿piensan que las estrategias para fomentar la creatividad son más universales o individuales? Expliquen su respuesta.

5-8 **Proyectos creativos.** Varios amigos tuyos están matriculados en cursos que requieren algún tipo de proyecto creativo. Como eres una persona creativa, te piden consejos.

PASO 1　Provee el mandato de **tú** de los verbos entre paréntesis y después indica a qué proyecto corresponden.

Un/a amigo/a tiene que…

   a. escribir un poema breve en español.
   b. cantar una pieza musical.
   c. pintar un cuadro de la naturaleza.
   d. diseñar un aparato nuevo.
   e. crear una pieza breve de baile.

1. _____ (usar) colores vívidos. No _____ (preocuparse) por los detalles, sino por la impresión general. _____

2. _____ (repetir) movimientos que hacemos diariamente. No _____ (hacerla) demasiado complicada. _____

3. _____ (contar) bien las sílabas. Que no _____ (haber) más de ocho por verso. _____

4. _____ (elegir) una canción de acuerdo con tus capacidades. ¡No _____ (ponerse) demasiado nervioso porque esto afectará tu voz! _____

5. _____ (hacer) algo para usar en la vida diaria. No _____ (inventar) nada que no sea práctico. _____

PASO 2　En parejas, escriban por lo menos otros tres consejos sobre uno o varios de los proyectos del **Paso 1.** Después, léanselos a sus compañeros de clase para ver si adivinan el proyecto al que corresponde cada consejo.

5-9 **Soluciones creativas para problemas típicos.** Un/a amigo/a suyo/a tiene varios problemas típicos.

PASO 1　En parejas, escríbanle por lo menos dos soluciones creativas por problema, usando mandatos de **tú.**

1. Tengo una habitación desordenada y sucia.
2. Me es difícil levantarme temprano para mi clase de las ocho de la mañana.
3. Tengo dificultades al organizar mis materiales de clase.
4. No tengo dinero para pagar la matrícula universitaria.
5. Tengo un/a novio/a que algunas veces no me trata con respeto.
6. ¿Otro problema? _____

PASO 2　Júntense con otra pareja para compartir sus ideas. Para cada problema, escojan la solución más creativa para presentársela a la clase.

5-10 ¿Quién ofrece los mejores consejos? Trabajen en grupos para presentar problemas y ofrecer consejos.

PASO 1 Primero, escribe un problema personal (verdadero o inventado) en una hoja y ponle tu nombre.

 PASO 2 Formen un círculo de cuatro a cinco personas. Pásenle su hoja a la persona que tienen a la derecha. Lean el problema que recibieron y escriban un consejo. Sigan pasando las hojas hacia la derecha, hasta que cada persona del grupo haya escrito un consejo para cada problema.

PASO 3 Lee los consejos que te dieron tus compañeros y dales un puntaje del mejor consejo (= 1 punto) al peor consejo (= 4 o 5 puntos, según el número de consejos). Comparte con la clase los consejos que te dieron y tus opiniones y puntajes. ¿Quién en el grupo tiene el menor número de puntos al final? ¡Esa persona es la ganadora!

Gramática

II. El tiempo futuro, el tiempo condicional y la expresión de probabilidad

The future tense and the conditional tense show similar patterns in Spanish. They are formed in similar ways and have the same irregular stems for the same verbs. They also convey similar meanings: *future* (whether in reference to the present or the past, respectively) and *probability* (in the present or the past, respectively). The conditional tense also expresses *hypotheticals*.

Pienso que hoy **escribiré**.	*I think (that)* **I will (I'll) write** *today.*
Pensaba que hoy **escribiría** (y lo hice; pero no lo hice).	*I thought (that)* **I would (I'd) write** *today (and I did; but I didn't).*
Hoy Pablo no se siente inspirado. **Estará** cansado.	*Pablo doesn't feel inspired today.* **He is (he's) probably** *tired.*
Ayer Pablo no se sentía inspirado. **Estaría** cansado.	*Pablo didn't feel inspired yesterday.* **He was probably** *tired.*
Con más tiempo libre, **escribiría** más.	*With more free time,* **I would write** *more.*

A. El tiempo futuro: formación y uso

The future tense in Spanish is formed with one set of endings for all -**ar,** -**er,** and -**ir** verbs. These endings all require a written accent mark, except for the **nosotros/as** forms. For regular verbs, the endings attach directly to the infinitive.

hablar: hablaré, hablarás, hablará, hablaremos, hablaréis, hablarán

leer: leeré, leerás, leerá, leeremos, leeréis, leerán

escribir: escribiré, escribirás, escribirá, escribiremos, escribiréis, escribirán

> **¡AHORA TÚ!**
>
> Complete 5-4 in MySpanishLab to practice these concepts.

¡AHORA TÚ!

Complete 5-5 in MySpanishLab to practice these concepts.

- Various common verbs are irregular in the future tense. Most verbs derived from these also are irregular. For these irregulars, the endings are added to an altered stem, according to three different patterns.

1. The stem is shortened.	
decir → dir-	diré, dirás, dirá, diremos, diréis, dirán
hacer → har-	haré, harás, hará, haremos, haréis, harán

2. The stem loses the final -e-.		
caber → cabr-	cabré, cabrás, cabrá, cabremos, cabréis, cabrán	
haber → habr-	habré, habrás, habrá, habremos, habréis, habrán	
saber → sabr-: sabré, …	**poder → podr-**: podré, …	**querer → querr-**: querré, …

3. The stem loses the final -e- or -i-, which is replaced by -d-.		
tener → tendr-	tendré, tendrás, tendrá, tendremos, tendréis, tendrán	
poner → pondr-	pondré, pondrás, pondrá, pondremos, pondréis, pondrán	
valer → valdr-: valdré, …	**salir → saldr-**: saldré, …	**venir → vendr-**: vendré, …

- The reference point for the future tense is the present moment, or the moment of speech. The future tense expresses an action that will occur later, *after* the present moment.

  Son las cinco. A las seis **haré** la cena.   *It's five. At six **I will (I'll) make** dinner.*

- Nevertheless, in Spanish, this *meaning of future* is most commonly expressed with the simple present tense or with **ir a** + *infinitive*, with **ir** conjugated in the present tense. These structures convey greater certainty by the speaker, whereas the future tense conveys less certainty.

  Son las cinco. A las seis **hago** la cena.   *It's five. At six **I will (I'll) make** dinner.*

  Son las cinco. A las seis **voy a hacer** la cena.   *It's five. At six **I am (I'm) going to make** dinner.*

- The future tense in Spanish commonly is used to express *probability* or *conjecture in the present*, which is equivalent in English to meanings such as *probably, must, may, might, I wonder*, etc.

  ¿Cuántos años tiene el profesor? No sé, **tendrá** unos cincuenta.   *How old is the professor? I don't know, **he is (he's) probably (he must be)** around fifty.*

  ¿Qué es ese ruido? **Será** el viento.   *What is that noise? **It is probably (it might be)** the wind.*

B. El tiempo condicional: formación y uso

¡AHORA TÚ!

Complete 5-6 in MySpanishLab to practice these concepts.

The conditional tense in Spanish is formed with one set of endings for all -**ar**, -**er**, and -**ir** verbs. These endings all require a written accent mark. For regular verbs, the endings attach directly to the infinitive, just as they do for the future tense.

hablar: hablaría, hablarías, hablaría, hablaríamos, hablaríais, hablarían

leer: leería, leerías, leería, leeríamos, leeríais, leerían

escribir: escribiría, escribirías, escribiría, escribiríamos, escribiríais, escribirían

■ The same verbs that are irregular in the future tense are also irregular in the conditional tense. The same altered stems are used for these irregular forms.

¡AHORA TÚ!

Complete 5-7 in MySpanishLab to practice these concepts.

1. The stem is shortened.	
decir → **dir-**	diría, dirías, diría, diríamos, diríais, dirían
hacer → **har-**	haría, harías, haría, haríamos, haríais, harían

2. The stem loses the final -e-.		
caber → **cabr-**	cabría, cabrías, cabría, cabríamos, cabríais, cabrían	
haber → **habr-**	habría, habrías, habría, habríamos, habríais, habrían	
saber → **sabr-**: sabría, …	**pod**er → **podr-**: podría, …	**quer**er → **querr-**: querría, …

3. The stem loses the final -e- or -i-, which is replaced by -d-.		
tener → **tendr-**	tendría, tendrías, tendría, tendríamos, tendríais, tendrían	
poner → **pondr-**	pondría, pondrías, pondría, pondríamos, pondríais, pondrían	
valer → **valdr-**: valdría, …	**sal**ir → **saldr-**: saldría, …	**ven**ir → **vendr-**: vendría, …

■ The reference point for the conditional tense is a moment in the past. The conditional tense expresses an action *after* that moment in the past.

A las cinco dije que **haría** la cena a las seis, pero no la hice.

At five I said (that) **I would (I'd) make** dinner at six, but I didn't.

■ Nevertheless, in Spanish, the meaning of *the future of a past moment* also is expressed with **ir a** + *infinitive*, with **ir** conjugated in the imperfect.

A las cinco dije que **iba a hacer** la cena a las seis, pero no la hice.

At five I said (that) **I was going to make** dinner at six, but I didn't.

■ Given the above, the conditional tense is also used in Spanish to express *probability* or *conjecture in the past*.

¿Cuántos años tenía el profesor cuando se murió? No sé, **tendría** unos cincuenta.

How old was the professor when he died? I don't know, **he was probably** around fifty.

¿Qué fue ese ruido anoche? **Sería** el viento.

What was that noise last night? **It was probably** the wind.

■ The conditional tense is used in Spanish to *hypothesize*, in other words, to imagine ideas or possibilities not currently part of the speaker's reality.

Con treinta mil dólares, **dejaría** mi trabajo por un año y **escribiría** una novela.

With thirty thousand dollars, **I would leave** my job for a year and **I would write** a novel.

En contexto

La Alhambra en Granada, España

5-11 ¿Qué pasará en los próximos tres años?

PASO 1 Indica si crees que las siguientes predicciones sobre el futuro pasarán o no. Piensa también en los detalles y/o razones de tus respuestas.

	Sí pasará	No pasará
1. **Estudiaré** en un país de habla hispana.	☐	☐
2. **Terminaré** un proyecto creativo.	☐	☐
3. **Me graduaré** de la universidad.	☐	☐
4. Mi novio/a y yo **nos casaremos**.	☐	☐
5. **Haré** un viaje a algún lugar que no conozca.	☐	☐
6. Mi familia y yo **nos reuniremo**s para celebrar algún acontecimiento.	☐	☐
7. ¿Otra predicción?: _____	☐	☐

 PASO 2 Comparen sus respuestas y pregúntense sobre los detalles y/o las razones, usando preguntas como las que aparecen a continuación. ¿Qué tienen en común ustedes? Prepárense para compartir sus ideas con la clase.

- ¿Dónde/Qué/Por qué (no) **estudiarás**…?
- ¿Qué tipo de proyecto **terminarás**?
- ¿Cuándo/Con qué especialidad/Por qué (no) **te graduarás**…?
- ¿Dónde/Cuándo/Por qué (no) **se casarán** ustedes?
- ¿Adónde/Con quién(es)/Por qué (no) **harás** el viaje?
- ¿Dónde/Para qué acontecimiento/Por qué (no) **se reunirán** ustedes?
- ¿Otra(s) pregunta(s)?

5-12 **Las ideas de la niñez.** Durante la niñez, tenemos sueños e ideas sobre el futuro que no siempre se relacionan con la realidad.

PASO 1 Usa la forma correcta de los verbos entre paréntesis en el **tiempo condicional** e indica si, en tu caso, la oración resultante es cierta o falsa.

Yo pensaba que…

	Cierta	Falsa
1. _____ (ser) un/a bailarín/a profesional.	☐	☐
2. siempre _____ (tener) los veranos para jugar.	☐	☐
3. mis padres _____ (vivir) para siempre.	☐	☐
4. _____ (hacer) deportes competitivos durante el resto de mi vida.	☐	☐
5. mis hermanos y yo _____ (salir) en algún programa de televisión para niños.	☐	☐
6. siempre _____ (poder) comer mucho chocolate sin consecuencias negativas.	☐	☐

PASO 2 Considerando tus respuestas **falsas** del **Paso 1,** haz los cambios necesarios para que esas oraciones sean ciertas en tu caso.

PASO 3 Comparen sus respuestas del **Paso 1.** ¿Qué respuestas ciertas tienen en común? ¿Cómo han cambiado las respuestas falsas en el **Paso 2?** Prepárense para compartir con la clase algún dato nuevo que hayan aprendido sobre los compañeros de su grupo.

5-13 **Mucha imaginación.** Están de viaje y se alojan en un hotel antiguo en el centro histórico de la ciudad. ¿Cómo se explican los fenómenos extraños que van ocurriendo?

PASO 1 En parejas, usando la imaginación, escriban por lo menos una explicación posible para cada fenómeno extraño. Acuérdense de (*Remember to*) usar **el tiempo futuro** para hacer conjeturas sobre el presente y el **tiempo condicional** para hacer conjeturas sobre el pasado.

Hoy…	Y ayer…
1. hay ruidos (*noises*) extraños.	4. se apagaron las luces varias veces.
2. la ropa que estaba colgada (*hung*) en el armario está en el suelo.	5. la pantalla (*screen*) de la televisión fluctuaba.
3. los cuadros en las paredes están al revés.	6. corría agua del grifo del lavabo (*sink faucet*) cuando regresamos a la habitación.

PASO 2 Júntense con otra pareja y léanse sus conjeturas. ¿Cuáles les parecen las más lógicas? ¿Y las más creativas? ¿Se alojarían ustedes en este mismo hotel de nuevo? Prepárense para compartir sus mejores ideas con la clase.

📖 Lectura: Autobiografía

Antes de leer

5-14 Los científicos.

PASO 1 Preparen una lista de las características que asocien con cada profesión. ¿Son semejantes las ideas de todas las parejas?

Artista: _____ Científico: _____

PASO 2 ¿Cómo representa la cultura popular a los científicos? Piensen en los personajes de científicos de algunas películas o series televisivas y describan su personalidad. ¿Tienen las mismas características que mencionaron ustedes en el **Paso 1**? ¿En qué se basan ustedes para describir a los científicos?

Al leer

ESTRATEGIA AL LEER

Descifrar la información científica. Al leer un texto difícil, podemos procesar la información desde más de un ángulo. Primero, busca las definiciones de las palabras desconocidas. Luego, intenta dividir la información de oraciones largas en partes más cortas. Por último, piensa con qué exactitud necesitas entender la información. Si tienes que saberla para un examen o para hacer un experimento, tienes que entenderla muy bien. Si solo necesitas tener una idea general, puedes tener un entendimiento menos detallado.

5-15 Práctica con la información científica. Lee la siguiente oración y después contesta las preguntas: "Con estos equipos podemos generar imágenes, identificar de dónde proviene y cómo cambia esta luz, y asociar esos cambios con efectos estructurales o dinámicos en las membranas celulares".

	Sí	No
1. ¿Es fácil de entender esta oración?	☐	☐
2. Echa un vistazo al título, los subtítulos y las fotos del texto que vas a leer. ¿Tiene el texto el propósito de que el lector entienda completamente el contenido científico?	☐	☐
3. ¿Hay palabras científicas muy difíciles en la oración?	☐	☐
4. ¿Es una oración compleja, con varias cláusulas subordinadas?	☐	☐
5. Lee la siguiente oración: "Con estos equipos sacamos imágenes en las que la luz nos permite entender mejor las membranas celulares." ¿Es un buen resumen de las ideas centrales de la oración original?	☐	☐

6. En tu opinión, ¿en qué consiste la dificultad de la oración original?

5-16 Práctica con el vocabulario. Las siguientes palabras están en negrita en el artículo. Empareja cada palabra con su definición o sinónimo.

1. ubicado/a _____
2. mudarse _____
3. la licenciatura _____
4. la investigación _____
5. el entorno _____
6. la organela _____

a. las cosas alrededor de algo
b. el título que uno recibe al completar los estudios universitarios
c. una unidad especializada dentro de una célula
d. cambiar de lugar (de casa, de ciudad, etc.)
e. localizado/a
f. el proceso de estudiar algo a profundidad

Luis Bagatolli: ciudadano global

Mi nombre es Luis Alberto Bagatolli. Nací en Río Cuarto, una pequeña ciudad **ubicada** al sur de la provincia de Córdoba. Terminado mis estudios en la escuela secundaria en Río Cuarto, **me mudé** a Córdoba, la capital para realizar mis estudios superiores en la Universidad Nacional de Córdoba. Allí completé mi **licenciatura** en química y obtuve además un doctorado° en esa especialidad. Actualmente vivo en Dinamarca, en una ciudad llamada Odense. Esta ciudad queda en la isla de Fionia, aproximadamente a 150 km de Copenhague. En esta ciudad nació Hans Christian Andersen, el autor de "La sirenita"°, "El patito feo"° y otros cuentos infantiles.

5 PhD

The Little Mermaid/ The Ugly Duckling

El doctor Luis Bagatolli: profesor e investigador

Mi trabajo de **investigación** se focaliza en las propiedades físico-químicas de membranas biológicas. Estamos muy interesados en saber cómo estas estructuras, que definen los límites de la célula con su **entorno** (o bien el límite de una determinada **organela** dentro de la célula) trabajan durante el ciclo de vida celular. Por ejemplo, estas estructuras regulan el paso de nutrientes y productos de secreción además de funcionar como sensores, identificando estímulos relevantes para la respuesta celular. Nuestra estrategia experimental se basa en un fenómeno natural llamado fluorescencia, que es la emisión de luz desde un tipo particular de moléculas que llamamos fluoróforos. Esta luz es sensible° al ambiente físico-químico donde se encuentran estos fluoróforos, de manera que podemos usarlos como sensores. Esta metodología se aplica en microscopios. Con estos equipos podemos generar imágenes, identificar de donde proviene y como cambia esta luz, y asociar esos cambios con efectos estructurales o dinámicos en las membranas celulares.

10

15

sensitive

20

Luis Bagatolli: artista de imágenes científicas

Tener la posibilidad de asomarse° al mundo microscópico es una experiencia única. Es tal vez difícil definir precisamente lo que me genera a mí en particular. Pero, descubrir por ejemplo como un objeto muta° a otras estructuras al mirarlo con un microscopio es definitivamente fascinante. Todo ese universo de formas fue la fuente de inspiración para generar esas

peek into

25 changes

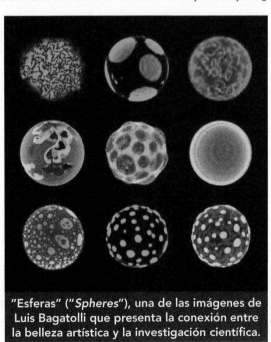

"Esferas" ("*Spheres*"), una de las imágenes de Luis Bagatolli que presenta la conexión entre la belleza artística y la investigación científica.

imágenes y además presentarlas con sus dos caras: el interés científico por un lado, y la visión artística por otro.

Luis Bagatolli: músico y miembro de conjuntos musicales

bass

Toco guitarras (eléctrica y acústica) y bajo°. La experiencia de tocar música con otras personas 30 es extremadamente interesante, divertido y muy movilizante, sobre todo cuando hay conexión. Esa conexión es algo primitivo, un sentimiento de trance casi tribal diría. Había tocado en grupos en mis tiempos adolescentes y recientemente pude volver a experimentarlo nuevamente. La

stay away from

experiencia ha sido increíble. No entiendo como pude alejarme° de ello por tanto tiempo.

Luis Bagatolli: la creatividad multifacética

35

¿Que si creo que ser científico es una actividad creativa, artística? Sí, claro que lo es. No veo diferencias entre estas dos actividades. En mi experiencia lo que se moviliza es exactamente lo mismo. La creatividad es el elemento central.

long hair

Cuando Luis Bagatolli comparte fotos de él tocando la guitarra, sus amigos lo celebran:

"¡Qué artista! ¡Felicitaciones!"

"Va bien esa melena°. ☺"

"Como en los viejos tiempos…"

"¡Grande, Luis!"

"Espectacular, míster Luis."

"¡Qué lindo, paaaaa! ¡Me dan ganas de volver a rockear!"

"¡Grande, Luis! Siempre hay tiempo para recuperar lo no vivido. Felicito a todo el grupo y a usted también. Acuérdate de mí para el primer CD."

Y Luis responde: "¡Gracias a todos por la linda vibra!"

Después de leer

 5-17 Entender las actividades del Dr. Luis Bagatolli.

PASO 1 Indica a qué parte de la vida creativa de Luis Bagatolli se refieren las siguientes oraciones. Selecciona todas las respuestas que apliquen.

	Ciencia	Imágenes	Música
1. Toca instrumentos.	☐	☐	☐
2. Se enfoca en las membranas celulares.	☐	☐	☐
3. Utiliza microscopios.	☐	☐	☐
4. Es una actividad que realiza con otros.	☐	☐	☐
5. Utiliza la luz.	☐	☐	☐
6. Publica y comparte sus actividades con otros.	☐	☐	☐

 PASO 2 Según la información del texto, ¿creen ustedes que el Dr. Bagatolli enseña bien en la universidad? Expliquen sus respuestas.

5-18 Nuestras actitudes hacia la ciencia.

PASO 1 Van a hacer una encuesta entre sus compañeros para saber cuál es la actitud de la mayoría hacia las ciencias y por qué. Formulen una pregunta para cada miembro del grupo.

MODELO: *¿Qué clases de ciencias has tomado?*

PASO 2 Hazle tu pregunta al mayor número de personas posible durante el tiempo indicado por tu profesor/a.

PASO 3 Vuelvan a su grupo, presenten las respuestas y analícenlas. Después, completen las siguientes oraciones.

1. Nuestra encuesta revela que…
2. Una actitud positiva hacia las ciencias parece depender de…
3. Una actitud negativa hacia las ciencias parece depender de…
4. Para que los jóvenes se interesen en las ciencias, sugerimos que…

5-19 Los experimentos.

PASO 1 El Dr. Bagatolli estudia la luz y la fluorescencia en sus experimentos. Mira la imagen del arcoiris y pon los colores en orden del exterior (1) al interior (7).

_____ amarillo
_____ anaranjado
_____ azul
_____ índigo
_____ rojo
_____ verde
_____ violeta

PASO 2 Los experimentos científicos parten de preguntas. Empareja la pregunta con el concepto científico. ¿Qué conceptos científicos conoces?

1. ¿Por qué se caen las cosas? _____
2. ¿Cómo vuelan los pájaros? _____
3. ¿Por qué hay agua en el exterior del vaso? _____
4. ¿Cómo cambia el jugo de uva a vino? _____
5. ¿Por qué existen sólidos, gases y líquidos? _____

a. la aerodinámica
b. la fermentación
c. la gravedad
d. los estados de la materia
e. la condensación

PASO 3 La manera en que formulamos las preguntas puede afectar la innovación y la creatividad. En un estudio famoso, una investigadora le preguntó a un grupo de niños si una persona en una silla de ruedas podía conducir un coche. Dijeron que no. A otro grupo de niños le preguntó cómo podía una persona en silla de ruedas conducir un coche. Los niños dieron una serie de ideas. Piensen en un gran problema de nuestro tiempo y formulen una pregunta que invite a la creatividad. Háganle su pregunta a otra pareja y piensen en posibles respuestas.

COMPETENCIA CULTURAL
Analizar diferencias de género

5-20 **Entender tu propia cultura.** Identifiquen y analicen los prejuicios de género (*gender bias*) en estas oraciones de estudiantes universitarios.

1. "La profesora Cabal canceló la clase de hoy. Será que su niño está enfermo."
2. "Yadira sacó una A en el curso porque fue la favorita del profesor Cardenal."
3. "Le pedí a la profesora Escobar una extensión para el examen y me dijo que no. ¿Te lo puedes creer? Es una profesora cruel."

ESTRATEGIA CULTURAL

La igualdad de género es un problema global muy serio que afecta la salud y el nivel económico de toda la familia. Además, en el trabajo y la política, las mujeres ocupan muy pocos de los puestos de más prestigio y remuneración. En la educación, predominan los hombres en los programas de física, ingeniería y matemáticas. El machismo no es un problema solamente en los países hispanos. Para luchar por la igualdad de las mujeres es importante examinar nuestras ideas y acciones con detenimiento.

En Estados Unidos, ¿por qué tan pocas mujeres estudian ciencias?

¿Cuáles son los obstáculos para las mujeres que trabajan?

 5-21 La competencia cultural en acción. Lean sobre el siguiente malentendido y contesten la pregunta al final.

Situación. Un programa de estudios en el extranjero en Costa Rica. La estudiante estadounidense asiste a clases durante el día y vive en la casa de una señora.

Pregunta de la señora. "¿A qué hora va a estar usted en la casa hoy por la tarde?"

Pensamientos de la señora. La muchacha suele salir a cenar, sin avisar. ¿No le gusta lo que le preparo? El muchacho del semestre pasado se quejó porque le daba mucho arroz con frijoles; no quiero que el programa deje de mandarme estudiantes. Si compro ingredientes especiales y no aparece la muchacha, perderé comida y dinero. Y si no va a cenar conmigo, puedo usar ese tiempo para hacer un trabajito, un vestido que una señora quiere que le cosa.

Respuesta de la estudiante. "No sé."

Pensamientos de la estudiante. ¡Qué pesada! Me trata como si fuera una niña. Llevo dos años viviendo en la universidad, haciendo lo que quiero y cuando quiero. No soporto la actitud hacia las mujeres en esta cultura. ¡Soy mujer y libre! Esta señora solo piensa en la casa y la comida y quiere que yo también esté pensando en esas cosas. Pues no. He venido aquí para aprender: voy a estudiar y luego voy a salir para conocer a gente tica.

Solución de la administradora del programa. ¿Qué debe decirles a las dos mujeres para resolver el problema?

Antes de verlo

5-22 "¡Recién volví de Costa Rica!" Este reportaje de Manuela es el resultado de un viaje que hizo a Costa Rica. ¿En qué piensas cuando piensas en Costa Rica? ¿Qué sabes del arte y de los pintores costarricenses? Si pudieras hacer un viaje a cualquier país hispanohablante para hacer un reportaje, ¿a qué país irías y por qué?

Vocabulario útil

el arte callejero	*street art*	el/la grafitero/a	*graffiti artist*
desapercibido/a	*unnoticed*	el lienzo	*canvas*
la efervescencia	*sparkle*	la osadía	*audacity, daring, boldness*
el/la esclavo/a indígena	*indigenous slave*	¿Qué onda? (México)	*What's up?*
		sentirse (ie, i) aludido/a	*to take personally*

Al verlo

5-23 ¿Comprendes? Contesta en una hoja las siguientes preguntas y prepárate para compartir tus ideas con la clase.

1. ¿Qué opinan los estudiantes de la Universidad de San José sobre el arte callejero en Costa Rica?
2. ¿En qué consiste el proyecto "Di mi barrio a tu barrio"?
3. ¿Cómo interpretaron los políticos la imagen del mono? ¿Cómo interpreta el artista la imagen de Mickey Mouse?
4. ¿Por qué les gusta a estos artistas hacer arte callejero?
5. De los muchos ejemplos de arte callejero en este reportaje, ¿qué cuadros te llaman más la atención? ¿Por qué? ¿Prefieres ver arte en la calle o en un museo? Explica.

Después de verlo

5-24 "¡Luces, cámara, acción!" Para los cineastas (*filmmakers*), el primer paso es crear un guión gráfico (*storyboard*), una serie de dibujos de escenas individuales. Seleccionen ustedes un tema asociado con la creatividad y planeen un breve reportaje con un guión gráfico de por los menos cuatro escenas. Prepárense para presentarle su guión gráfico a la clase. De su grupo, ¿quién dibuja mejor? De los otros grupos, ¿quiénes prepararon el mejor guión gráfico?

Vocabulario

Sustantivos · **Nouns**

la ambigüedad · *ambiguity*

el/la emprendedor/a, el/la empresario/a · *entrepreneur*

el emprendimiento · *entrepreneurship*

la innovación · *innovation*

la osadía · *audacity, daring, boldness*

la perseverancia · *perserverance*

el presupuesto · *budget*

la propuesta · *proposal*

el riesgo · *risk*

Verbos · **Verbs**

entretener (ie) · *to entertain*

innovar · *to innovate*

lidiar (con) · *to deal (with)*

otorgar · *to award, grant*

promocionar · *to promote*

Adjetivos · **Adjectives**

emprendedor/a · *entrepreneurial*

Para refrescar la memoria

el/la aficionado/a · *fan*

comportarse · *to behave*

crear · *to create*

el entretenimiento · *entertainment*

inventar · *to invent*

el mercado · *market*

el/la pintor/a · *painter*

la reseña · *(critical) review*

En contexto

 5-25 Cómo ser más creativo/a.

PASO 1 ¿Cuáles de las siguientes actividades creen ustedes que realiza su profesor/a para estimular la creatividad? Después, su profesor/a describirá su proceso creativo.

1. Ir por un camino que nunca haya tomado.
2. Buscar figuras en las nubes.
3. Completar un crucigrama (*crossword puzzle*) u otra partida (*game*).
4. Tener amigos de otros países y conversar con ellos.
5. Preguntarle a un niño cómo resolver un problema.
6. Escuchar las historias de personas mayores.
7. Comer algo que nunca haya probado antes.
8. Ver una película fantástica o cómica.

PASO 2 Escojan una de las actividades del **Paso 1,** u otra que se les ocurra, y expliquen cómo estimula la creatividad. En su opinión, ¿cuál es la actividad más eficaz y por qué?

Este pinchediscos selecciona y toca música en una discoteca.

5-26 Las profesiones creativas.

PASO 1 De la siguiente lista de profesiones, escoge la que en tu opinión requiere más creatividad o menos creatividad. Luego comparte tu respuesta con la clase y explica por qué escogiste esa profesión.

agente de publicidad	diseñador/a industrial	modelo
chef	fotógrafo/a	peluquero/a
diseñador/a de videojuegos	maquillador/a	pinchediscos (*DJ*)
diseñador/a gráfico/a		

 PASO 2 Julio es un joven de veintitrés años apasionado por la escritura. Estudió literatura inglesa en la universidad y tomó cursos de escritura creativa. Desde que se graduó, trabaja en un café durante el día y por la noche escribe cuentos y novelas. Gana poco y no tiene suficiente dinero para pagar el alquiler (*rent*). Sus padres son propietarios de una tienda de aparatos electrónicos y quieren que trabaje con ellos. ¿Qué le aconsejarían a Julio?

 5-27 Idear los productos.

PASO 1 Su supervisor les da 200 camisetas con el nombre de un producto que la compañía dejó de vender y les dice: "Piensen qué hacer para venderlas." Piensen en el mayor número de ideas posible, sin tomar en consideración su calidad. Apúntenlas todas y después cuéntenlas. ¿Qué grupo de la clase tiene el mayor número de ideas?

PASO 2 Seleccionen la idea que les parezca la mejor y preséntensela a la clase. Escuchen a los demás grupos y después, voten por la idea más sorprendente, la más factible y la más fácil de realizar.

5-28 Ponerse de acuerdo.

PASO 1 Elige el invento que haya tenido más impacto en nuestra sociedad. Prepárate para explicar tu elección.

1. *La imprenta de Gutenberg.* Antes de la segunda mitad del Siglo XV, los libros los hacían los monjes (*monks*). Era un proceso manual que incluía las letras y las imágenes. Eran libros carísimos y leídos por muy pocas personas. En 1450 Johannes Gutenberg inventó la imprenta, un método mecánico de imprimir que permitía producir libros en mucho menos tiempo y a un precio muchísimo menor. La imprenta hizo llegar la información, el entretenimiento y las artes a muchas más personas.

2. *La computadora personal.* Las primeras computadoras eran enormes y se usaban para fines comerciales o de investigación. Al reducirse el tamaño de las computadoras personales, la gente ya podía tener una en casa y ponerla en su escritorio. En unas cuantas décadas, los avances tecnológicos y la producción en masa han permitido que las computadoras personales sean más potentes y menos caras. En el 2011, el 75,6 por ciento de las casas en Estados Unidos tenía computadora.

3. *La penicilina.* El científico escocés Alexander Fleming descubrió la penicilina en 1928. En el desorden de su laboratorio, estudió un hongo que se formó sobre un cultivo que tenía en una placa de Petri. El científico se dio cuenta de que la penicilina tenía efectos antibacterianos, pero no patentó su descubrimiento con el propósito de que se desarrollara y utilizara para combatir las enfermedades comunes pero mortales en aquel entonces. La penicilina ha salvado más vidas que ningún otro medicamento en la historia.

PASO 2 Pónganse de acuerdo sobre cuál de estos tres inventos ha sido el más importante para la sociedad. Comuníquenle su elección y sus conclusiones al resto de la clase. ¿Cuál es la opinión de la mayoría? ¿Qué otros inventos han sido muy importantes también?

5-29 Hablemos claro.

PASO 1 Entrevístense y apunten en una hoja las respuestas de su compañero/a.

1. ¿Piensas trabajar en el campo de las bellas artes? ¿En cuál? ¿Por qué es atractiva la vida artística? ¿Qué retos asocias con la vida artística? ¿Qué artistas te inspiran profesionalmente? ¿Cómo facilita Internet la vida profesional de los artistas?

2. ¿Qué opinas de la relación entre los artistas y la publicidad (por ejemplo, los actores que salen en anuncios, los músicos que permiten el uso de su música, etc.)? ¿Qué anuncios de televisión te parecen creativos? ¿Y malos? En tu opinión, ¿crees que la publicidad creativa incita a comprar?

3. Las siguientes son características de las personas creativas: curiosidad intelectual, tolerancia para la ambigüedad, perseverancia, capacidad de manejar un gran número de ideas relacionadas entre sí, sensibilidad, osadía, motivación intrínseca. ¿Tienes tú todas o algunas de estas características?

PASO 2 Escribe unas líneas sobre las semejanzas y/o diferencias entre tu compañero/a y tú, usando detalles específicos de la entrevista. Después, comparte tus ideas con él/ella. ¿Está de acuerdo contigo tu pareja? Prepárate para compartir los resultados con la clase.

Gramática

III. El imperfecto de subjuntivo y la secuencia de tiempos

Recall from Chapter 4 that in Spanish, the subjunctive mood is used in a subordinate clause to express events that are outside the speaker's realm of knowledge or experience. As you learned in Chapter 4, when the timeframe for these events is the present, the *present subjunctive* is used. When the timeframe is the past, however, the *past subjunctive* (or *imperfect subjunctive*) must be used.

No creo que **sea** buena idea.	*I don't think* (that) *it is* a good idea.
No creía que **fuera** buena idea.	*I didn't think* (that) *it was* a good idea.

A. El imperfecto de subjuntivo: formación

¡AHORA TÚ!

Complete 5-8 in MySpanishLab to practice these concepts.

All past subjunctive forms are based on **ellos** forms of the preterit. Refer back to Chapter 2 to review these preterit forms. The third-person plural ending -**ron** is dropped and replaced by the past subjunctive ending -**ra**.[1] All **nosotros/as** forms of the past subjunctive require a written accent mark.

hablar → *habla**ron***: hablara, hablaras, hablara, habláramos, hablarais, hablaran

comer → *comie**ron***: comiera, comieras, comiera, comiéramos, comierais, comieran

vivir → *vivie**ron***: viviera, vivieras, viviera, viviéramos, vivierais, vivieran

- Any irregularities in the **ellos** forms of the preterit also appear in the past subjunctive. Recall from Chapter 2 that these irregularities include the following:

  a. When the stem of an -**er** or -**ir** verb ends in a vowel, -**ieron** becomes -**yeron** in the preterit. This same change appears in the past subjunctive.

  l**e**er → le*y*eron: le*y*era, le*y*eras, le*y*era, le*y*éramos, le*y*erais, le*y*eran

  b. -**ir** verbs with a stem-change in the preterit (**e → i, o → u**) have the same stem-change in the past subjunctive.

  pedir → *p**i**dieron*: p**i**diera, p**i**dieras, p**i**diera, p**i**diéramos, p**i**dierais, p**i**dieran

  morir → *m**u**rieron*: m**u**riera, m**u**rieras, m**u**riera, m**u**riéramos, m**u**rierais, m**u**rieran

¡AHORA TÚ!

Complete 5-9 in MySpanishLab to practice these concepts.

- Verbs with irregular or "strong" stems in the preterit show these same stems in the past subjunctive.

  haber[2] → *hub**ieron***: hubiera, hubieras, hubiera, hubiéramos, hubierais, hubieran

  hacer → *hic**ieron***: hiciera, hicieras, hiciera, hiciéramos, hicierais, hicieran

  tener → *tuv**ieron***: tuviera, tuvieras, tuviera, tuviéramos, tuvierais, tuvieran

  ser → *fueron*: fuera, fueras, fuera, fuéramos, fuerais, fueran

  decir → *dijeron*: dijera, dijeras, dijera, dijéramos, dijerais, dijeran

---

[1]An alternative past subjunctive ending is -**se**: **habla**se**, habla**se**s, habla**se**, hablá**se**mos, habla**se**is, habla**se**n.** The -**se** ending tends to be more formal and literary than -**ra** and is used more commonly in Spain than elsewhere.

[2]In the past subjunctive, the full paradigm of **haber** is used, as will be practiced in Chapter 6.

B. El imperfecto de subjuntivo: uso

You learned in Chapter 4 that in Spanish, the subjunctive mood is used in a subordinate clause dependent on a main clause that: 1) typically has a *different subject*, and 2) expresses *subjectivity* (influence, doubt, emotion, unknown entities, unknown events, or interdependent events). This subjectivity requires the use of the subjunctive mood in the subordinate clause.

El editor **esperaba** que el autor **escribiera** otra buena novela.	*The editor **hoped** (that) the author **would write** another good novel.*
El autor **buscaba** un tema que le **inspirara**.	*The author searched for a topic that **would inspire/inspired** him.*
A fin de que el autor **empezara a escribir** algo, el editor le **dio** un pago adelantado.	*So that the author **would begin to write** something, the editor **gave** him an advance payment.*

C. La secuencia de tiempos

In Spanish, a *sequence of tenses* (or *agreement of tenses*) generally applies, where two related clauses must be in the same timeframe, whether in the present/future or the past. For example, when the timeframe for a main clause that triggers the subjunctive is the present tense, the future tense, or a command, the subordinate clause requires the *present subjunctive*. When the main clause timeframe is the past tense, whether in the preterit or the imperfect, the subordinate clause requires the *past subjunctive*.

Present subjuntive:

La jefa **pide** que **asistas**.	*The boss **requests** that **you attend**.*
La jefa **pedirá** que **asistas**.	*The boss **will request** that **you attend**.*
Dile a tu colega que **asista**.	*Tell your colleague that **s/he (must) attend**.*

Past subjuntive:

La jefa **pidió** que **asistieras**.	*The boss **requested** that **you attend**.*
La jefa **pedía** que **asistieras**.	*The boss **used to request** that **you attend**.*

■ The past subjunctive is always used after the expression **como si** (*as if, as though*).

¡Mi colega actúa como si **fuera** jefe!   *My colleague acts as if **he were** boss!*

■ The past subjunctive rarely appears in a main clause, except when this begins with **ojalá (que)** (*I wish, if only*).

¡Ojalá (que) **tuviéramos** algunas ideas!   *I wish (that)/If only **we had** some ideas!*

■ A few verbs (**querer, poder, deber**) are used in the past subjunctive in a main clause to make polite requests or statements.

Quisiéramos dos entradas para el concierto, por favor.	***We would like** two tickets for the concert, please.*
¿**Pudieras** ayudarme?	***Could/would you** help me?*
Debieras seguir tu instinto.	***You should** follow your instinct.*

En contexto

Hoy en día, también las mujeres estudian ingeniería.

5-30 **Las profesiones de los hijos.** Es inevitable que los padres piensen en las profesiones futuras de sus hijos, pero las ideas típicas de los padres del pasado son diferentes de las del presente.

[e] **PASO 1** Escoge las dos cláusulas subordinadas de la lista que puedan completar cada oración, respetando la secuencia de tiempos.

1. Hace unos cincuenta años, los padres **creían que**… _____, _____
2. Hace unos cincuenta años, los padres **querían que**… _____, _____
3. Hoy en día, los padres **creen que**… _____, _____
4. Hoy en día, los padres **quieren que**… _____, _____

   a. sus hijos **sean** médicos, abogados, ingenieros o ejecutivos empresariales.
   b. sus hijos varones (*male*) **obtuvieran** un puesto de trabajo estable y respetable.
   c. sus hijas **no necesitaban** una educación universitaria.
   d. todos sus hijos, varones y mujeres, **se beneficiarán** de una educación superior.
   e. sus hijas **se casaran** después de la escuela secundaria.
   f. sus hijos **no deben empezar** a tener una familia a la edad de veinte años.
   g. sus hijos **trabajarían** para la misma empresa durante toda su vida laboral.
   h. todos sus hijos **se sientan** felices y realizados en su vida profesional.

PASO 2 ¿Qué opinan de las ideas expresadas en el **Paso 1**? ¿Creen que las ideas sobre el pasado son ciertas? ¿Y las ideas sobre el presente? Hagan los cambios necesarios para expresar lo que ustedes opinan. Prepárense para compartir sus ideas con la clase.

[e] **5-31** **El jefe de Cristina.** Escucha una serie de cláusulas subordinadas sobre el jefe que tenía Cristina en su último puesto de trabajo. Presta especial atención a las formas verbales e indica qué cláusula principal se necesita al comienzo de cada una de ellas.

1. _____   a. Mi jefe creía…
2. _____   b. Mi jefe no quería…
3. _____
4. _____
5. _____
6. _____

CONCLUSIÓN: ¿Qué afirmación(es) a continuación es/son cierta(s) sobre esta empleada?

☐ Trabajaba en un ambiente tradicional.   ☐ Tenía un jefe serio e inflexible.
☐ Trabajaba en una oficina sin compañeros.   ☐ Se sentía libre en su trabajo.

5-32 **Start-Up Chile y Art Sumo.** Según Juan Andrés Fontaine, el Ex Ministro de Economía de Chile, "En vez de cambiar el mundo a través de revolución, podemos cambiar el mundo a través de innovación". Esta idea inspiró el programa Start-Up Chile y unas doscientas empresas nuevas.

 PASO 1 Completa cada oración o con el imperfecto de subjuntivo o con el infinitivo del verbo entre paréntesis.

A. En el 2010, el Gobierno de Chile creó el programa Start-Up Chile para extranjeros, **a fin de que** la población chilena…

1. _____ (desarrollar) una perspectiva más global, como país geográficamente aislado.
2. _____ (volverse) menos adversa al riesgo económico.
3. _____ (entrar) en contacto con emprendedores de todo el mundo.

B. Con un presupuesto de cuatro millones de dólares durante cuatro años, Start-Up Chile empezó a otorgar capital a solicitantes (*applicants*) internacionales **a condición de que** ellos…

4. _____ (vivir) en Chile por un mínimo de seis meses.
5. _____ (dar) presentaciones relacionadas con su industria.
6. _____ (contratar) personal local.

C. Un solicitante exitoso fue el ingeniero Naysawn Naderi, quien dejó su puesto de trabajo en Microsoft para lanzar Art Sumo a través de Start-Up Chile. Naderi **deseaba**…

7. _____ (apoyar) a pintores talentosos pero desconocidos de países en vías de desarrollo.
8. que estos pintores _____ (tener) un foro en Internet donde exhibir y posiblemente vender sus pinturas en el mercado internacional.
9. que los aficionados del arte en todo el mundo _____ (poder) ver las pinturas y comprarlas a precios razonables.

PASO 2 Conversen sobre los siguientes temas.

1. Según el Gobierno de Chile, la meta final de Start-Up Chile "es convertir a Chile en el polo de innovación y emprendimiento de América Latina." ¿Creen que es posible mejorar el nivel de creatividad e innovación de una población con una iniciativa económica y cultural de este tipo? Expliquen sus respuestas.
2. Ahora existen varios programas semejantes: Start-up América, Start-up Gran Bretaña, Start-up Grecia y Start-up Italia. ¿Mandarían una propuesta a Start-up Chile u otro programa? ¿A cuál? ¿Por qué? ¿En qué consistiría la propuesta?
3. ¿Tienen interés en ver pinturas en Art Sumo? ¿Comprarían alguna pintura a través de Art Sumo? ¿Por qué?

 5-33 Siempre de manera creativa.

PASO 1   Imaginen el caso de un/a colega ultra creativo/a que trabaja en un entorno de trabajo común y corriente. Escriban por lo menos tres oraciones para describir sus acciones, usando verbos diferentes seguidos de **como si.** Algunas ideas aparecen a continuación.

- cantar por los pasillos
- comportarse
- decorar (su oficina, etc.)
- hablar (con sus colegas, el/la jefe/a, los clientes, etc.)
- vestirse
- ¿…?

MODELO: *Nuestra colega se viste **como si** trabajara para el circo.*

 PASO 2   Ahora júntense con otra pareja y escuchen sus oraciones. Después de cada oración, respondan "¡Quisiera verlo!" o "No quisiera verlo". Después, contesten: ¿En qué se basaron ustedes para escribir sus oraciones, en la imaginación, o en la experiencia? ¿Conocen a alguien como la persona descrita en el **Paso 1**?

Gramática

 ## IV. Las cláusulas con *si* para expresar situaciones habituales, probables o hipotéticas

An *"if" clause* begins with the word **si** (*if*) and states a condition. As a dependent clause, it must be paired with an independent or *resultant clause* to form a complete sentence, regardless of which clause is ordered first. There are three types of situations conveyed by "if" clauses using simple tenses: habitual, probable, or hypothetical (or improbable, contrary-to-fact).

Si **me siento** cansado, **doy** un paseo.	*If (When)* **I feel** tired, **I take** a walk.
Doy un paseo si **me siento** cansado.	*I take a walk if (when)* **I feel** tired.
Si **me siento** cansado mañana, **voy a dar/daré** un paseo.	*If* **I feel** tired tomorrow, **I am going to/will take** a walk.
Voy a dar/Daré un paseo si **me siento** cansado mañana.	*I am going to/will take a walk if* **I feel** tired tomorrow.
Si **me sintiera** cansado, **daría** un paseo.	*If* **I felt** tired, **I would take** a walk.
Daría un paseo si **me sintiera** cansado.	*I would take a walk if* **I felt** tired.

Formación y uso

In Spanish, an "if" clause and a resultant clause together must respect the sequence of tenses described and illustrated by the examples above.

■ To express a *habitual* condition and result, whether in the present or the past timeframe, the *indicative* is used in both the "if" clause and the resultant clause.

Si **escucho** música, **trabajo** mejor.	*If (When)* **I listen** to music, **I work** better.
Si **tenía** tiempo, **iba** a conciertos de jazz.	*If (When)* **I had** time, **I went** to jazz concerts.

- To express a *probable* (or possible) condition and result (in other words, a situation that may or can still occur), again, the *indicative* is used in both the "if" clause (in the present tense) and the resultant clause (in the present tense, future tense, or command form).[3]

Si **escucho** música, **voy a trabajar/ trabajaré** mejor.	If **I listen** to music, **I am going to/will work** better.
Si la música **está** demasiado alta, por favor, **dímelo.**	If the music **is** too loud, please **tell me.**

- To express a *hypothetical* (or improbable) condition and result (i.e., a situation that is contrary-to-fact or most likely will or would not occur), the *past subjunctive* is used in the "if" clause and the *conditional tense* is used in the resultant clause.

Si **trabajara** para esa empresa, **haría** proyectos más interesantes.	If **I worked** for that company, **I would do** more interesting projects.
Si **fuéramos** millonarios, no **tendríamos que trabajar.**	If **we were** millionaires, **we wouldn't have to work.**

> **¡AHORA TÚ!**
>
> Complete 5-10 in MySpanishLab to practice these concepts.

En contexto

5-34 Javier Santamaría, joven pintor colombiano. Javier Santamaría es uno de los artistas cuyas pinturas aparecen en Art Sumo. Primero, decide qué cláusula es apropiada y lógica para completar cada oración. Después, indica si la oración expresa una situación **habitual (H), probable (P)** o **improbable (I),** según la perspectiva de Javier.

	H	P	I
1. Si **tengo** tiempo, … _____	☐	☐	☐
2. Si mis pinturas **se venden** a través de Art Sumo, … _____	☐	☐	☐
3. Si Art Sumo **quiere mostrar** otras pinturas mías en el futuro, … _____	☐	☐	☐
4. Si **pudiera ganar** suficiente dinero como pintor, … _____	☐	☐	☐
5. Si mis pinturas **llegaran a ser** reconocidas a nivel internacional, … _____	☐	☐	☐
6. Si **no tuviera** tanta imaginación, … _____	☐	☐	☐

a. **consideraré** la oferta seriamente.
b. mi arte **no sería** posible.
c. **pinto** todos los días.
d. **me pongo** contento.

e. **no tendría que hacer** otro tipo de trabajo.
f. las **vendería** a precios mucho más altos de doscientos dólares.

CONCLUSIÓN: ¿Qué afirmación(es) a continuación es/son cierta(s) sobre Javier?

☐ Es una persona imaginativa.
☐ Se gana la vida solo pintando.

☐ Es un pintor apasionado.
☐ Tiene un espíritu emprendedor.

---

[3]In Mexico and a few other Latin American countries, the present subjunctive may be used in an "if" clause: No sé si **vaya.** (*I don't know if/whether s/he is going.*)

e **5-35** **¿Habitual, probable o improbable?** Escucha las siguientes oraciones de una persona creativa y préstales especial atención a sus formas verbales. Después, indica si la oración se refiere a una situación **habitual (H)**, **probable (P)** o **improbable (I)**.

1. _____   3. _____   5. _____

2. _____   4. _____   6. _____

CONCLUSIÓN: ¿Qué afirmación(es) a continuación es/son cierta(s) sobre esta persona?

☐ Es ahora una novelista profesional.
☐ Es arquitecta de una gran empresa.
☐ Le gustaría ser una novelista profesional.
☐ Es actriz y viaja mucho.

¿Representan todas las películas una forma artística?

5-36 **Dos críticos de cine.** Raúl y su colega trabajan de críticos de cine en Los Ángeles.

e **PASO 1** En cada oración, usa la forma correcta del verbo entre paréntesis, en el presente de indicativo o el imperfecto de subjuntivo, según el contexto.

MODELO: Si *vas* al cine esta tarde, yo iré contigo.
           Si *fueras* al cine esta tarde, yo iría contigo.

1. Si yo _____ (poder) ir al cine esta tarde, te llamaré a las dos.
2. Si tú _____ (preferir), vamos a ver otra película después.
3. Si nosotros _____ (querer), podríamos contactar al director de la película para pedirle una entrevista.
4. Si (nosotros) lo _____ (conocer), sería aún más fácil.
5. Si el director no _____ (ser) tan famoso, estaría más disponible.
6. Si la película no _____ (ser) buena, me sorprenderá mucho.

PASO 2 ¿Qué opinan ustedes de la profesión de crítico de cine? ¿Leen las reseñas antes de ver una película? ¿Leen las de algún/a crítico/a en particular? ¿Normalmente están de acuerdo o no con las reseñas? ¿Es una profesión que les interesaría ejercer? ¿Por qué? Prepárense para compartir sus ideas con la clase.

5-37 **Situaciones profesionales.** ¿Qué harás o harías en varias situaciones profesionales?

PASO 1 Completa las oraciones, usando el presente de indicativo, el imperfecto de subjuntivo, el futuro o el condicional, según el contexto.

MODELO: Si yo pudiera trabajar con cualquier artista famoso/a, *trabajaría con Shakira.*

1. Yo me sentiré realizado/a profesionalmente si…
2. Si la creatividad no es un aspecto importante de mi trabajo, …
3. Si yo fuera artista y no ganara suficiente dinero, …
4. Si yo fuera un/a artista famoso/a y exitoso/a, …
5. Yo dejaría mi trabajo si…
6. Yo cambiaría de carrera si…

PASO 2 Compartan sus respuestas del **Paso 1.** ¿Tienen algunas ideas en común? ¿Y diferentes? Prepárense para compartir los resultados con la clase.

📖 Lectura literaria

Sobre el autor

Miguel de Unamuno (1864–1936) es uno de los escritores y filósofos españoles más conocidos. Pertenece a la Generación del 98, una generación de artistas españoles que reaccionaron ante la derrota de España en la guerra hispano-estadounidense en Cuba y las pérdidas de sus últimas colonias. Sus escritos reflejan un gran amor por España y también una fuerte crítica.

En su novela *Niebla* (1914), el autor juega con las características tradicionales de la novela e inventa la palabra *"nivola"* para abrir un espacio nuevo a su creatividad. En el fragmento que vas a leer, Unamuno es tanto un personaje de la novela, como su autor. Augusto, el protagonista de la novela, se sienta delante de Unamuno para hablar con su "autor".

Antes de leer

5-38 Los personajes literarios.

PASO 1 Empareja los personajes con los autores que los crearon.

1. _____ Don Quijote
2. _____ Romeo y Julieta
3. _____ Sherlock Holmes
4. _____ Heathcliff
5. _____ Tom Sawyer
6. _____ El doctor Jekyll y el señor Hyde

a. Emily Brontë
b. Arthur Conan Doyle
c. Mark Twain
d. Miguel de Cervantes
e. Robert Louis Stevenson
f. William Shakespeare

PASO 2 Lean la siguiente lista y piensen en ejemplos específicos para cada categoría.

1. novelas con continuaciones
2. series televisivas basadas en un personaje de otra serie televisiva
3. actores que se asocian siempre con un papel que interpretaron

Al leer

ESTRATEGIA AL LEER

Prestar atención a la caracterización de los personajes. Los mejores personajes literarios son seres complejos con caracteres bien desarrollados y a veces contradictorios. La caracterización permite que el aspecto físico, las palabras, las acciones y los pensamientos del personaje revelen su personalidad. Por ejemplo, si el lector observa a través de la novela que el personaje siempre dice la verdad aunque le cueste, y piensa mal de otros personajes que mienten, la honestidad es una parte de su carácter.

5-39 **Práctica con la caracterización.** En tu opinión, ¿qué comunican las siguientes citas acerca del carácter del personaje? Mientras vas leyendo el fragmento de *Niebla*, apunta en una hoja tus ideas.

1. Unamuno: "…le dije con la más dulce de mis voces…"
2. Unamuno: "…mi retrato al óleo que preside a mis libros…"
3. Augusto: "…mirándome con una sonrisa en los ojos…"
4. Augusto: "mire **usted** bien, **don** miguel…"
5. Unamuno: "…le interrumpí…"
6. Unamuno: "¡No, eso no! ¡Eso no! —le dije vivamente—."

—Pues bien: la verdad es, querido Augusto —le dije con la más dulce de mis voces—, que no puedes matarte porque no estás vivo, ni tampoco muerto, porque no existes…

— ¿Cómo que no existo? —exclamó.

being
—No, no existes más que como ente° de ficción: no eres, pobre Augusto, más que un producto de mi fantasía y de las de aquellos de mis lectores que lean el relato que de tus fingidas° venturas y malandanzas° he escrito yo; tú no eres más que un personaje de novela, o de *nivola*, o como quieras llamarle. Ya sabes, pues, tu secreto. 5

Al oír esto quedóse el pobre hombre mirándome un rato con una de esas miradas perforadoras que parecen atravesar la mira e ir más allá, miró luego un momento a mi retrato° al óleo° que preside a mis libros, le volvió el color y el aliento, fue recobrándose, se hizo dueño de sí, apoyó los codos en mi camilla, a que estaba arrimado° frente a mí, y, la cara en las palmas de las manos y mirándome con una sonrisa en los ojos, me dijo lentamente: 10

—Mire usted bien, don Miguel…, no sea que esté usted equivocado y que ocurra precisamente todo lo contrario de lo que usted se cree y me dice.

—Y ¿qué es lo contrario? —le pregunté, alarmado de verle recobrar vida propia. 15

—No sea, mi querido don Miguel —añadió—, que sea usted y no yo el ente de ficción, el que no existe en realidad, ni vivo ni muerto… No sea que usted no pase de ser un pretexto para que mi historia llegue al mundo…

—¡Eso más faltaba! —exclamé algo molesto.

—No se exalte° usted así, señor de Unamuno —me replicó—, tenga calma. Usted ha 20 manifestado dudas sobre mi existencia…

—Dudas, no —le interrumpí—; certeza absoluta de que tú no existes fuera de mi producción novelesca.

—Bueno, pues no se incomode tanto si yo a mi vez dudo de la existencia de usted y no de la mía propia. Vamos a cuentas: ¿no ha sido usted el que no una, sino varias veces, ha dicho 25 que Don Quijote y Sancho son no ya tan reales, sino más reales que Cervantes?

—No puedo negarlo, pero mi sentido al decir eso era…

—Bueno, dejémonos de esos sentires y vamos a otra cosa. Cuando un hombre dormido e inerte en la cama sueña algo, ¿qué es lo que más existe: él como conciencia que sueña, o su sueño? 30

—¿Y si sueña que existe él mismo, el soñador? —le repliqué a mi vez.

—En ese caso, amigo don Miguel, le pregunto yo a mi vez: ¿de qué manera existe él, como soñador que se sueña, o como soñado por sí mismo? Y fíjese, además, en que al admitir esta discusión conmigo me reconoce ya existencia independiente de sí.

—¡No, eso no! ¡Eso no! —le dije vivamente—. Yo necesito discutir, sin discusión no vivo y 35 sin contradicción, y cuando no hay fuera de mí quien me discuta y contradiga, invento dentro de mí quien lo haga. Mis monólogos son diálogos.

—Y acaso los diálogos que usted forje no sean más que monólogos…

—Puede ser. Pero te digo y repito que tú no existes fuera de mí…

—Y yo vuelvo a insinuarle a usted la idea de que es usted el que no existe fuera de mí y 40 de los demás personajes a quienes usted cree haber inventado. Seguro estoy de que serían de mi opinión don Avito Carrascal y el gran don Fulgencio…

—No mientes a ese…

—Bueno, basta; no le moteje usted. Y vamos a ver, ¿qué opina usted de mi suicidio?

—Pues opino que como tú no existes más que en mi fantasía, te lo repito, y como no 45 debes ni puedes hacer sino lo que a mí me dé la gana, y como no me da la real gana de que te suicides, no te suicidarás. ¡Lo dicho!

made-up,
misfortunes

portrait,
oil-painting

leaning

Don't get
upset

Después de leer

5-40 **La acción y la caracterización.** Pon estos eventos en el orden en que ocurren en el fragmento que acabas de leer.

_____ Augusto le pregunta a Unamuno qué opina de su intención de suicidarse.

_____ Augusto se espanta pero pronto recupera su confianza.

_____ Augusto le dice a Unamuno que él (Unamuno) también puede ser un ser ficticio.

_____ Unamuno le dice a Augusto que él (Augusto) es un personaje en una novela, nada más.

_____ Unamuno le dice a Augusto que no puede suicidarse porque él (Unamuno) no quiere que lo haga.

_____ Unamuno explica que inventa personajes para poder tener con quién discutir.

5-41 **Analizar los elementos literarios.** En grupos de tres, conversen sobre el significado de los siguientes elementos literarios en el fragmento de la novela.

1. ¿Qué paralelos hay entre un hombre dentro del sueño de otro hombre y un personaje literario y el autor? Otro gran escritor español, Pedro Calderón de la Barca, escribió una obra de teatro titulada *La vida es sueño*. ¿Qué significa eso? ¿Qué otras obras creativas conocen que tratan de las conexiones entre los sueños, la vida y la muerte?

2. Unamuno dice que "sin discusión no vivo y sin contradicción". ¿Cuál es el límite entre una conversación y una discusión? ¿A ustedes les gusta discutir? ¿Qué piensan de un hombre a quien le gusta discutir? ¿Y de una mujer? ¿Qué hacen cuando no están de acuerdo con lo que dicen sus profesores?

3. Algunos ven a Augusto como un desdoblamiento del autor; es decir, como la proyección de una parte interior de Unamuno. ¿En qué se parecen los dos personajes? En este fragmento hay una lucha por el control: primero Unamuno tiene control, luego Augusto le hace perder la calma, y al final Unamuno gana el control de nuevo. Si Augusto es un desdoblamiento de Unamuno, ¿qué representa esta lucha? ¿En qué situaciones hablan consigo mismos ustedes? ¿Por qué?

4. Si pudieran conversar con un personaje ficticio, ¿con quién hablarían? ¿Con qué autor/a les gustaría hablar y de qué? El "fanfic" es ficción escrita por los aficionados (*fans*). Por ejemplo, el fanfic de Star Trek sitúa a los personajes originales en historias nuevas. ¿Por qué creen que la gente escribe y lee fanfic? ¿De qué libro, película o serie televisiva escribirían ustedes?

Respetar el arte indígena

e **5-42** **Entender tu propia cultura.** Empareja los objetos con lo que simbolizan.

1. el Museo de Arte Moderno de Nueva York _____
2. las tumbas de los primeros presidentes de Estados Unidos _____
3. el vestido de novia de tu madre u otro objeto especial de ella _____
4. las prendas especiales de tu infancia, por ejemplo, tus primeros escarpines (*booties*) _____

a. Son símbolos de la historia de la familia.
b. Son símbolos de la historia de la nación.
c. Son símbolos de la historia tuya.
d. Son símbolos del arte y cultura del país.

Pregunta: ¿A qué precio venderías tú estos objetos?

ESTRATEGIA CULTURAL

A pocas personas les gustaría que otros compraran los artefactos de su cultura y su historia, pero muchos artefactos sacros de los indígenas se han usurpado. Al comprar arte indígena considera al menos dos cosas: 1) la fuente (¿Es una representación auténtica de algo que esa comunidad quiere vender?) y 2) el significado (¿Tiene algún uso sagrado o especial para esa comunidad?). Debemos apoyar a los artistas indígenas, pero con ética.

¿Está bien venderle a un museo europeo estas estatuas precolombinas que están en San Agustín, Colombia?

¿Crees que estas flautas las hicieron para venderlas?

 5-43 La competencia cultural en acción. En cada situación, describan qué se debe hacer.

1. Ustedes trabajan para un museo y están en México para comprar artesanías indígenas. En un mercado, una persona las vende a un precio muchísimo más bajo que las demás. ¿Qué preguntas deben hacerse a ustedes mismos? ¿Qué preguntas deben hacerle al vendedor?

2. Ustedes son los asistentes personales de dos actores famosos que quieren hacer un viaje para escaparse del ruido y descansar. Un amigo les contó sobre un centro turístico en Latinoamérica que ofrece programas de relajamiento basados en las prácticas de varias comunidades indígenas locales. ¿Cómo saben si es culturalmente adecuado (*appropriate*) o no lo que hace el centro turístico? ¿Cuáles son los riesgos para los actores si no lo es?

Antes de escuchar

Box

Rieles (*rails*)
Ideales para los trucos tipo *grind* en los que se desliza la patineta de diferentes maneras.

Hand-rail con gradas (*stairs*)
Ideal para el *boardslide*, un tipo de *grind*.

Quarter
Ideal para los *grabs*, como por ejemplo el *ollie*, y combinaciones aéreas.

Un *rider* disfruta realizando un truco.

5-44 ¿Cuánto sabes del patinaje?

e **PASO 1** Vas a escuchar los siguientes términos, pero primero consulta la imagen e indica si son obstáculos en un *skatepark* o si son trucos (mañas, maniobras) que se realizan con la patineta (la tabla).

	Obstáculo	Truco		Obstáculo	Truco
1. el *box*	☐	☐	5. las gradas	☐	☐
2. los rieles	☐	☐	6. el *kick flip*	☐	☐
3. deslizar	☐	☐	7. el *ollie*	☐	☐
4. la rampa *quarter*	☐	☐	8. combinación aérea	☐	☐

PASO 2 Completa las oraciones con tus ideas sobre el *skateboarding*. Después, compara tus ideas con las de tus compañeros/as.

1. [Me gusta / No me gusta] el *skateboarding* porque _____ .
2. El *skateboarding* es un deporte porque _____ .
3. El *skateboarding* es un arte porque _____ .
4. Cuando pienso en los *riders* pienso en _____ .
5. El grafiti de los *skateparks* [es / no es] arte porque _____ .

Al escuchar

5-45 Práctica con la jerga.

PASO 1 Lee la siguiente cita del podcast y después, selecciona todas las respuestas adecuadas. "En un *ollie*, te deslizas por la rampa *quarter*, llegas al borde, sales por arriba de la rampa y entonces agarras la tabla con las manos."

1. ¿Qué tipo de información contiene esta cita?
   a. Qué materiales hay que usar.   b. Cómo hacer algo.

2. ¿Qué palabras de la cita son de la jerga del *skateboarding*?
   a. un ollie   b. te deslizas   c. llegas   d. sales   e. la tabla   f. las manos

3. ¿En qué consiste el truco descrito?
   a. un movimiento simple   b. una combinación de movimientos

4. ¿Cuál es tu reacción a los términos en inglés?
   a. Los conozco.   c. Me facilitan la comprensión.
   b. No los conozco.   d. No me facilitan la comprensión.

PASO 2 Haz una lista de la jerga en inglés asociada con una actividad que sabes hacer muy bien. Pregúntales a algunos de tus compañeros si saben esas palabras. ¡Verás que a veces ni siquiera sabemos la jerga de nuestra lengua nativa!

5-46 Escuchar a un *rider*. Mientras vas escuchando el podcast indica si las siguientes oraciones son ciertas o falsas. Después, corrige las falsas.

	Cierta	Falsa
1. La patineta rueda mejor sobre el asfalto.	☐	☐
2. Con el *box* se puede aprender a hacer maniobras básicas.	☐	☐
3. Los trucos de *grind* son más difíciles en los rieles que en un *hand-rail* con gradas.	☐	☐
4. Los rieles le dan mucho impulso al *rider*.	☐	☐
5. El *kick flip* consiste en un giro completo de la tabla debajo de los pies.	☐	☐
6. Los trucos se pueden combinar para hacer maniobras cada vez más complicadas.	☐	☐

Después de escuchar

5-47 Las instalaciones deportivas en su universidad.

PASO 1 Un grupo de estudiantes quiere construir un *skatepark* en la universidad de ustedes. (Si ya existe un *skatepark*, quieren hacerlo más grande.) ¿Están a favor o en contra de la idea? ¿Por qué? Preséntenle sus ideas a la clase. Al final, determinen cuál es la opinión de la mayoría.

PASO 2 Algunas personas piensan que el dinero que las universidades invierten en sus instalaciones deportivas y programas atléticos estaría mejor invertido en la enseñanza y otros aspectos académicos. Preparen una lista de razones a favor de ambos puntos de vista. ¿Qué lista de razones les convence más?

ESTRATEGIA AL ESCUCHAR

Entender la jerga. Un experto suele usar mucha jerga técnica cuando habla del asunto que conoce detalladamente. En vez de perderte en los términos específicos que no sabes, intenta entender la lógica de las oraciones o los párrafos. Por ejemplo, si describen los materiales necesarios para hacer una actividad, probablemente los términos específicos sean nombres de herramientas. Por otro lado, si explica cómo se hace algo es posible que los términos específicos sean verbos. Recuerda que un podcast se puede escuchar las veces que sean necesarias para entender la jerga.

ACTIVIDADES CULMINANTES

 ## La investigación por Internet:
Mensajes positivos sobre creatividad

5-48 **¡Ánimo!** Durante el proceso creativo, es posible sentirse frustrado, aislado o perdido. Los mensajes positivos nos animan durante los momentos difíciles.

PASO 1 Explora varios servicios de fotos (Flickr, Instagram, etc.) y de videos (YouTube, Vimeo, etc.), usando combinaciones de términos de búsqueda en español (por ejemplo, busca "naturaleza, Puerto Rico"). Escoge una imagen o un video que te parezca especialmente atractivo o creativo. ¿Por qué te gusta? ¿Qué aspectos en particular te llaman la atención? Apunta en una hoja tus respuestas.

PASO 2 Analiza la sección de comentarios asociada con la imagen o el video que escogiste en el **Paso 1**. ¿Hay comentarios? Si los hay, ¿son positivos, negativos o una combinación de los dos? Si fueras el/la artista, ¿cómo te harían sentir esos comentarios? ¿Cómo te haría sentir el no recibir ningún comentario?

PASO 3 Ahora escribe tú un mensaje positivo para ese/a artista. Considera tus respuestas para los **Pasos 1** y **2** como base de tu mensaje positivo. ¿Qué quieres comunicarle? Prepárate para compartir con la clase tanto la imagen o el video como tu mensaje positivo. Después, considera compartir tu mensaje positivo con el/la artista mismo/a, en la sección de comentarios.

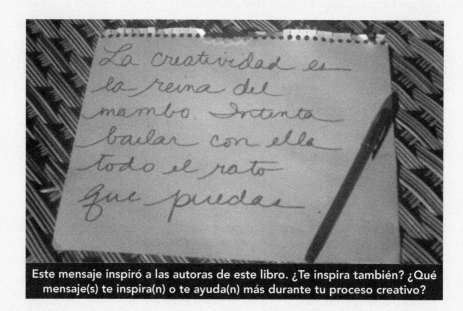

Este mensaje inspiró a las autoras de este libro. ¿Te inspira también? ¿Qué mensaje(s) te inspira(n) o te ayuda(n) más durante tu proceso creativo?

📖 La expresión escrita:
Escribir para crear e imaginar

La escritura creativa, ya sea de ficción o no, le permite al/a la autor/a explorar su creatividad e imaginación. Incluye varios géneros dentro de la literatura, en especial, la novela, el cuento y la poesía, así como la escritura dramática para el teatro, el cine o la televisión. En su definición más amplia, la escritura creativa se interpreta como la creación de toda composición escrita original y surge de la necesidad humana de expresarse, recordar y hacer recordar ideas y/o experiencias significativas.

Antes de escribir

5-49 **Crear poemas colectivos en verso libre.** El verso libre es una forma de poesía sin pautas de rima y metro. Sin embargo, puede contener ciertos elementos (por ejemplo, el uso de comas o de palabras y/o frases repetidas) para darle al poema un sentido de estructura.

PASO 1 Escribe en una hoja el comienzo del primer verso, a saber: *Yo caminaría una milla…* Termina la frase a tu manera.

PASO 2 Formen un círculo de cinco o seis personas. Pásenle su hoja a la persona que tienen a la derecha. Lean el primer verso de ese poema y escriban el segundo verso. Sigan pasando las hojas hacia la derecha, hasta que cada persona del grupo haya escrito un verso de cada poema.

PASO 3 Ahora lee el poema colectivo que tú empezaste. Haz correcciones y/o cambios como creas necesario. Si quieres, escribe un último verso para concluir el poema colectivo. Después, escucha los diversos poemas de varios voluntarios y piensa en las siguientes preguntas, para contestar al final de las presentaciones.

1. Todos los poemas colectivos comenzaron de la misma manera. Cuando están terminados, ¿son semejantes o diferentes los poemas? ¿Por qué crees que es así?
2. Todos los poemas colectivos están escritos en verso libre. En tu opinión, ¿parecen ser poemas o no? ¿Por qué?
3. ¿Hay elementos que se repiten dentro de cada poema? Aparte del comienzo semejante, ¿hay elementos que se repiten a lo largo de todos los poemas?

Al escribir

ESTRATEGIA AL ESCRIBIR

"Apagar" tu juez interno. Todos tenemos "un juez interno" que monitorea, edita y/o juzga la escritura o el trabajo en general. Este juez interno desempeña un papel importante en la revisión de la escritura. Sin embargo, durante el proceso de creación, puede afectar de manera negativa la imaginación y el flujo de ideas creativas. Intenta apagar o suprimir tus pensamientos críticos a la hora de escribir con creatividad.

5-50 **Una viñeta.** Una viñeta es un pasaje creativo breve que comunica un cierto tono (*mood*), y se enfoca en un momento, escenario, objeto o personaje. Algunos ejemplos son los poemas, los blogs, las entradas de diarios personales, las descripciones y los monólogos. Vas a escribir una viñeta sobre algo de interés personal que te inspire la imaginación y la creatividad. Redacta primero un esquema. A continuación se ofrecen algunas sugerencias para ayudarte a comenzar.

- Empieza con una sola palabra; luego apunta otras palabras asociadas que te pasen por la mente.
- Escoge una palabra o una selección de ellas como tema central.
- Escoge el formato más apropiado según tu tema o simplemente tu preferencia (por ejemplo, un poema, un blog, etc.).
- Escribe tu viñeta, ¡con tu "juez interno" apagado!

5-51 **Tu viñeta.**

PASO 1 Escribe el primer borrador de tu viñeta. Sigue tu esquema de la actividad previa, pero redacta las partes en el orden que te parezca más natural.

 PASO 2 Intercambien sus borradores. Léanlos con cuidado y escriban comentarios y/o preguntas para mejorarlos. Después, tomen en cuenta los comentarios y/o preguntas de su pareja y hagan las revisiones. Finalmente, entréguenle su versión final a su profesor/a.

Después de escribir

5-52 **A compartir.** Después de recibir las últimas correcciones y comentarios de tu profesor/a, investiga maneras de compartir tu viñeta con un público más amplio. Podría ser a través de tu propia página web, por Facebook o por algún foro relacionado con tu clase de español.

📖 La expresión oral:
Hablar para crear e imaginar

Tanto el habla creativa como la escritura creativa tienen como propósito el explorar y expresar la creatividad y la imaginación. La diferencia está en la transmisión. Al hablar de manera creativa, hay un énfasis en el tono creado por el/la hablante. Puede ser un tono serio, cómico, irónico, optimista, didáctico, etc. El habla creativa pinta una imagen clara e interesante de un lugar, persona, objeto o evento para captar y mantener la atención del/de la oyente.

A. El habla interpersonal: Intercambios

5-53 **Improvisar.** Al realizar los siguientes *role-plays*, no se olviden de las ideas sobre el tono verbal.

 PASO 1 Túrnense para representar cada papel en las dos situaciones.

Situación 1

Persona A: Anoche saliste en una cita y pasaron varias cosas cómicas y raras. Ahora estás con la persona B, un/a buen/a amigo/a tuyo/a, conversando en un café. Sabes que él/ella no salió anoche. Pregúntale lo que hizo en casa y pídele detalles.

Persona B: Anoche no tuviste nada que hacer y además estabas muy cansado/a. Por eso decidiste quedarte en casa viendo una película, la cual te gustó mucho. Ahora estás con la persona A, un/a buen/a amigo/a tuyo/a, conversando en un café. Sabes que él/ella salió en una cita anoche. Pregúntale sobre la experiencia y pídele detalles sobre todo lo que pasó.

Situación 2

Persona A: Trabajas para una empresa que promociona las giras de conciertos de varios grupos musicales latinos. Se aproxima una gira para la que tu compañero/a de trabajo pidió una gran cantidad de camisetas (*t-shirts*) y encima, se imprimieron con información y fechas incorrectas. Te reúnes ahora con tu compañero/a de trabajo para hacer una lluvia de ideas y crear un plan concreto de acción para lidiar con la situación.

Persona B: Eres el/la compañero/a de trabajo de la persona A. Te sientes molesto/a porque tu colega nunca te pidió que revisaras el diseño de las camisetas para la próxima gira de unos clientes y ahora hay errores en la información impresa. Te reúnes ahora con tu compañero/a de trabajo para hacer una lluvia de ideas y crear un plan concreto de acción para lidiar con la situación.

PASO 2 Ahora algunos voluntarios harán los *role-plays* con una pareja nueva, delante de la clase. La clase va a analizar qué pasó durante cada interacción, qué tono se estableció y cómo se estableció.

B. El habla de presentación: Un relato oral

Antes de presentar

5-54 **Hablar para crear y entretener.** Vas a contar un relato oral en clase. Los relatos orales tienen una larga tradición. Los hay de ficción o de no ficción. Mantienen vivas las historias nacionales, familiares y personales, muchas veces enseñan moralejas y son la base de nuestro entretenimiento. Típicamente son narraciones creativas que incluyen un inicio, el desarrollo de una acción central, un conflicto, un clímax y un desenlace. También suelen contener mucha repetición y exageración para que sean memorables.

 PASO 1 Desde 1997 el arte de contar relatos orales personales verdaderos y sin apuntes ha vuelto a ganar mucho interés en varias ciudades de Estados Unidos, con la ciudad de Nueva York a la cabecera a través de la organización sin fines de lucro The Moth. Es posible escuchar relatos orales por podcast, en YouTube y durante The Moth Radio Hour en varias emisoras de la Radio Pública Nacional (en inglés, NPR). Busca y escucha en Internet ejemplos de relatos orales.

PASO 2 Planea tu propio relato oral. Puede ser verdadero o no. Debe ser breve y durar de tres a cinco minutos. Usa fichas (*index cards*) con apuntes como referencia pero no leas oraciones enteras directamente de ellas. Toma en cuenta lo siguiente y practícalo antes de presentar tu relato.

- El tipo de tono que quieres crear en el relato y cómo lo vas a crear
- El inicio del relato, en el que estableces los personajes y el escenario (el lugar y el tiempo)
- El desarrollo de la acción, con algún conflicto, problema o complicación
- El clímax de la situación, seguido del desenlace o resolución

Después de presentar

5-55 **¡A votar!** Después de escuchar los relatos orales, la clase va a votar por el que le haya parecido: 1) el más creativo y 2) el que más merezca recordarse. ¿Qué relato tiene el mayor número de votos en cada categoría?

El servicio comunitario:
La accesibilidad del arte en Internet

 5-56 **¿Es accesible a todos el arte en Internet?** Las personas ciegas o con baja visión usan programas que leen la información que aparece en la pantalla. Pero esos programas solamente leen palabras; no pueden "leer" imágenes.

PASO 1 Busquen en Internet la impactante pintura *Guernica*, de Pablo Picasso. Cada persona del grupo debe escribir una descripción de una sección del cuadro. Luego junten sus descripciones para tener una descripción lógica y completa. Añadan otra información que le permitiría entender la totalidad del cuadro a una persona ciega o con baja visión. Un grupo presentará su descripción. Los demás grupos le darán sugerencias basándose en sus descripciones para tener una sola descripción con lo mejor de todas.

PASO 2 Publiquen su descripción en Internet para que este cuadro sea accesible a todos. Sigan los siguientes pasos.

- Hagan una entrada en un blog ya existente o creen una página web nueva.
- Suban una copia de la imagen.
- Escriban un título para la imagen con el nombre del cuadro, el pintor y el año.
- Copien y peguen su descripción en el lugar del texto alternativo (*alt text*) para la imagen. (Busquen en Internet cómo añadir el texto alternativo en el programa que estén usando.)

 5-57 **Reflexionar.** Comenten las siguientes preguntas.

1. **¿Qué?** ¿Cuál es la importancia del arte visual en la vida de los seres humanos? ¿Por qué es importante lo que acaban de publicar? ¿Es fácil describir con palabras una obra de arte?
2. **¿Y qué?** Piensen en otras obras de arte que les gustaría describir en texto alternativo. ¿En qué se debe basar la selección de las obras? ¿Deben ser de artistas latinos? ¿Deben ser de artistas del estado donde viven? ¿Qué otros criterios son posibles?
3. **¿Ahora qué?** Busquen información sobre las agencias que posiblemente trabajan con personas ciegas hispanohablantes e infórmenles sobre su proyecto. Busquen información en Internet sobre los museos y galerías de arte de su universidad. ¿Incluyen sus imágenes texto alternativo? ¿Podrían ustedes proveerles el texto alternativo?

Resumen de vocabulario

Parte 1: El ámbito personal

Sustantivos	Nouns	Adjetivos	Adjectives
la conjetura	conjecture, speculation	creativo/a	creative
la creatividad	creativity	imaginario/a	imaginary
la imaginación	imagination	imaginativo/a	imaginative
la inspiración	inspiration	inspirado/a	inspired

Verbos	Verbs
componer	to compose
emprender	to undertake, embark (up)on
ensayar	to rehearse
esbozar	to sketch, outline
filmar, rodar (ue)	to film
predecir (i, i)	to predict

Parte 2: El ámbito profesional

Sustantivos	Nouns	Verbos	Verbs
la ambigüedad	ambiguity	entretener (ie)	to entertain
el/la emprendedor/a, el/la empresario/a	entrepreneur	innovar	to innovate
		lidiar (con)	to deal (with)
el emprendimiento	entrepreneurship	otorgar	to award, grant
la innovación	innovation	promocionar	to promote
la osadía	audacity, daring, boldness		
la perseverancia	perserverance	**Adjetivos**	**Adjectives**
el presupuesto	budget	emprendedor/a	entrepreneurial
la propuesta	proposal		
el riesgo	risk		

El aprendizaje de por vida

6 CAPÍTULO

META COMUNICATIVA
Analítica: Analizar y evaluar

FUNCIONES COMUNICATIVAS
Comunicarse para dar un análisis
Comunicarse para evaluar
Relatar acontecimienos completados
   antes que otros
Expresar situaciones hipotéticas

GRAMÁTICA
Los participios pasados con **ser**
   (la voz pasiva) y **estar** (una
   condición resultante)
El presente perfecto de indicativo y
   de subjuntivo
El pasado perfecto (el
   pluscuamperfecto) de indicativo
   y de subjuntivo
El futuro perfecto, el condicional
   perfecto y más sobre las
   cláusulas con **si**

CULTURAS
Lecturas:
   Página web en Internet: Portada
      virtual de una biblioteca
      nacional (Varios países)
   Lectura literaria: "Los paraísos
      más económicos del
      Caribe...", por Ernesto
      Cardenal (Nicaragua)

Podcast:
   "El sistema educativo", por Ben
      Curtis y Marina Diez en *Notes
      in Spanish, Advanced* (España)

Video cultural:
   Ser bilingüe te abre muchas puertas
      (Estados Unidos)

Competencia cultural:
   Desarrollar tu competencia global
   Abogar por las familias
      hispanohablantes

El servicio comunitario:
   Las oportunidades para el
      voluntariado en las escuelas
      (Tu comunidad)

235

Explorando el tema

Pregunta: ¿Por qué aprender un segundo idioma?

Los estudios demuestran que aprender un segundo idioma tiene numerosos beneficios.

- Se asocia con mejores *resultados* en los exámenes ACT y SAT.
- Se asocia con notas más altas en la universidad.
- *Aumenta* la concentración y la capacidad de ignorar distracciones.
- Aumenta la habilidad de resolver problemas.
- Mejora la memoria.
- En las ciencias, *facilita* la tarea de *desarrollar* hipótesis.
- Le ayuda a uno a entender mejor su primer idioma.
- Resulta en una actitud más positiva hacia las personas que hablan ese idioma nativamente.
- *Retrasa* los síntomas de Alzheimer.

¿Cuántas palabras escritas en la pizarra reconoces?

6-1 **Práctica con el contexto.** Las siguientes palabras están en letras itálicas en la lista anterior. Empareja las palabras con las descripciones.

1. el resultado _____
2. aumentar _____
3. facilitar _____
4. desarrollar _____
5. retrasar _____

a. crecer, dar mayor extensión a algo
b. posponer, no avanzar
c. exponer o discutir con orden y amplitud
d. hacer fácil o posible la ejecución de algo
e. el efecto o la consecuencia de algo

6-2 **Beneficios de estudiar un segundo idioma.**

PASO 1 Consideren las siguientes preguntas: ¿Qué beneficios presentados en la lista anterior han experimentado ustedes? ¿Qué otros beneficios han notado?

PASO 2 Seleccionen dos conceptos o dos actividades de la lista a continuación. Describan de qué manera los beneficia el estudio de un segundo idioma. Después, preséntenle sus ideas a la clase. ¿En qué conceptos o actividades se enfocó la mayoría? ¿Por qué?

- la autoestima
- la comunicación
- la tolerancia para los errores
- la empatía
- las relaciones interpersonales
- el empleo
- los viajes
- ¿otro?

PASO 3 ¿Cómo aprendió un segundo idioma su profesor/a y cómo le ha beneficiado? Preparen tres preguntas específicas para su profesor/a. Después de escuchar sus respuestas, indiquen qué tienen ustedes en común con él/ella.

6-3 **Meta desafiante.** Los beneficios de aprender un segundo idioma son muchos, pero no es una meta fácil de alcanzar. Piensa en tus experiencias con el aprendizaje del español y completa en una hoja la siguiente carta breve enviada a un/a estudiante principiante para animarlo/a y guiarlo/a.

Estimado/a estudiante principiante de español:

Te animo a que sigas con el español porque _____ .

Según mis experiencias, deberías _____, pero no deberías _____ .

Estudiar español vale la pena porque _____ .

Un saludo muy cordial de un/a estudiante de español del nivel [intermedio / avanzado],

[Tu firma] _____

🔊📖 Vocabulario

Sustantivos	**Nouns**
la autoestima	*self-esteem*
el cinismo	*cynicism*
la empatía	*empathy*
el fracaso	*failure*
la meta	*goal*
el refrán	*saying, proverb*

Verbos	**Verbs**
animar	*to encourage*
cometer un error	*to make a mistake*
desarrollar	*to develop*
recuperar(se)	*to recover, retrieve*
sobresalir	*to stand out, excel*
trasnochar	*to pull an all-nighter, stay up all night*

Adjetivos	**Adjectives**
enriquecedor/a	*enriching*
principiante	*beginner*
sobresaliente	*outstanding, brilliant*

Para refrescar la memoria

actual	*current, present (-day)*
alguna vez	*ever, at some time*
avanzado/a	*advanced*
desafiante	*challenging*
el éxito	*success*
el intercambio	*exchange*
intermedio/a	*intermediate*

En contexto

6-4 Tus cursos de este semestre.

PASO 1 Entrevístense sobre qué cursos toman este semestre y en qué orden los ponen (1= el nivel más alto, etc.), según los distintos criterios a continuación. Expliquen sus respuestas.

Cursos	Nivel de dificultad	Nivel de interés estimulado	Número de estudiantes	¿Otro criterio?
1.				
2.				
etc.				

Estudiantes universitarios en Argentina

PASO 2 Escribe algunas conclusiones sobre las preferencias académicas de tu pareja. Tu profesor/a recogerá las conclusiones, pero leerá solo las de uno/a de ustedes. Después, los demás compañeros adivinarán a cuál de ustedes se refieren.

1. A mi pareja le gusta(n) _____ y no le gusta(n) _____ .
2. El curso con menos estudiantes es también el curso _____ .
3. Su nivel de interés en los cursos parece depender de _____ porque _____ .
4. Creo que la mejor especialidad de estudios para mi pareja es _____ porque _____ .
5. Otro dato sobre mi pareja es (que) _____ .

6-5 ¿Qué hemos aprendido en la universidad?

PASO 1 Circula por la clase y hazles las siguientes preguntas a varios compañeros. Apunta sus respuestas.

Durante tus estudios universitarios, ¿qué has aprendido sobre…

1. historia?
2. ciencias?
3. otras culturas?
4. un tema actual e importante?
5. cómo se estudia?
6. cómo se escribe bien?
7. tus profesores?
8. ti mismo/a?

PASO 2 Escoge a dos compañeros de clase y escribe unas oraciones sobre lo que hayas aprendido sobre ellos en el **Paso 1.**

6-6 Ponerse de acuerdo.

PASO 1 Imagínate que decides tomar una clase de portugués con algunos compañeros de tu clase actual de español. El español les ayudará con el aprendizaje del portugués; los dos idiomas son muy importantes en todo el mundo. Lee las tres opciones y determina cuál sería la mejor y por qué.

1. *Un curso intensivo de verano.* El curso se ofrece en una universidad cerca de tu ciudad o de tu pueblo. Dura cuatro semanas y las clases son desde las nueve de la mañana hasta las once, y luego desde las doce hasta las dos, de lunes a viernes. Hay programas gratis de tutoría (con un profesor) y de intercambios (sesiones de conversación con hablantes nativos de portugués). Si asistes a las actividades extracurriculares (charlas, clases de cocina, cine, etc.), te dan crédito extra.

Saber hablar español y portugués le permite a uno comunicarse con millones de personas en el mundo.

2. *Un curso híbrido.* Es un curso de dieciséis semanas durante el semestre normal de tu universidad. Asistes a clases de cincuenta minutos dos días a la semana para recibir la instrucción de un/a profesor/a y hacer actividades interactivas con tus compañeros. Dedicas dos horas cada semana a las actividades en Internet (videos, lecturas, ejercicios de gramática, etc.). Recibes tus resultados de los ejercicios en Internet inmediatamente y tienes tres oportunidades para mejorar tu nota.

3. *Tomar un MOOC.*[1] Es un curso básico ofrecido por una universidad muy famosa. Consiste en videos del profesor que está dictando las clases, ejercicios corregidos automáticamente, salones de chat y una amplísima lista de recursos. Hay dos mil personas matriculadas en el curso y toda la instrucción se realiza por Internet. Tienes libertad total con el horario y el lugar: solo necesitas una computadora e Internet.

PASO 2   Pónganse de acuerdo sobre cuál de los tres cursos van a tomar. Presenten su elección y expliquen sus razones. ¿Cuál es la preferencia de la mayoría de la clase y por qué?

6-7 **Hablemos claro.**

PASO 1   Entrevístense y apunten en una hoja las respuestas de su compañero/a.

1. ¿Qué has aprendido en un curso académico que no podrías haber aprendido de otra manera? ¿Qué curso(s) te gustaría tomar pero no se ofrece(n) en la universidad? Si tuvieras que enseñar un curso ofrecido por la universidad, ¿cuál sería y por qué? ¿Qué has aprendido por Internet? ¿Qué has aprendido a través de aplicaciones en tu teléfono celular o tu tableta?

2. ¿Qué se aprende de las experiencias de la vida que no se puede aprender en un curso y viceversa? ¿Cuáles son algunas de las lecciones más importantes que la vida te ha enseñado? ¿Qué te han enseñado tus padres? ¿Tus hermanos? ¿Otros parientes? ¿Y tus amigos? ¿Qué has aprendido de figuras famosas o históricas?

3. ¿Cuáles han sido algunos de tus éxitos en la vida y qué has aprendido de ellos? ¿Qué fracasos has sufrido y qué has aprendido de ellos? ¿Cuáles han sido algunas humillaciones que han tenido que enfrentar figuras famosas o históricas y cómo se han recuperado? ¿Cómo te recuperas después de haber cometido un error? ¿Qué pasa cuando cometes un error en español?

PASO 2   Escribe unas oraciones para explicar qué curso (académico o no académico) podría enseñar tu compañero/a, por qué y cómo lo podría enseñar. Después, comparte tus ideas con él/ella. ¿Está de acuerdo contigo tu pareja? Prepárate para compartir los resultados con la clase.

Gramática

I. Los participios pasados con *ser* (la voz pasiva) y *estar* (una condición resultante)

A past participle is a verb form that typically appears after the verbs *to be* (**ser** and **estar**) and *to have* (**haber**). This grammar section focuses on *to be* + *past participle,* whereas the rest of Chapter 6 will focus on *to have* + *past participle.*

---

[1]El acrónimo MOOC (*Massive Open Online Course*) se usa también en español, aunque el curso también tiene nombres en español, por ejemplo, Curso abierto en línea a gran escala (CALGE) y Cursos en línea masivos y abiertos.

In English, regular past participles end in *-ed* (e.g., *closed, decided, prepared*) or *-en* (e.g., *spoken, eaten*). English also has various irregular past participles (e.g., *sold, drunk, swum*). The following examples illustrate two different nuances in meaning with *to be + past participle.*

The bookstore *was closed* by the owner.　(an action expressed in the passive voice)

The bookstore *was closed* when I arrived.　(the state or condition resulting from a prior action)

In Spanish, these nuances are contrasted by the two verbs for *to be:* **ser** is used to form the passive voice, and **estar** is used to express a state or condition resulting from a prior action.

La librería **fue cerrada** por el propietario.　(an action expressed in the passive voice)

La librería **estaba cerrada** cuando llegué.　(the state or condition resulting from a prior action)

A. Formación

When used with past participles, **ser** and **estar** may be conjugated in any tense (i.e., present, past, or future). The present tense forms are reviewed below. In the past, **ser** is most commonly used in the *preterit* for the passive voice, and **estar** usually requires the *imperfect* for a resultant state or condition. These respective past tense forms are also reviewed below.

	Present	Past (*Preterit or Imperfect*)
ser	soy, eres, es, somos, sois, son	fui, fuiste, fue, fuimos, fuisteis, fueron
estar	estoy, estás, está, estamos, estáis, están	estaba, estabas, estaba, estábamos, estabais, estaban

Ese edificio **fue diseñado** por Gaudí.　*That building **was designed** by Gaudí.*

El gran salón **estaba decorado** de rojo.　*The great hall **was decorated** in red.*

■ The past participles of **-ar** verbs add **-ado** to the stem, while the regular past participles of **-er** and **-ir** verbs add **-ido** to the stem.

hablar: hablado *spoken*　　**vender:** vendido *sold*　　**decidir:** decidido *decided*

■ When the stem of an **-er** or **-ir** verb ends in a vowel other than **u**, a written accent mark appears on the past participle ending **-ído**.

caer: caído *fallen*　　**creer:** creído *believed*　　**oír:** oído *heard*
traer: traído *brought*　　**leer:** leído *read*　　BUT **construir:** construido *built*

■ Some common **-er** and **-ir** verbs have irregular past participles.[2] Note that these typically end in **-cho** or **-to**, or less commonly **-so**.

decir: dicho *said*　　**ver:** visto *seen*　　**morir:** muerto *dead*
hacer: hecho *done*　　**poner:** puesto *placed*　　**abrir:** abierto *open, opened*
escribir: escrito *written*　　**volver:** vuelto *returned*　　**cubrir:** cubierto *covered*
freír: frito *fried*　　**resolver:** resuelto *resolved*　　**imprimir:** impreso *printed*
romper: roto *broken*

¡AHORA TÚ!

Complete 6-1 in MySpanishLab to practice these concepts.

[2] A few verbs have two past participles, one that is regular and one that is irregular (e.g., **freír:** freído, frito; **imprimir:** imprimido, impreso).

■ When used with **ser** and **estar,** a past participle functions as an *adjective.* Like any adjective, it must agree in number (singular or plural) and gender (masculine or feminine) with the noun that it modifies. Since both **ser** and **estar** are linking verbs that essentially mean "equals", they may be omitted and the past participle may modify the noun directly.

La cena **está preparada.**	Dinner *is served/ready.*
Las mesas **están puestas** con porcelana fina.	*The tables **are set** with fine china.*
El plato principal **fue preparado** por el aprendiz del chef.	*The main course **was prepared** by the chef's apprentice.*
Los postres **fueron hechos** por el chef mismo.	*The desserts **were made** by the chef himself.*
¡Los postres (que **son**) **hechos** por este chef siempre están muy ricos!	*The desserts (that **are**) **made** by this chef are always very delicious!*

B. Uso: *ser* y la voz pasiva

Spanish uses **ser** + *past participle* (+ **por** + *agent*) to express an action in the passive voice (**la voz pasiva**), which is the opposite of the active voice (**la voz activa**). With the active voice, the *performer or agent* of the action is the *subject* of the sentence, and the *recipient or patient* of the action is the *direct object.*

El chef prepara los postres.   *The chef prepares the desserts.*

(agent = subject) (patient = direct object)

With the passive voice, on the other hand, the *recipient or patient* of the action is the *subject* of the sentence, and the *performer or agent* is the *object of the preposition by* (**por**).

Los postres **son preparados** por el chef.   *The desserts **are prepared** by the chef.*

(patient = subject) (agent= object of **por**)

■ You learned in Chapter 3 that passive **se** (**el *se* pasivo**) is a verb construction in Spanish that is different from the passive voice and is more commonly used. With the passive voice, the performer or agent of the action is known and is usually stated after **por.** With passive **se,** however, the performer or agent of the action is unimportant, unspecified, and/or perhaps even unknown to the speaker.

Se preparan los postres aquí.   *The desserts **are prepared** here.*
(patient = subject)   *(The performer or agent of the action is unimportant or unknown.)*

C. Uso: *estar* y una condición resultante

Spanish uses **estar** + *past participle* to express a state or condition *resulting from* a prior action. The focus is on the recipient or patient and how a previous action has affected it. A performer or agent is never expressed, and the prepositional phrase **por** + *agent* is never used.

Los postres **están preparados,** pero los invitados todavía no están aquí.   *The desserts **are prepared/ready,** but the guests are not yet here.*

(patient = subject)

En contexto

6-8 **En una clase de cocina.** Saber cocinar puede ser una prioridad o no, pero muchos lo consideran una habilidad importante en la vida. A continuación se describe una clase de cocina en particular.

PASO 1 Empareja cada oración con el dibujo que mejor la represente.

a.

b.

c.

d.

e.

f.

En una clase de cocina, a menudo el examen final es dar una cena formal.

1. El menú **es planeado** por la clase. _____
2. Los platos **son preparados** por todos los alumnos. _____
3. Los platos **son evaluados** por el instructor. _____

La cena ya está a punto de empezar y todo está listo.

4. Los muebles **están arreglados** como en un restaurante. _____
5. Las mesas **están puestas** para una cena formal. _____
6. Los platos **están preparados** y calientes. _____

PASO 2 Entrevístense usando las siguientes preguntas. Prepárense para compartir sus respuestas con la clase.

1. ¿Sabes cocinar bien? ¿Qué platos prefieres preparar? ¿Qué platos no te gusta preparar?
2. ¿Es importante saber cocinar? ¿Crees que cambiará tu opinión en el futuro?
3. ¿Tienes alguna experiencia con clases de cocina? ¿Te interesa tomar clases de cocina ahora o en el futuro? ¿Por qué?

6-9 **Creaciones clave.** Entender la historia del ser humano y sus creaciones clave nos da una idea más amplia de quiénes somos.

PASO 1 Escribe el participio pasado de cada verbo entre paréntesis y el nombre del individuo o el grupo creador después de **por.** Una lista de nombres aparece a continuación.

Borges	Cervantes	García Márquez	los moros	Neruda
Botero	Dalí	Gaudí	los mayas	Picasso

1. La ciudad de Chichén Itzá fue _____ (construir) por _____ , civilización mesoamericana, en el Siglo VI.
2. El primer tomo de *Don Quijote*, primera novela moderna, fue _____ (escribir) por _____, autor español, en 1605.
3. La Sagrada Familia, famosa basílica católica, fue _____(diseñar) por _____, arquitecto catalán, en 1883. Todavía no está _____ (terminar).
4. La enorme pintura *Guernica* fue _____ (completar) por _____, artista cubista español, en 1937.
5. La obra *Cien años de soledad*, la cual refleja el estilo del realismo mágico, fue _____ (escribir) por _____, novelista colombiano, en 1967.

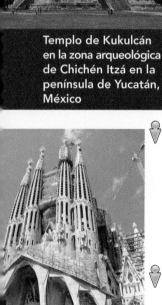

Templo de Kukulcán en la zona arqueológica de Chichén Itzá en la península de Yucatán, México

PASO 2 En parejas, escriban en una hoja por lo menos otras tres oraciones con la estructura **ser** + *participio pasado* (+ **por** + *agente*) sobre creaciones (pinturas, novelas, canciones, etc.) y sus creadores. Después, tapen (*cover up*) los nombres de los creadores para ver si la clase puede completar sus oraciones correctamente.

MODELO: *El cuadro* Nighthawks *fue pintado por el estadounidense Edward Hopper.*

6-10 **Los refranes en español.** Los refranes son muy populares en el mundo de habla española. A continuación se presentan algunos refranes con participios pasados.

PASO 1 En cada refrán, identifiquen el/los participio(s) pasado(s) e indiquen qué modifica cada uno. Después, analicen el significado del refrán y compartan sus ideas con la clase.

1. Amar es tiempo perdido, si no es correspondido.
2. Más vale estar solo que mal acompañado.
3. Cuando está abierto el cajón, el más honrado es ladrón.
4. En boca cerrada, no entran moscas.
5. Consejo no pedido, consejo mal oído.
6. Comida acabada, amistad terminada.

La Sagrada Familia en Barcelona, España

PASO 2 Júntense con otra pareja para hablar más sobre el significado de los refranes del **Paso 1.** ¿Están de acuerdo con todos los refranes? ¿Expresan verdades sobre la vida o simplemente cinismo?

Gramática

II. El presente perfecto de indicativo y de subjuntivo

The current and subsequent grammar sections in Chapter 6 focus on *perfect tenses* in Spanish, all of which mark an action as *completed* and are based on the compound construction *to have* (**haber**) + *past participle*. It is called *compound* (versus *simple*) because it has two parts: the auxiliary or helping verb *to have* (**haber**) and a past participle formed from a content verb.

The *present perfect*, in particular, refers to an action completed *before* the present moment, defined as the moment of speech. The present perfect differs from the preterit/imperfect in that the action expressed continues to have relevance or some bearing on the present.[3]

He completado el curso y ahora estoy listo para el siguiente paso.	*I have (I've) completed the course and now I'm ready for the next step.*
Completé el curso y **seguí** con el siguiente paso.	*I completed the course and I continued with the next.*

A. Formación

With the present perfect, the auxiliary verb **haber** is conjugated in the present tense. The *present indicative* forms of **haber** are: **he, has, ha, hemos, habéis, han.**

Hemos aprendido mucho este semestre.	*We have (We've) learned a lot this semester.*
Este semestre **ha sido** una buena experiencia.	*This semester has been a good experience.*

- Recall that in Spanish, the past participles of -**ar** verbs add -**ado** to the stem (e.g., habl**ado** *spoken*), while the regular past participles of -**er** and -**ir** verbs add -**ido** to the stem (e.g., **vendido** *sold*, **decidido** *decided*). Refer back to the previous grammar section to review the formation of irregular past participles in Spanish.

- When used with **haber,** a past participle functions as part of a compound verb and has only one form ending with -**o**. In other words, the past participle is not an adjective in the perfect tenses and thus does not vary in number or gender.

- In *to have* (**haber**) + *past participle* constructions, object pronouns and **no** are placed directly before the conjugated form of **haber**. Unlike English, no words intervene between **haber** and the subsequent past participle.

> ¡AHORA TÚ!
>
> Complete 6-2 in MySpanishLab to practice these concepts.

He leído varias novelas este verano.	*I have (I've) read various novels this summer.*
Las **he leído** en español; no las **he leído** en inglés.	*I have (I've) read them in Spanish; I have not (haven't) read them in English.*

- The verb **tener** cannot be used as an auxiliary in the perfect tenses in Spanish in place of **haber**. Whereas **haber** is an auxiliary verb, **tener** is a content verb meaning *to have* or *to own* in the sense of possession.

Tengo varias novelas de Isabel Allende.	*I have/own various novels by Isabel Allende.*
Las **he tenido** durante años.	*I have (I've) had/owned them for years.*

---

[3]In some Spanish-speaking countries, such as Mexico, the preterit and the imperfect are used much more frequently than the present perfect, which in turn is used frequently in Spain.

¡AHORA TÚ!

Complete 6-3 in MySpanishLab to practice these concepts.

■ When the present perfect tense is used in a subordinate clause that requires the subjunctive, the *present perfect subjunctive* is required. The *present subjunctive* forms of **haber** are: **haya, hayas, haya, hayamos, hayáis, hayan**.

Yo creo que **hemos aprendido** mucho.   *I think (that)* **we have (we've) learned** *a lot.*

Mi compañero no cree que **hayamos aprendido** nada.   *My classmate doesn't think (that)* **we have (we've) learned** *anything.*

B. Uso

The following graph illustrates the relationships among the various verb forms covered thus far in this textbook. The time line indicates two major time frames —the present and the past—, and the upper and lower divisions indicate two moods —the indicative and the subjunctive. Examples appear in italics above (indicative) and below (subjunctive) the names of the specific tenses in each time frame.

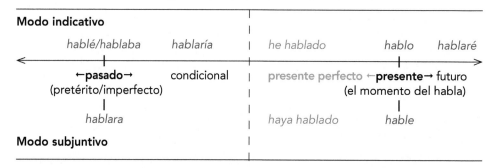

■ As shown, the present perfect (in orange) is used to express an action completed *before* the present moment (=the moment of speech). It is anchored in the *present time frame* (i.e., the right-hand side of the graph). Given the sequence of tenses in Spanish explained in Chapter 5, when the time frame for a main clause is the present, the subordinate clause generally requires a form in the present time frame, as well. In the first example below, the main verb **dudo** is paired with the present perfect subjunctive **haya entendido** to express a prior action in the subordinate clause, since these forms both belong to the present time frame. In the second example, the use of the past subjunctive **entendiera** in the subordinate clause is possible because the main verb **dudaba** is in the past time frame.

Time frame: Present   Dudo que **haya entendido.**   *I doubt (that)* **he (has) understood.**

Time frame: Past   Dudaba que **entendiera.**   *I doubted (that)* **he understood.**

■ In the examples below, the main verb **(no) creo** is paired with the simple present (**entiende, entienda**) when the action in the subordinate clause occurs at the *same time* or *after* the main verb. The main verb **(no) creo** is paired with the present perfect (**ha entendido, haya entendido**) when the action in the subordinate clause occurs *before* the main verb.

Action at the same time or after the main verb:

No creo que **entienda.**   *I don't think (that)* **he understands/will understand.**

Action before the main verb:

Creo que **ha entendido.**   *I think (that)* **he (has) understood.**

No creo que **haya entendido.**   *I don't think (that)* **he (has) understood.**

En contexto

6-11 Hasta ahora en mi vida. ¿Sigues la filosofía del aprendizaje de por vida?

PASO 1 Con una marca ✓, indica todas las actividades que has hecho hasta este momento.

1. _____ **He hecho** un viaje a _____ .
2. _____ **He visitado** (casi) todos los museos de la ciudad de _____ .
3. _____ **He creado** una pieza original (una pintura, una canción, un poema, un video, etc.).
4. _____ **He tomado** una clase de baile de salón (*ballroom dancing*).
5. _____ **He aprendido** a bucear (*scuba dive*).
6. _____ **He actuado** en una obra de teatro.
7. _____ **He sobresalido** en algo.
8. _____ **He** _____ .

Museo Nacional del Prado en Madrid, España

PASO 2 Intercambien sus listas y háganse varias preguntas para conocer mejor a su compañero/a. Donde hay una marca ✓, pidan más detalles. Donde no hay una marca ✓, pregúntense si esa actividad les interesa para el futuro. Prepárense para compartir algunos detalles con la clase.

MODELOS: *Veo que **has hecho** un viaje a México. ¿Cuándo y con quiénes **lo has hecho**?*
*Veo que **no has tomado** una clase de baile de salón. ¿Te interesa tomar una en el futuro? ¿Por qué?*

6-12 Hasta ahora en la universidad. ¿Qué experiencias han tenido hasta ahora en la universidad?

PASO 1 Entrevístense sobre los siguientes temas. Empiecen sus preguntas con **¿Alguna vez…?** seguido por el presente perfecto (**haber** + *past participle*) de los verbos en las frases a continuación. Sigan el modelo y proporcionen detalles sobre sus experiencias.

MODELO: E1: *¿Alguna vez **has tomado** una clase por Internet?*
E2: *Sí, **he tomado** una clase de educación en línea…*

1. tomar una clase por Internet
2. participar en alguna actividad política
3. discutir con alguien sobre religión
4. trasnochar para estudiar
5. trasnochar en una fiesta
6. asistir a un espectáculo deportivo
7. participar en una competencia
8. hacer una excursión a otra universidad
9. recibir una multa (*fine*) (de estacionamiento, etc.)
10. ¿…?

PASO 2 Escribe por lo menos tres oraciones en las que compares tus experiencias universitarias hasta ahora con las de tu compañero/a del **Paso 1**. Prepárate para compartir tus ideas con la clase. Al final, toda la clase sacará conclusiones generales.

MODELO: *Los dos **hemos trasnochado** para estudiar, pero mi compañero/a **ha trasnochado** muchas veces y yo solo **lo he hecho** una vez.*

CONCLUSIÓN: ¿Qué afirmación(es) a continuación es/son cierta(s) sobre sus experiencias universitarias?

Hemos tenido experiencias…

☐ más o menos semejantes.   ☐ difíciles.   ☐ cómicas.   ☐ aburridas.
☐ muy distintas.   ☐ enriquecedoras.   ☐ divertidas.   ☐ ¿…?

6-13 **Sobresaliente.** Es muy raro en el sistema educativo español que un estudiante saque notas perfectas. Un chico español, David Alonso, casi lo hizo.

PASO 1 Primero, escribe el participio pasado de los verbos entre paréntesis. Después, basándote en la forma verbal dada para el verbo auxiliar **haber,** indica si las oraciones expresan algo que se cree (**Creo que…**) o una duda que se tiene (**Dudo que…**) acerca de las experiencias de David.

	Creo que…	Dudo que…
1. **ha** _____ (estudiar) filosofía.	☐	☐
2. **se ha** _____ (interesar) en neurociencia.	☐	☐
3. **haya** _____ (leer) cómics.	☐	☐
4. **haya** _____ (pasar) tiempo en Twitter.	☐	☐
5. **ha** _____ (dedicar) muchas horas a sus estudios.	☐	☐
6. **haya** _____ (salir) con amigos los fines de semana.	☐	☐
7. **haya** _____ (ir) mucho al cine.	☐	☐
8. **haya** _____ (jugar) videojuegos.	☐	☐

PASO 2 ¿Están de acuerdo con las oraciones del **Paso 1**? ¿Representan la verdad o simplemente un estereotipo de los estudiantes sobresalientes? Expliquen sus respuestas.

PASO 3 Escuchen unas declaraciones hechas por David Alonso. Basándote en ellas, determinen si por lo general, las oraciones del **Paso 1** dan una imagen cierta o falsa de él. Después, cambien las oraciones falsas para que sean ciertas, usando la cláusula principal **Sabemos que…**

6-14 **La verdad.** ¿Quién es más capaz de averiguar (*figure out*) la verdad, tus compañeros o tú?

PASO 1 Escribe tres oraciones (verdaderas y/o falsas) con el presente perfecto (**haber** + *past participle*) sobre experiencias de tu vida y/o sobre la de tu familia o tus amigos.

MODELO: *1) Mi familia y yo **hemos vivido** en diez casas diferentes. 2) **He viajado** a México varias veces con mi novio/a. 3) …*

PASO 2 Túrnense para leer sus oraciones en voz alta. Háganse preguntas para pedir más información y digan si creen que la oración es verdadera (**Creo que has…**) o falsa (**No creo que hayas…**). ¡La persona que adivine más oraciones de acuerdo a la realidad, gana!

📖 Lectura: Página web en Internet

Antes de leer

6-15 ¿En qué lugar?

PASO 1 Indica el/los lugar(es) más lógico(s) para realizar las siguientes actividades. Puede haber más de una respuesta posible por actividad.

1. ver una exposición de arte _____
2. escuchar a un autor hablar de su libro más reciente _____
3. asistir a una presentación sobre historia europea _____
4. escuchar un concierto _____
5. pedir prestado un libro _____
6. armar (*to put together*) rompecabezas infantiles _____
7. tomar un capuchino _____
8. aprender un baile específico _____

a. la librería
b. la sala de conciertos
c. la guardería
d. la academia de baile
e. el museo
f. el café
g. la universidad
h. la biblioteca

PASO 2 Todas las actividades del **Paso 1** se ofrecen en algunas bibliotecas. Lean las siguientes entradas de la agenda cultural de una biblioteca nacional. Entrevístense para saber su nivel de interés (mucho, poco o nada) en cada evento y por qué les interesa o no.

1. *Diseñando el arte de un videojuego.* Pablo Vargas, diseñador y productor de videojuegos, explica la importancia de la ilustración en el desarrollo de los videojuegos.
2. *Psicoanálisis y filosofía política.* Mesa redonda sobre la actualidad de la relación entre filosofía, política y psicoanálisis.
3. *Taller de teatro.* Vicente Ortiz expone sus ideas sobre la creatividad en el actor y su lenguaje escénico.
4. *Biblioteca de jazz.* Ciclo de agrupaciones formadas por los estudiantes avanzados de la carrera de jazz que interpretan obras de Ellington, Armstrong, Basie y otros de los arreglistas más importantes del género.
5. *Cine mudo con piano.* Un grupo de compositoras e intérpretes musicaliza en vivo grandes películas del cine mudo (*silent*).

Al leer

ESTRATEGIA AL LEER

Leer en Internet. Leer una pantalla es diferente de leer un texto impreso. En Internet, mucha información es dinámica y eso nos obliga a tomar decisiones contínuamente. ¿Desplazar (*scroll*) hacia abajo para seguir leyendo? ¿Hacer clic en un enlace? ¿Escribir un comentario sobre lo que leíste? ¿Avanzar por una galería de imágenes? ¿Cambiar a otra pestaña (*tab*)? ¿Leer el mensaje que te acaba de llegar? Hay que tener siempre presente la razón original por la cual estás leyendo. Si es para investigar, profundizar y aprender, no hay que distraerse. Si es para entretenerse, ¡haz clic cuantas veces quieras!

6-16 **Práctica con la información en la pantalla.** A continuación se presenta la portada de la página web de una biblioteca nacional, representativa de las varias bibliotecas nacionales que existen en el mundo hispanohablante. Mientras vas leyendo, indica si el lector puede o no tomar las siguientes decisiones.

	Sí	No
1. Avanzar por una serie de imágenes.	☐	☐
2. Hacer una búsqueda para información específica.	☐	☐
3. Ignorar algunos temas y enfocarse en otros.	☐	☐
4. Ver un video.	☐	☐
5. Hacer clic en un enlace.	☐	☐
6. Escribir un comentario.	☐	☐
7. ¿Otra decisión? _____		

Biblioteca Nacional
MINISTERIO DE CULTURA

Buscar en el portal Web

Inicio | Contacto | Consultas al bibliotecario | Preguntas frecuentes

VACACIONES DE VERANO

Del 15 al 26 de julio en la biblioteca
La Biblioteca Nacional propone durante las vacaciones de verano un espacio para los jóvenes con cine, lecturas y juegos

La biblioteca
Recorriendo nuestras diversas secciones se obtendrá la información y las lecturas que forman parte de la exploración intelectual y cultural, en la cual nuestra biblioteca está inmersa con sus proyectos científicos y literarios.

00:00:00

Hoy en la biblioteca
La Biblioteca Nacional en la Feria del Libro Infantil y Juvenil

Del 13 al 23 de julio | Centro de Exposiciones de la Ciudad

<		JULIO			>	
D	L	M	M	J	V	S
	1	2	3	4	5	6
7	8	9	10	11	12	13
14	15	16	17	18	19	20
21	22	23	24	25	26	27
28	29	30	31			

Catálogos

Búsqueda básica en el Catálogo general

Búsqueda avanzada

Fondos digitalizados

Las bibliotecas son finitas, aunque aspiren a lo contrario. El lector remoto podrá navegar aquí por obras digitalizadas de diversas colecciones.

Fondo textual
Esta colección de 1.000 títulos permite conocer el patrimonio documental y literario de la Biblioteca Nacional.

Fondo fotográfico
Este fondo reúne documentos fotográficos digitales esenciales tanto para la historia nacional como para la internacional.

Fondo de partituras
A través de la colección de partituras digitalizadas se puede acceder a un conjunto de piezas de la música popular nacional.

Programas de radio

Novelas de la actualidad

Cuentos infantiles

Lo mejor de la música clásica

Horarios: De lunes a viernes de 9 a 21 hs.; sábados y domingos de 12 a 19 hs.

Después de leer

6-17 ¿Qué se puede hacer en esta biblioteca nacional?

PASO 1 Indica qué información en la portada de esta biblioteca nacional sería de interés para las siguientes personas.

Una persona interesada en…

1. historia.
2. música.
3. fotografía.
4. leer desde su computadora.
5. escuchar obras.
6. actividades educativas para sus hijos.

 PASO 2 ¿Qué les interesa a ustedes buscar o investigar en la portada virtual de esta biblioteca nacional? ¿Por qué? ¿Son semejantes sus respuestas?

6-18 Investigaciones en la biblioteca. Las bibliotecas sirven para hacer investigaciones académicas y para satisfacer la curiosidad personal.

PASO 1 Para cada categoría a continuación del Sistema de Clasificación Decimal Dewey (CDD), formula una pregunta específica que te interese y sobre la que podrías investigar en la biblioteca.

MODELO: *¿Cuáles son las creencias de los budistas? (200)*

000 - Ciencia de computadoras
100 - Filosofía y psicología
200 - Religión, teología
300 - Ciencias sociales
400 - Lenguas
500 - Ciencias
600 - Tecnología
700 - Artes y recreación
800 - Literatura
900 - Historia y geografía

 PASO 2 Comparen sus preguntas del **Paso 1.** Formulen dos preguntas que combinen dos categorías diferentes del CDD.

MODELO: *¿Cuáles eran la creencias religiosas de los aztecas? (200 y 900)*

6-19 **Entender tu propia cultura.** Responde a las siguientes afirmaciones, usando la escala a continuación.

1= totalmente de acuerdo; 2= de acuerdo; 3= neutral;
4= en desacuerdo; 5= totalmente en desacuerdo

1. Cuando observo diferencias culturales, noto también que mi cultura suele ser mejor. _____
2. En diferentes contextos, determinar lo correcto y lo incorrecto es fácil. _____
3. Me considero un/a ciudadano/a global. _____
4. Raramente cuestiono lo que me han enseñado sobre el mundo. _____
5. Entiendo las causas ocultas de los conflictos entre naciones de diferentes culturas. _____
6. Me gusta cuando la gente de otras culturas señala diferencias entre nuestras culturas. _____

ESTRATEGIA CULTURAL

En un mundo cada vez más globalizado, es necesario que haya más personas con una competencia global desarrollada. Aprender idiomas y estudiar en el extranjero despiertan la sensibilidad para captar las diferencias culturales. Pero la competencia global es más que conocer datos y hechos; hay que tener una mente abierta y curiosa hacia otras perspectivas y prácticas culturales. Los ciudadanos globales están informados sobre asuntos internacionales y valoran perspectivas múltiples.

 6-20 **Competencia cultural en acción.** Lean las siguientes características de una persona con competencia global y den ejemplos específicos de sus propias experiencias personales. Al final, determinen qué nivel de competencia global tienen ustedes.

1. Reconoce su propia cultura y la influencia que ejerce en sus perspectivas y prácticas.
2. Demuestra empatía hacia los puntos de vista de personas de otras culturas.
3. Entiende que la cultura es compleja y que depende de factores históricos, políticos, etc.
4. Tiene una mente abierta hacia nuevas ideas y es capaz de cambiar su forma de pensar.
5. Acepta que en un conflicto entre naciones o individuos hay múltiples interpretaciones válidas de un mismo acontecimiento; sabe que no existe necesariamente una única interpretación.

¿Puedes nombrar todos los países donde se habla español y sus capitales?
¿Cómo contribuye el conocimiento geográfico a la competencia global?

Antes de verlo

6-21 **"¡La mejor sorpresa de mi vida!"** Adrián ha preparado un reportaje sobre el bilingüismo. ¿A quién(es) entrevistarías tú sobre este tema? ¿Qué preguntas le harías a un lingüista, por ejemplo? ¿Qué preguntas le harías a una persona bilingüe? Al final del video, Adrián recibe una sorpresa por parte de Manuela y Begoña. ¿Qué crees que será?

Vocabulario útil

afortunado/a	*fortunate, lucky*	el mundo laboral	*the work world*
asomarse a (la ventana)	*to look out of (the window)*	el presupuesto	*budget*
		sobresaliente	*outstanding*
lograr	*to achieve*	superarse	*to outdo oneself*
merecer la pena	*to be worth it*	trasnochar	*to stay up all night*

Al verlo

6-22 **¿Comprendes?** Contesta en una hoja las siguientes preguntas y prepárate para compartir tus ideas con la clase.

1. ¿Por qué lleva Adrián muchos días en casa?
2. ¿Cómo aprendieron dos idiomas las estudiantes universitarias (Stephania, Minerva, Susi y Alma)?
3. ¿Qué ventajas de ser bilingüe se mencionan en el reportaje? ¿Estás de acuerdo con todas? ¿Hay otras ventajas que no se hayan mencionado?
4. Minerva dice que saber dos idiomas te ayuda a entender a otras personas y te da otra perspectiva distinta. Usando tus propias palabras, explica lo que quiere decir.
5. ¿Crees que forman un buen equipo profesional estos tres amigos? Explica. ¿Qué desafíos pueden tener?

Después de verlo

6-23 **¡Listos, cámara, acción!** Ahora escriban un breve reportaje sobre sus experiencias con el aprendizaje del español. En el reportaje describan sus clases de español, su uso del idioma fuera de clase, sus motivos por estudiarlo, las ventajas de hablar español en la región donde viven y cualquier otra información que les parezca importante. Preséntenle su reportaje a la clase.

EL ÁMBITO PROFESIONAL

🔊📖 Vocabulario

Sustantivos	**Nouns**
el acoso (sexual)	*bullying, (sexual) harrassment*
el/la entrenador/a	*coach, trainer*
la matrícula	*tuition*

Verbos	**Verbs**
calificar	*to grade*
corregir (i, i)	*to correct*
dictar/impartir clases	*to teach/give class(es)*
inscribir(se) (en), matricular(se) (en)	*to enroll (in), register/sign up (for)*
jubilarse	*to retire*
recopilar	*to gather, collect*
reembolsar	*to reimburse*

Adjetivos	**Adjectives**
didáctico/a	*didactic, teaching*

Para refrescar la memoria

los deberes, la tarea	*homework*
el/la director/a (de la escuela)	*(school) principal*
enseñar	*to teach*
la escuela primaria, el colegio	*elementary/grade school*
la escuela secundaria, el instituto, el bachillerato	*high school*
el hito	*milestone*
el/la maestro/a	*grade/high school teacher*
la nota, la calificación	*grade*
el personal	*personnel, staff*
el salón de clase, el aula de clase (*España*)	*classroom*
ya	*already, now*

En contexto

6-24 **El personal de una escuela.**

PASO 1   En tu opinión, ¿quién debe solucionar los siguientes problemas? Hay varias respuestas posibles.

a. el/la maestro/a   b. el/la directora/a   c. el/la secretario/a   d. el/la asistente social

1. Hay un alumno que, en una de sus clases, se separa de los demás y no participa. _____

2. Un grupo de padres quiere parar el acoso en los autobuses. _____
3. Una alumna falta a la escuela con frecuencia. _____
4. Un alumno no entrega uno de sus deberes. _____
5. Hay que distribuirles a las familias los formularios nuevos que requiere el estado. _____
6. Dos hermanos llegan a la escuela en invierno sin abrigo ni guantes. _____
7. Un grupo de amigos fuma dentro de la escuela, a escondidas. _____
8. Una alumna del equipo de voleibol suspendió la clase de biología. _____

PASO 2   Comparen sus ideas del **Paso 1.** ¿En qué se parecen y en qué se diferencian?

PASO 3   El ambiente de una escuela depende de la administración, los maestros y los alumnos en conjunto. ¿Qué grupos se marginan o son vulnerables en las escuelas? ¿Qué se puede hacer para crear un ambiente seguro y agradable para esos grupos?

6-25 **Ponerse de acuerdo.**

PASO 1   Lee las tres opciones que está considerando para el verano el señor Davis, un maestro de español. En tu opinión, ¿cuál de las opciones es la mejor y por qué?

1. *Tomar un curso con un experto en enseñanza con tecnología.* Un reconocido profesor ofrece un curso en línea sobre la enseñanza de segundos idiomas, utilizando los últimos avances tecnológicos. Se trata de un curso intensivo de tres semanas, pero le permitiría al señor Davis estar en casa con sus hijos mientras su esposa trabaja. La escuela le pagaría toda la matrícula del curso.

2. *Asistir a un congreso en Panamá.* El señor Davis es miembro de una organización profesional para maestros de español y portugués. Este año el congreso anual, de cuatro días de duración, va a realizarse en la Ciudad de Panamá y le daría la posibilidad de obtener materiales didácticos nuevos, relacionarse con colegas y participar en una excursión para conocer las culturas panameñas. La escuela le reembolsaría sus gastos por un monto de hasta $500 dólares.

3. *Visitar a un amigo en Puerto Cabello, Venezuela.* El señor Davis estudió un semestre en Caracas, capital de Venezuela, cuando era estudiante universitario. Se hizo muy amigo de un venezolano, Raúl Bravo Carrasco, quien se casa y se muda a Puerto Cabello este verano. Raúl invitó a muchos amigos a la boda, pero solo puede ir el señor Davis. Este podría volver a ver a su amigo y el país que tanto ama, y quedarse gratis en el viejo apartamento de Raúl por un mes.

PASO 2 Pónganse de acuerdo sobre la mejor opción para el señor Davis. Después, completen en una hoja las siguientes oraciones.

Pensamos que para ser buen maestro de español, se necesita _____ y no se necesita _____ . Por eso hemos decidido que el señor Davis debe _____ . Sus alumnos se beneficiarían más de _____ porque _____ .

6-26 Hablemos claro.

PASO 1 Entrevístense y apunten en una hoja las respuestas de su compañero/a.

1. ¿Qué importancia tienen las notas que uno saca en un curso? En tu opinión, ¿cómo deberían determinar las notas los maestros? Comenta sobre la vez que sacaste una nota más alta de la que esperabas o viceversa.
2. Explica tu opinión sobre las diferencias culturales en los sistemas educativos: en algunos países, por ejemplo, … hay clases los sábados; las notas se leen en voz alta en frente de toda la clase; no hay equipos deportivos en las escuelas; hay un examen oral de selectividad al final de la escuela secundaria que determina las oportunidades que tienen los estudiantes para seguir estudios universitarios.
3. En tu opinión, ¿qué características personales necesitan tener los maestros en general? ¿Y los maestros del kínder y de la escuela primaria? ¿Y los de la escuela secundaria? ¿Qué características necesitan tener los directores de escuelas? ¿Y los entrenadores de equipos deportivos?

PASO 2 Escribe unas oraciones en las que expliques qué trabajo en el ámbito de la educación sería mejor para tu compañero/a y por qué. Después, comparte tus ideas con él/ella. ¿Está de acuerdo contigo tu pareja? Prepárate para compartir los resultados con la clase.

Gramática

III. El pasado perfecto (el pluscuamperfecto) de indicativo y de subjuntivo

The *past perfect* (or *pluperfect*) tense uses the compound construction *to have* (**haber**) + *past participle* to refer to an action completed *before* another action in the past. Recall that the *present perfect*, on the other hand, refers to an action completed before the *present moment*.

He enseñado en esta universidad desde el 2001.	*I have (I've) taught at this university since 2001.*
Antes de enseñar aquí, **había enseñado** en varias universidades.	*Before teaching here, I had (I'd) taught at various other universities.*

A. Formación

With the past perfect tense, the auxiliary verb **haber** is conjugated in the imperfect. The *imperfect indicative* forms of **haber** are: **había, habías, había, habíamos, habíais, habían.**

Cuando llegó el estudiante, la clase ya **había empezado.**	*When the student arrived, class **had** already **begun.***
Además, la profesora ya **había explicado** el formato del próximo examen.	*In addition, the professor **had** already **explained** the format of the next exam.*

¡AHORA TÚ!

Complete 6-4 in MySpanishLab to practice these concepts.

- Recall that in Spanish, the past participles of -**ar** verbs add -**ado** to the stem, while the regular past participles of -**er** and -**ir** verbs add -**ido** to the stem. Refer back to the first grammar section in this chapter to review the formation of irregular past participles in Spanish.

- Recall that when used with **haber**, a past participle functions as part of a compound verb and has only one form ending with -**o**.

- Recall also that in **haber** + *past participle* constructions, object pronouns and **no** are placed directly before the conjugated form of **haber**. Unlike in English, no words such as **ya** (*already*) may intervene between **haber** and the subsequent past participle.

Antes de empezar la universidad, yo ya **había estudiado** español.	Before starting college, *I had (I'd)* already *studied* Spanish.
Sin embargo, **no** lo **había practicado** con hablantes nativos.	However, *I had not (hadn't) practiced* it with native speakers.

¡AHORA TÚ!

Complete 6-5 in MySpanishLab to practice these concepts.

- When the past perfect tense is used in a subordinate clause that requires the subjunctive, the *past perfect subjunctive* is required. The *past subjunctive* forms of **haber** are: **hubiera, hubieras, hubiera, hubiéramos, hubierais, hubieran.**[4]

El profesor pensaba que su curso **había sido** un éxito.	The professor *thought (that) his course* **had been** *a success.*
No pensaba que nadie **hubiera hecho** trampas.	He *didn't think (that) anyone* **had cheated**.

B. Uso

The following graph illustrates the relationships among the various verb forms covered thus far. The time line indicates two major time frames—the present and the past—, and the upper and lower divisions indicate two moods —the indicative and the subjunctive. Examples appear in italics above (indicative) and below (subjunctive) the names of the specific tenses in each time frame.

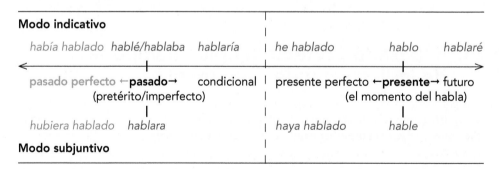

- As shown, the past perfect is used to express an action completed *before* another moment in the past. It is anchored in the *past time frame* (i.e., the left-hand side of the graph). Given the sequence of tenses in Spanish explained in Chapter 5, when the time frame for a main clause is the past, the subordinate clause generally requires a form in the past time frame, as well.

Time frame: Present	Creo que **ha enseñado** antes.	*I think (that)* **he (has) taught** *before.*
Time frame: Past	Creía que **había enseñado** antes.	*I thought (that)* **he had taught** *before.*

---

[4]The past subjunctive forms of **haber** were also presented in Chapter 5. The alternative past subjunctive ending -**se** renders more literary forms: **hubiese, hubieses, hubiese, hubiésemos, hubieseis, hubiesen.**

■ In the examples below, the main verb **(no) creía** is paired with the simple past (**venía, viniera**) when the action in the subordinate clause occurs at the *same time* or *after* the main verb. The main verb **(no) creía** is paired with the past perfect (**había llegado, hubiera llegado**) when the action in the subordinate clause occurs *before* the main verb.

Action at the same time or after the main verb:

Creía que **venía.**	I thought (that) **he was coming/ would come.**
No creía que **viniera.**	I didn't think (that) **he was coming/ would come.**

Action before the main verb:

Creía que **había llegado.**	I thought (that) **he had arrived.**
No creía que **hubiera llegado.**	I didn't think (that) **he had arrived.**

■ The past perfect subjunctive is used in a main clause after **ojalá** to express a hypothetical situation in the past (i.e., one contrary-to-fact).

Ojalá **hubiera estudiado** más.	I wish (that) **I had studied** more.
Ojalá **hubiéramos ido** hoy a clase.	If only **we had gone** to class today.

En contexto

6-27 ¿Conoces bien a tu profesor/a de español?

PASO 1 Indica si cada una de las siguientes oraciones sobre tu profesor/a de español es cierta o falsa. Escribe una oración original sobre él/ella también.

Antes de dar clases en esta universidad, nuestro/a profesor/a de español…

	Cierto	Falso
1. **había estudiado** español en la escuela secundaria.	☐	☐
2. **había sido** estudiante en esta misma universidad.	☐	☐
3. **había completado** un título universitario en otra disciplina no relacionada con los idiomas.	☐	☐
4. **había vivido** en un país de habla hispana.	☐	☐
5. **había impartido** clases de español en otra escuela o universidad.	☐	☐
6. **había viajado** por Latinoamérica.	☐	☐
7. **había trabajado** en otro campo profesional.	☐	☐
8. **había** _____ .	☐	☐

PASO 2 Con toda la clase, repasen sus respuestas con su profesor/a de español. ¿Cuántas de sus respuestas de *cierto/falso* son correctas?

CONCLUSIÓN: Contesta la pregunta original, "¿Conoces bien a tu profesor/a de español?", seleccionando la(s) afirmación(es) más apropiada(s).

☐ Sí, lo/la conozco bien.   ☐ Lo/La conozco más o menos.
☐ No, no lo/la conozco bien.   ☐ Lo/La conozco mejor después de hacer esta actividad.

6-28 **Carreras relacionadas con la universidad.** Mario es estudiante universitario de educación y le apasiona el aprendizaje. En el futuro quiere trabajar en la universidad, pero no sabe si quiere dictar clases. Entrevistó a varios profesionales, para entender mejor las experiencias que habían tenido antes de sus puestos actuales. A continuación da su informe.

PASO 1 Completa cada oración con el **pasado perfecto de indicativo** o el **pasado perfecto de subjuntivo** del verbo entre paréntesis, según el caso.

1. Yo sabía que muchos profesores _____ (hacer) un doctorado, pero no esperaba que algunos nunca antes _____ (impartir) clases.
2. No dudaba que el técnico de software educativo _____ (estudiar) informática. Me pareció bueno que él además _____ (tomar) algunos cursos de pedagogía.
3. Creía que el conservador (*curator*) del museo universitario _____ (completar) una maestría en historia del arte, pero me fue difícil creer que él _____ (tener) que saber también leyes y mercadotecnia.
4. Pensaba que la locutora de la Radio Pública Nacional _____ (titularse) en comunicaciones, y sabía que ella también _____ (escribir) para el periódico local.
5. No pensaba que los bibliotecarios _____ (necesitar) una maestría como mínimo, y me sorprendió que ellos _____ (enfocarse) en varios temas, desde planear lecciones hasta entender la tecnología y el acceso equitativo a los recursos.

PASO 2 Conversen sobre las ideas del **Paso 1.** ¿Qué creían ustedes que habían hecho estos profesionales para prepararse? ¿Qué no creían que hubieran hecho? ¿Les interesa ejercer alguna de estas profesiones? ¿Por qué?

6-29 **Tus propias experiencias.** ¿Qué experiencias habías tenido o no antes de varios hitos educativos en tu vida?

PASO 1 Completa las oraciones con información verdadera, usando el **pasado perfecto de indicativo.**

1. Cuando terminé la escuela primaria, yo ya _____ .
2. Cuando terminé la escuela primaria, yo nunca _____ .
3. Antes de graduarme de la escuela secundaria, yo ya _____ .
4. Antes de graduarme de la escuela secundaria, yo nunca _____ .
5. Cuando empecé los estudios universitarios, yo ya _____ .
6. Cuando empecé los estudios universitarios, yo nunca _____ .

PASO 2 Túrnense para leer sus oraciones en voz alta. Después, en grupo, escriban dos oraciones, una sobre alguna semejanza y otra sobre alguna diferencia entre todos ustedes. Prepárense para compartir sus oraciones con la clase.

MODELO: *Antes de graduarnos de la escuela secundaria, todos* **habíamos aprendido** *a conducir. Al empezar los estudios universitarios, uno de nosotros* **había hecho** *un viaje internacional, pero los otros solo* **habían hecho** *viajes nacionales.*

Gramática

IV. El futuro perfecto, el condicional perfecto y más sobre las cláusulas con *si*

The *future perfect* tense and the *conditional perfect* tense both use the compound construction *to have* (**haber**) + *past participle.* Both of these tenses express an action that occurs *before* some moment in the future, whether that moment is the future of the present (the *future perfect* tense) or the future of the past (the *conditional perfect* tense).

Creo que para el viernes **habré completado** el proyecto.	*I think that by Friday **I will have completed** the project.*
Creía que para el viernes **habría completado** el proyecto.	*I thought that by Friday **I would have completed** the project.*

A. Formación

With the future perfect tense, the auxiliary verb **haber** is conjugated in the future. The future forms of **haber** are: **habré, habrás, habrá, habremos, habréis, habrán.**

Para abril **habré trabajado** aquí por diez años.	*By April **I will have worked** here for ten years.*
En diez años más, **me habré jubilado.**	*In ten more years, **I will have retired.***

With the conditional perfect tense, the auxiliary verb **haber** is conjugated in the conditional. The conditional forms of **haber** are: **habría, habrías, habría, habríamos, habríais, habrían.**

Pensaba que en la actualidad, ya **me habría jubilado,** pero no es el caso.	*I thought that by now, **I would have retired** already, by that's not the case.*

- Recall that in Spanish, the past participles of -**ar** verbs add -**ado** to the stem, while the regular past participles of -**er** and -**ir** verbs add -**ido** to the stem. Refer back to the first grammar section in this chapter to review the formation of irregular past participles in Spanish.
- Recall that when used with **haber,** a past participle functions as part of a compound verb and has only one form ending with -**o.**
- Recall also that in **haber** + *past participle* constructions, object pronouns and **no** are placed directly before the conjugated form of **haber.** Unlike in English, no words intervene between **haber** and the subsequent past participle.

Pensaba que en la actualidad, yo ya lo **habría conseguido** todo.	*I thought that by now, **I would** have already **achieved** it all.*

> **¡AHORA TÚ!**
>
> Complete 6-6 in MySpanishLab to practice these concepts.

B. Uso

The following graph illustrates the relationships among the various verb forms covered thus far. The time line indicates two major time frames —the present and the past—, and the upper and lower divisions indicate two moods —the indicative and the subjunctive. Examples appear in italics above (indicative) and below (subjunctive) the names of the specific tenses in each time frame.

Modo indicativo

había hablado	hablé/ hablaba	hablaría	habría hablado	he hablado	hablo	hablaré	habré hablado
pasado perfecto	←pasado→ (pretérito/ imperfecto)	condicional	condicional ←X perfecto	presente perfecto	←presente→ (el momento del habla)	futuro	futuro ←X perfecto
hubiera hablado	hablara			haya hablado	hable		

Modo subjuntivo

- As shown, the future perfect is used to express an action completed *before* another moment in the future. This other moment in the future is marked with an X, since there is no verb form to express it (instead, it is marked with nouns such as *Friday, April, 2010, now,* etc.). The future perfect is anchored in the *present time frame* (i.e., the right-hand side of the graph).

  Habrán calificado los exámenes para el miércoles.

  They **will have graded** the exams by Wednesday.

- The conditional perfect is used to express an action completed *before* a future moment in the past. The future moment in the past is marked with an X, since there is no verb form to express it. The conditional perfect is anchored in the *past time frame* (i.e., the left-hand side of the graph).

  El hombre pensaba que para la edad de 28, **habría terminado** su doctorado.

  The man thought that by the age of 28, **he would have finished** his doctorate.

¡AHORA TÚ!

Complete 6-7 in MySpanishLab to practice these concepts.

- The conditional perfect is also used to express hypothetical situations in the past. Recall from Chapter 5 that to express hypothetical situations in the *present*, the simple past subjunctive is used in an *if* clause, combined with the simple conditional in the resultant clause, as shown in the first example below. When the perfect equivalents are used (i.e., the past perfect subjunctive in the *if* clause and the conditional perfect in the resultant clause), a past meaning is assigned to the hypothetical situation, thus making it an irreversible one.

  Si **trabajara** más, **ganaría** más dinero.

  If **I worked** more, **I would earn** more money.

  Si **hubiera trabajado** más, **habría ganado** más dinero.

  If **I had worked** more, **I would have earned** more money.

En contexto

6-30 **Una vida plena.** ¿Qué te imaginas que habrás aprendido y hecho antes de varios hitos importantes en tu futuro? ¿Habrás tenido una vida plena (*full*)?

PASO 1 Completa en una hoja cada oración con tus propias ideas. Algunos casos requieren además un participio pasado, para completar el **futuro perfecto.**

A. Antes de terminar mis estudios universitarios, …

1. **habré hecho** _____ [número de cursos o créditos].
2. **habré aprendido** a _____ [infinitivo].
3. **habré** … _____ .

B. Antes de jubilarme, …

4. **habré aprendido** a _____ [infinitivo].
5. **habré comprado** _____ .
6. **habré** … _____ .

C. Antes de cumplir ochenta años, …

7. **habré aprendido** a _____ [infinitivo].
8. **habré visto** _____ .
9. **habré** … _____ .

PASO 2 Túrnense para leer sus oraciones en voz alta. Después, completen las siguientes oraciones. Prepárense para compartirlas con la clase.

Habremos aprendido mucho: a _____, a _____ y a _____ [infinitivos].
Habremos visto _____ . También **habremos** … _____ .
Al final, **habremos tenido** una vida _____ [adjetivo(s)].

6-31 **Eventos históricos clave a través de los siglos.** ¿Qué habría ocurrido a nivel mundial en otras circunstancias?

PASO 1 Decide qué cláusula es apropiada y lógica para completar cada oración.

1. Si la universidad de Bolonia no **se hubiera fundado** en 1088, _____ .
2. Si Cristóbal Colón no **hubiera logrado** cruzar el océano Atlántico en 1492, _____ .
3. Si la Armada Invencible de España no **hubiera sido** derrotada en su avance contra Inglaterra en 1588, _____ .
4. Si Charles Darwin nunca **hubiera participado** en la expedición de la nave *HMS Beagle* por el océano Atlántico, de 1831 a 1836, _____ .
5. Si el Dr. Martin Luther King, Jr. no **hubiera pronunciado** su famoso discurso "Yo tengo un sueño" en 1963, _____ .

    a. no **habría desarrollado** su teoría de la evolución por selección natural.
    b. la reina Isabel I **habría sido** destronada y la historia de Inglaterra **habría sido** muy distinta.
    c. la marcha en Washington no **habría tenido** el mismo impacto y la lucha por los derechos civiles en Estados Unidos **se habría demorado** (*delayed*) aún más.
    d. muchas otras, como la de Salamanca de España en 1218, no **se habrían abierto** después, siguiendo su modelo de "universidad" como una comunidad de profesores y estudiantes.
    e. las distintas potencias de la civilización europea no **se habrían expandido** por el continente americano.

Vista de las islas Galápagos de Ecuador, donde el joven naturalista Charles Darwin realizó estudios científicos

PASO 2 Si estos y tantos otros eventos históricos clave no hubieran ocurrido, ¿cómo habría sido el mundo? Escriban por lo menos tres oraciones semejantes a las del **Paso 1,** usando el **pasado perfecto de subjuntivo** en la cláusula con **si** y el **condicional perfecto** en la cláusula independiente. Prepárense para compartir sus oraciones con la clase.

6-32 ¿Qué habría ocurrido en otras circunstancias?

PASO 1 En una hoja, completa las oraciones con tus propias ideas, usando el **condicional perfecto.** Las ideas pueden ser sobre ti, tu familia, tus amigos, etc.

MODELO: *Si hubiera sido menos tímida en la escuela secundaria, yo **habría actuado** en una obra de teatro.*

1. Si hubiera sido más/menos _____ [adjetivo] de pequeño/a(s), _____ .
2. Si hubiera sido más/menos _____ [adjetivo] en la escuela secundaria, _____ .
3. Si hubiera sabido lo que sé ahora, _____ .
4. Con más dinero, _____ .
5. Con más tiempo, _____ .

 PASO 2 Túrnense para leer en voz alta sus oraciones del **Paso 1.** Después, escojan por lo menos dos de las oraciones de su compañero/a y entrevístense para saber más. Háganse preguntas como las siguientes y/u otras. Prepárense para compartir algunas ideas con la clase.

1. ¿Por qué crees que habría ocurrido de otra manera?
2. ¿Habría sido un resultado **mejor, peor** o **igual** que el resultado que se dio en realidad?
3. ¿Qué opinas de hacer conjeturas acerca de "lo que habría ocurrido"? ¿Te parece un ejercicio beneficioso o no? ¿Por qué?

Playa de Punta Cana en la isla caribeña de República Dominicana

📖 Lectura literaria

Sobre el autor

Ernesto Cardenal (Granada, Nicaragua, 1925) es escritor, intelectual y cura. Ha sido nominado para el Premio Nobel de Literatura en varias ocasiones y es famoso por ser líder de la teología de la liberación en América Latina. El papa Juan Pablo II, en su visita oficial a Nicaragua en 1983, le regañó públicamente por su adhesión a ese movimiento. Algunos de sus poemas son religiosos—de tono y de tema. Otros tratan de temas sociales en general.

Antes de leer

6-33 **La publicidad.** No todo lo que nos muestra es cierto.

PASO 1 Completen cada oración con todas las ideas que se les ocurran.

La publicidad nos dice que...

1. serás feliz si _____ .
2. las mujeres son bellas si _____ .
3. una casa es perfecta si tiene _____ .
4. él/ella te ama si _____ .
5. las madres son buenas si _____ .
6. los hombres son de verdad si _____ .

PASO 2 Sabemos que la publicidad está llena de mensajes falsos e imágenes modificadas con *PhotoShop*. Completen en una hoja estas oraciones para refutar los mensajes publicitarios.

1. La felicidad verdadera _____ .
2. La belleza auténtica _____ .
3. Una casa normal _____ .
4. El amor genuino _____ .
5. Las madres buenas _____ .
6. Los hombres de verdad _____ .

Al leer

ESTRATEGIA AL LEER

Reconocer la intertextualidad. A veces un texto literario incorpora otros textos y voces. La conexión con otros textos es explícita cuando hay citas y referencias directas en el texto. El efecto puede ser como el de un collage en el que todos los mensajes se combinan para crear un mensaje único.

6-34 **¿Cuál es la fuente original?**

PASO 1 Mientras vas leyendo, empareja estos versos del poema con su fuente original.

1. «hoy estarás conmigo en el Paraíso...» _____
2. UN PARAÍSO TROPICAL DE PRECIOS MODERADOS _____
3. *Como en Abril en las huertas de Valencia...* _____

a. el diario de Cristóbal Colón
b. un anuncio
c. la Biblia

PASO 2 ¿Qué otros versos del poema a continuación parecen ser citas directas de otros textos? ¿Qué signos tipográficos los señalan?

Los paraísos más económicos del caribe… por Ernesto Cardenal

A gulf in the Caribbean	El Paraíso no está en Paria°
	como creyó don Cristóbal Colón
	…muy lindas tierras, atán fermosas y verdes
	como las huertas de Valencia en Marzo…
	…temperancia suavísima y las tierras y árboles 5
	como en Abril en las huertas de Valencia…
	Ni
	en Antigua donde la temperatura no sube de 80°
	y el baño es casi perfecto, y hay electricidad
courses	y no hay malaria, y hay tres campos° de golf 10
	ni en Grenada sin enfermedades tropicales ni huracanes
courts	con canchas° de tennis y golf y un night-club
	ni
	en Santa Lucía
	paraíso de los pintores y fotógrafos 15
income taxes	ni en la Isla del Caimán (sin impuesto sobre la renta°)
	donde Ud. puede todavía buscar un tesoro de pirata
	—y vivir en un hotel por $6.00 Dls. al día—
	No. No se llega por las Agencias de Turismo
Calvary, from the Bible	Tú estás diciendo desde el Calvario°: 20
	«hoy estarás conmigo en el Paraíso…»
	Y no es Tobago
	a sólo 7 horas de Nueva York
	UN PARAÍSO TROPICAL DE PRECIOS MODERADOS
	donde con $2.000 Dls. al año puede vivir una pareja 25
	en un bungalow junto al mar, con electricidad y radio
	entre mangos cocos guavas flores exóticas
rum	y el ron° es barato y no se gasta en vestidos
	porque se vive en shorts y camisa sport
	Ni las Islas Vírgenes (Inglesas) 30
	«un perfecto paraíso
	si no fuera por el inconveniente de que no hay un dentista»
	Pero yo el Paraíso lo conozco
	no es el de las Agencias de Turismo
	donde estamos tú y yo es el Paraíso. 35

Después de leer

6-35 Elementos del paraíso.

PASO 1 Escribe un ejemplo específico del poema para cada una de las siguientes características.

	Característica	**Isla**	**Ejemplo**
MODELO:	*la naturaleza*	*Tobago*	*Hay flores exóticas.*

1. el clima
2. la salud
3. los precios
4. los deportes
5. otras actividades

PASO 2 Los mensajes publicitarios van dirigidos a grupos específicos de personas. Identifiquen elementos específicos del poema que atraen a los siguientes grupos.

1. la gente rica
2. la gente de clase media
3. la gente mayor
4. los viajeros en busca de aventuras
5. los estudiantes universitarios
6. otro grupo: _____

6-36 Analizar los elementos literarios. En grupos de tres, conversen sobre el significado de los siguientes elementos literarios en el poema y escriban sus respuestas.

1. ¿Cuál es el mensaje del último verso del poema? ¿Dónde está el paraíso terrenal para ustedes? ¿Con qué persona(s)? ¿Y el infierno?
2. Hay muchos contrastes en el poema: las palabras de la Biblia, las de los anuncios, el español antiguo de los tiempos de Cristóbal Colón y las palabras que provienen del inglés. ¿Qué efecto tienen estos contrastes? ¿Qué otros contrastes notan?
3. Los versos 3 a 6 vienen del diario de Cristóbal Colón, donde el descubridor compara algo nuevo para él (América) con algo conocido (la ciudad española de Valencia). Hagan ustedes lo mismo. Piensen en cosas nuevas para ustedes (un sitio que visitaron por primera vez, sus primeras clases universitarias, un aparato nuevo, etc.) y compárenlas con algo conocido.
4. ¿Qué mentiras han contado ustedes? ¿Qué mentiras les han contado? La voz poética rechaza los mensajes dominantes de la publicidad. ¿Qué otros mensajes dominantes debemos cuestionar de la política, las noticias, el sistema educativo, las personas mayores, etc.?
5. ¿Han visitado algunos de los lugares mencionados en el poema? Busquen más información sobre estos lugares. En su opinión, ¿son ciertas las descripciones del poema? ¿Son paraísos para los turistas y sus residentes?

6-37 **Entender tu propia cultura.** Indica qué actividades pertenecen al trabajo de un/a maestro/a de español.

	Sí	No
1. Corregir los ensayos de sus estudiantes.	☐	☐
2. Hacer exámenes que reflejen el material presentado.	☐	☐
3. Traducir al español la página web de la escuela.	☐	☐
4. Servir de intérprete durante las conferencias entre maestros y padres.	☐	☐
5. Planear las actividades de cada clase.	☐	☐
6. Acompañar a los padres hispanohablantes de un estudiante a una clínica.	☐	☐

ESTRATEGIA CULTURAL

Los maestros de español son profesionales en la enseñanza del idioma. No obstante, la investigadora Soria Colomer encontró que muchos maestros de español se ven obligados a trabajar de traductores, intérpretes y asistentes sociales cuando son los únicos hispanohablantes que trabajan en una escuela. Es decir, los maestros de español llegan a ser muchas veces un puente entre el personal de la escuela y las familias hispanohablantes.

¿Cómo te sentirías si tus notas fueran publicadas en un tablón de anuncios?

¿Qué normas escolares le explicarías a un nuevo alumno que viene de otro país?

6-38 **La competencia cultural en acción.** En cada situación, describan los problemas que noten y den algunas posibles soluciones.

1. Los estudiantes de español realizan una actividad sobre nutrición, en la cual el señor Thompson ha invertido mucho tiempo. El director de la escuela toca a la puerta y le pide al señor Thompson que sirva de intérprete durante una conferencia entre la maestra de biología y unos padres hispanohablantes. El señor Thompson conoce a los padres porque su hijo es también alumno suyo. La maestra de biología les dice que su hijo va a reprobar el curso y que parece tener problemas de aprendizaje. En la clase del señor Thompson, el estudiante sobresale en todo.

2. En su evaluación anual, el director de la escuela ha evaluado el trabajo del señor Thompson como bueno pero no excelente. Tampoco le ha subido el sueldo. Al maestro le sorprende que en su evaluación, el director haya mencionado solamente su trabajo con las clases de español. No mencionó sus traducciones del folleto semanal para los padres, ni las muchas veces que sirvió de intérprete ni el trabajo que ha hecho con una familia para ayudarle a solicitar una beca universitaria para su hija.

"El sistema educativo",
por Ben Curtis y Marina Diez en *Notes in Spanish, Advanced* (España)

Antes de escuchar

|e| **6-39** ¿Cómo es el sistema educativo de Estados Unidos?

PASO 1 Pon estos componentes del sistema educativo estadounidense en orden cronológico, del 1 al 8.

_____ el kindergarten   _____ la escuela secundaria

_____ la universidad   _____ la maestría

_____ la escuela primaria o elemental   _____ la escuela intermedia

_____ la guardería   _____ el doctorado

PASO 2 Entrevístense y den ejemplos específicos para cada una de las siguientes situaciones. ¿En qué se parecen sus experiencias? ¿En qué se diferencian?

¿Cuándo te sentiste o te has sentido...

1. feliz en la guardería?
2. triste en la escuela primaria?
3. apoyado/a en la escuela secundaria?
4. estresado/a en la universidad?

|e| **6-40 Aclarar vocabulario.** Empareja las expresiones con su definición correspondiente.

1. el Magisterio de Inglés _____
2. ejercer una profesión _____
3. infantil _____
4. la oposición _____
5. la Comunidad Autónoma _____
6. la etapa _____

a. trabajar como profesional
b. una entidad territorial, similar a un estado de Estados Unidos
c. la carrera de pedagogía, en este caso, para enseñar inglés
d. descripción relacionada con los bebés y niños pequeños
e. la fase
f. el proceso de seleccionar y emplear a uno de los solicitantes

Al escuchar

ESTRATEGIA AL ESCUCHAR

Utilizar tu conocimiento previo. Escucha una descripción del sistema educativo español. Aunque no sepas nada de este tema específico, sí sabes mucho del sistema educativo de tu propio país. A partir de ese conocimiento, puedes anticipar el hecho de que haya escuelas distintas para jóvenes de diferentes edades. Ahora se trata de notar los términos que se usan para describir esas escuelas y sus variaciones culturales.

e **6-41** Práctica con el conocimiento previo.

PASO 1 Indica a qué tipo de escuela se refiere cada cita del podcast que aparece a continuación.

a. a la escuela secundaria   b. a la escuela primaria   c. a la guardería   d. al kindergarten

1. "Desde los cuatro meses… hasta los tres… hasta los dos años." _____
2. "Y a partir de tres, cuatro, ya se empezaría…" _____
3. "A partir de ahí, de los cinco años a los doce se hace…" _____
4. "Después de eso se pasa a…" _____

PASO 2 Ahora escucha el podcast. Mientras vas escuchando, apunta todas las expresiones o ideas que puedas para completar las oraciones del **Paso 1.**

Después de escuchar

6-42 ¿Lo comprendiste todo?

PASO 1 Selecciona la respuesta que complete de manera correcta cada oración.

1. Marta es estudiante _____ .
   a. en un colegio   b. en un instituto   c. en la universidad

2. Marta quiere enseñar inglés a estudiantes _____ .
   a. de la universidad   b. de la guardería   c. del colegio

3. La educación obligatoria en España empieza _____ que la educación obligatoria en Estados Unidos.
   a. a la misma edad   b. a una edad más temprana   c. a una edad más tardía

4. La escuela secundaria en Estados Unidos corresponde más o menos _____ .
   a. al instituto   b. al colegio   c. a la guardería

5. El instituto consiste en _____ .
   a. una etapa   b. dos etapas   c. tres etapas

6. Un "senior" en Estados Unidos corresponde más o menos a un estudiante español de
   _____ .
   a. sexto de primaria   b. cuarto de la ESO   c. segundo de bachillerato

7. "La selectividad" corresponde más o menos _____ .
   a. a los exámenes ACT y SAT
   b. al examen final de una clase
   c. a una carta de recomendación

8. Las universidades españolas aceptan estudiantes según _____ .
   a. su nota en la selectividad
   b. sus notas en el instituto y sus actividades extracurriculares
   c. la combinación de su nota en la selectividad y las notas en el instituto

PASO 2 Preparen una lista de las semejanzas y diferencias entre el sistema educativo español y el de su país.

PARTE 3

📖 Investigación por Internet:
Ejercicios para la mente

6-43 Jugar y aprender. Comúnmente al jugar, también acabamos aprendiendo. ¿Sigues jugando en tu vida adulta?

PASO 1 Busca estas expresiones en el sentido horizontal, vertical o diagonal y hacia adelante o atrás.

crucigrama	estrella de letras	rompecabezas	sudokus
el ahorcado	ordena letras	sopa de letras	trabalenguas

```
T E R T D B N E M I A C U O S A R
D R A C L I V D S M H J I U A R T
R S A R T E L E D A P O S D R P R
A S E B E S T R E L R I E R T S Y
E G A C A F G R U L I R L C E E D
T R A Z B L A G U A L S A F L A C
C A P U E L E D R T U I H B A C C
N U E V Y B D N O N D A O P N O R
V O R A A M A R G I C U R C E A F
Q U C A N T W C C U X Z C R D T G
S U D O K U S D E F A C A L R I E
N O M E P R C B I P E S D N O B A
M O S A P Y L A Y A M U O A J U G
A R N A S L O N U B S O S E S N O
S A R T E L E D A L L E R T S E S
```

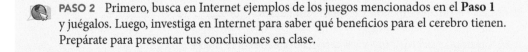

PASO 2 Primero, busca en Internet ejemplos de los juegos mencionados en el **Paso 1** y juégalos. Luego, investiga en Internet para saber qué beneficios para el cerebro tienen. Prepárate para presentar tus conclusiones en clase.

La expresión escrita:
Escribir para analizar y evaluar

La escritura analítica se enfoca en hechos (*facts*), no en opiniones, y le permite al lector identificar, entender e interpretar de manera clara los hechos relacionados con un tema. Esta escritura presenta siempre una tesis con razones apoyadas por evidencia relevante y fiable (*reliable*), y considera varias fuentes de información, prioridades que compiten e información que se contradice, para llegar al mejor análisis e interpretación posible.

Antes de escribir

6-44 **Analizar y evaluar un sitio web escrito en español.** Hoy en día Internet representa la manera más rápida de buscar información sobre un tema. Pero, ya que todo el mundo puede crear páginas de Internet, ¿cómo se sabe si esa información es fiable? Es importante saber analizar y evaluar sitios web, incluso antes de proceder a analizar la información que contienen. Hay varios criterios que se usan para hacer estos análisis y evaluaciones. Tres de los más importantes son exactitud (*accuracy*), autoridad y objetividad. ¿Qué tipo de evidencia se busca al respecto?

- La exactitud: el nombre del/de la autor/a de la información, su organización o institución y su dirección y/o teléfono
- La autoridad: las cualificaciones del/de la autor/a y un dominio preferido (.edu, .gov, .org, .net)
- La objetividad: el propósito del sitio web y el público al que se dirige

 PASO 1 Primero, piensa en algún tema de interés personal. Después, busca y elige un sitio web escrito en español sobre ese tema y contesta las siguientes preguntas.

1. ¿Qué tema general trata el sitio web y cuál es su dirección en Internet (URL)?
2. ¿Aparece en el sitio web el nombre del/de la autor/a de la información y su institución u organización? ¿Se incluye alguna manera de contactarlo/la? Apunta estos datos.
3. ¿Se incluye información sobre el/la autor/a y/o sus credenciales? ¿Cuál es el dominio del sitio web? Apunta estos datos.
4. ¿Por qué se ha creado el sitio web? ¿Para quién(es) se ha creado el sitio web? ¿Es su objetivo informar o simplemente vender o promocionar algo?
5. Basándote en tus respuestas previas sobre la exactitud, la autoridad y la objetividad del sitio web, ¿cómo lo evaluarías? ¿Contiene información fiable o cuestionable?
6. En tu opinión, ¿es importante que la información en los sitios web sea fiable? ¿Hay casos o temas para los que la fiabilidad sea especialmente importante? ¿Y poco importante?

PASO 2 Compartan sus respuestas del **Paso 1.** ¿Están de acuerdo sobre la última pregunta? ¿Fue fácil o difícil encontrar sitios web fiables sobre sus temas de interés?

ESTRATEGIA AL ESCRIBIR

Tener objetividad al analizar hechos. La escritura analítica necesita basarse en hechos y no en las opiniones ni en los prejuicios (*biases*) del/de la autor/a. Antes de escribir, hay que preguntarse, ¿puedo o no apoyar esta idea con hechos y evidencia? ¿Qué datos o referencias proporcionan esta evidencia? Si la respuesta es que no, es probable que la idea se base principalmente en una opinión. Hay que dejarse llevar por los hechos y no por las opiniones en un análisis académico.

6-45 Un mini ensayo analítico. Vas a escribir un mini ensayo analítico sobre **uno** de los seis temas relacionados con el aprendizaje y la educación presentados a continuación.

- La educación formal tiende a restringir la mente y el espíritu en vez de liberarlos.
- El gobierno debe ofrecerle educación universitaria gratuita a todo estudiante admitido en una universidad que no tenga los fondos para pagar la matrícula.
- Un sistema educativo tiene la obligación de disuadir a los estudiantes de elegir especialidades en las que tienen poca probabilidad de tener éxito.
- Algunas personas creen que al elegir su especialidad, los estudiantes universitarios deben tomar en cuenta solamente su talento y sus intereses. Otras piensan que los estudiantes deben basarse solamente en las oportunidades profesionales que existen en el mundo laboral.
- Las universidades deben obligar a todo estudiante a tomar una variedad de cursos fuera de su propia especialidad.
- Las universidades deben obligar a todo estudiante a pasar por lo menos un semestre estudiando en un país extranjero.

PASO 1 Elige el tema que te parezca más interesante. Después, busca otro/a compañero/a que haya elegido el mismo tema que tú.

 PASO 2 Decidan qué perspectiva o postura general va a analizar y evaluar cada uno/a de ustedes. Deben ser posturas distintas.

PASO 3 Analiza y evalúa tu perspectiva del tema, considerando sus complejidades. Redacta primero un esquema. A continuación se ofrecen algunas sugerencias para ayudarte a comenzar.

- Desarrolla una tesis o argumento con razones apoyadas por ejemplos y evidencia fiable.
- Cita tus fuentes de información.
- Presenta una evaluación y conclusión final sobre esa perspectiva.
- Incluye una lista de referencias al final, siguiendo el estilo del MLA.

Al escribir

6-46 Tu mini ensayo analítico.

PASO 1 Escribe el primer borrador de tu mini ensayo analítico. Sigue tu esquema de la actividad previa, pero redacta las partes en el orden que te parezca más natural. Escribe de manera sencilla, concisa, directa y objetiva.

 PASO 2 Con un/a nuevo/a compañero/a, intercambien sus borradores. Léanlos con cuidado y escriban comentarios y/o preguntas para mejorarlos. Después, tomen en cuenta los comentarios y/o preguntas de su pareja y hagan las revisiones. Finalmente, entréguenle su versión final a su profesor/a.

Después de escribir

6-47 A compartir. Después de recibir las últimas correcciones y comentarios de tu profesor/a, presenta el análisis y evaluación de tu perspectiva sobre tu tema en la siguiente sección de este capítulo.

📖 La expresión oral:
Hablar para analizar y evaluar

Tanto el discurso analítico como la escritura analítica tienen como propósito presentar, interpretar y evaluar hechos relacionados con algún tema. La diferencia está en la transmisión. Al hablar de manera analítica, hay un énfasis en la comunicación concisa, directa y objetiva. La tesis, las razones y la evidencia deben ser claramente presentadas y reconocibles dentro de la estructura de la presentación.

A. El habla interpersonal: Intercambios

6-48 **Improvisar.** Al realizar los siguientes *role-plays,* no se olviden de las ideas sobre el uso de transiciones verbales y repetición.

PASO 1 Túrnense para representar cada papel en las dos situaciones.

Situación 1

Persona A: Eres estudiante universitario/a y tus notas en el curso de historia latinoamericana son muy bajas. Estás en la mitad del semestre y te quedan dos pruebas, un trabajo escrito de quince páginas y el examen final. ¡Necesitas un/a tutor/a ahora mismo para no suspender! Quieres un/a tutor/a experto/a pero no puedes pagar mucho. Habla con la Persona B para determinar si será o no buen/a tutor/a para ti.

Persona B: Tu especialidad de estudios en la universidad es historia y sacaste una A en el curso de historia latinoamericana. Nunca le has brindado tutoría a nadie. Necesitas más dinero urgentemente. Convence a la Persona A para que te emplee como tutor/a. Explícale cómo le vas a ayudar y justifica tus precios altos.

Situación 2

Persona A: Eres maestro/a de español en una escuela secundaria. La Persona B es estudiante tuyo/a y sobresale en todo: es el/la estudiante ideal. Te ha dicho que no piensa seguir estudiando después de graduarse. Tú quieres convencerle para que asista a la universidad.

Persona B: Siempre has estudiado mucho y has sacado buenas notas. Te has cansado de tanta presión y de tener que ser siempre perfecto/a. Ahora no quieres asistir a la universidad. Además, tus padres no tienen dinero para pagar la matrícula. Prefieres buscar un trabajo después de graduarte de la escuela secundaria. Convence a tu maestro/a de que tu decisión es la mejor para ti.

PASO 2 Ahora algunos voluntarios harán los *role-plays* con una nueva pareja delante de la clase. La clase va a analizar qué pasó durante cada interacción y qué estrategia(s) usó cada participante para comunicarse bien.

ESTRATEGIA AL HABLAR

Usar transiciones verbales y repetición. Las transiciones verbales son palabras o frases breves que sirven para enfatizar las ideas principales y la organización de un discurso. Un ejemplo común son los números: "…Voy a presentar tres razones: A, B y C. Primero, A… La segunda razón es B… Ahora hablaré de la tercera razón, C… Resumiendo, las tres razones de mi postura son A, B y C. En conclusión, …" Las transiciones verbales y la repetición crean una estructura cíclica que ayuda al público a seguir y recordar los argumentos dados. Hay que planear ambas de antemano para usarlas de manera coherente y efectiva.

B. El habla de presentación: Un discurso analítico

Antes de presentar

6-49 **Hablar para analizar y evaluar.** Vuelve a tu mini ensayo analítico de la sección anterior para presentarlo como discurso analítico en clase.

 PASO 1 Vuelvan a reunirse con su compañero/a de tema de la sección anterior sobre la escritura analítica. Coordinen bien sus dos presentaciones sobre el mismo tema. Por ejemplo, ¿quién va a presentar primero? ¿Van a presentar de manera consecutiva o van a alternar sus partes? ¿Qué esperan conseguir con el formato que elijan?

PASO 2 Adapta tu mini ensayo analítico para tu discurso analítico, el cual debe ser breve y durar de tres a cinco minutos. Usa oraciones menos complejas, vocabulario sencillo, varias transiciones verbales y suficiente repetición de las ideas principales. Toma en cuenta lo siguiente y practícalo con tu pareja en equipo antes de darlo en clase.

- Una introducción breve que establezca tu perspectiva del tema y tu tesis
- Dos o tres razones para tu tesis, cada una apoyada por evidencia y ejemplos; recuerda citar las fuentes de información
- Una conclusión que resuma tus razones y ofrezca una evaluación o interpretación final

Después de presentar

6-50 **¡A votar!** Después de escuchar la presentación de todos los equipos, la clase va a votar por el equipo que haya presentado, analizado e interpretado los hechos relacionados con su tema de manera más clara. ¿Qué equipo tiene el mayor número de votos?

El servicio comunitario:
Las oportunidades para el voluntariado
en las escuelas

 6-51 El sistema educativo y el voluntariado.

PASO 1   Hay muchas oportunidades para ayudar a los demás con su aprendizaje. Completen la siguiente oración con todas las ideas que se les ocurran.

Podemos ayudar a _____ [personas] en _____ [lugar] a _____ [infinitivo].

MODELOS: *Podemos ayudar a los maestros en las escuelas a comunicarse mejor con los padres hispanohablantes. Podemos ayudar a los estudiantes internacionales en nuestra universidad a mejorar el inglés.*

PASO 2   De su lista del **Paso 1,** ¿qué oportunidades les permiten interactuar con hablantes de español? Con la ayuda de su profesor/a, pónganse en contacto con esas organizaciones para saber si quieren recibir a voluntarios.

 6-52 Reflexionar.   Comenten las siguientes preguntas.

1. **¿Qué?** Identifiquen las oportunidades de trabajo voluntario de la actividad anterior que más les interesen y expliquen por qué. ¿Qué debe hacer el/la voluntario/a específicamente?

2. **¿Y qué?** Muchas personas que brindan tutoría dicen que ellas mismas son las que más aprenden. En su opinión, ¿qué cosas puede aprender un/a tutor/a? Además, los tutores enseñan mucho más que una materia específica; son también modelos para los estudiantes. En su opinión, ¿qué características deben ejemplificar los tutores?

3. **¿Ahora qué?** Piensen en las oportunidades para el aprendizaje que no existan en su comunidad. ¿Qué clases deberían ofrecerse? ¿En qué lugares se debería ofrecer tutoría? ¿Qué oportunidades debería haber para los estudiantes? ¿Y para los adultos? ¿Qué clases podrían ofrecer ustedes usando sus conocimientos y habilidades?

Resumen de vocabulario

Parte 1: El ámbito personal

Sustantivos	Nouns
la autoestima	*self-esteem*
el cinismo	*cynicism*
la empatía	*empathy*
el fracaso	*failure*
la meta	*goal*
el refrán	*saying, proverb*

Adjetivos	Adjectives
enriquecedor/a	*enriching*
principiante	*beginner*
sobresaliente	*outstanding, brilliant*

Verbos	Verbs
animar	*to encourage*
cometer un error	*to make a mistake*
desarrollar	*to develop*
recuperar(se)	*to recover, retrieve*
sobresalir	*to stand out, excel*
trasnochar	*to pull an all-nighter, stay up all night*

Parte 2: El ámbito profesional

Sustantivos	Nouns
el acoso (sexual)	*bullying, (sexual) harrassment*
el/la entrenador/a	*coach, trainer*
la matrícula	*tuition*

Verbos	Verbs
calificar	*to grade*
corregir (i, i)	*to correct*
dictar/impartir clases	*to teach/give class(es)*
inscribir(se) (en), matricular(se) (en)	*to enroll (in), register/ sign up (for)*
jubilarse	*to retire*
recopilar	*to gather, collect*
reembolsar	*to reimburse*

Adjetivos	Adjectives
didáctico/a	*didactic, teaching*

Verb Charts

Regular Verbs: Simple Tenses

Infinitive Present Participle Past Participle	Indicative					Subjunctive		Imperative
	Present	Imperfect	Preterit	Future	Conditional	Present	Imperfect	Commands
hablar hablando hablado	hablo hablas habla hablamos habláis hablan	hablaba hablabas hablaba hablábamos hablabais hablaban	hablé hablaste habló hablamos hablasteis hablaron	hablaré hablarás hablará hablaremos hablaréis hablarán	hablaría hablarías hablaría hablaríamos hablaríais hablarían	hable hables hable hablemos habléis hablen	hablara hablaras hablara habláramos hablarais hablaran	habla (tú), no hables hable (usted) hablemos hablad (vosotros), no habléis hablen (ustedes)
comer comiendo comido	como comes come comemos coméis comen	comía comías comía comíamos comíais comían	comí comiste comió comimos comisteis comieron	comeré comerás comerá comeremos comeréis comerán	comería comerías comería comeríamos comeríais comerían	coma comas coma comamos comáis coman	comiera comieras comiera comiéramos comierais comieran	come (tú), no comas coma (usted) comamos comed (vosotros), no comáis coman (ustedes)
vivir viviendo vivido	vivo vives vive vivimos vivís viven	vivía vivías vivía vivíamos vivíais vivían	viví viviste vivió vivimos vivisteis vivieron	viviré vivirás vivirá viviremos viviréis vivirán	viviría vivirías viviría viviríamos viviríais vivirían	viva vivas viva vivamos viváis vivan	viviera vivieras viviera viviéramos vivierais vivieran	vive (tú), no vivas viva (usted) vivamos vivid (vosotros), no viváis vivan (ustedes)

Regular Verbs: Perfect Tenses

Indicative												Subjunctive			
Present Perfect		Past Perfect		Preterit Perfect		Future Perfect		Conditional Perfect		Present Perfect		Past Perfect	
he has ha hemos habéis han	hablado comido vivido	había habías había habíamos habíais habían	hablado comido vivido	hube hubiste hubo hubimos hubisteis hubieron	hablado comido vivido	habré habrás habrá habremos habréis habrán	hablado comido vivido	habría habrías habría habríamos habríais habrían	hablado comido vivido	haya hayas haya hayamos hayáis hayan	hablado comido vivido	hubiera hubieras hubiera hubiéramos hubierais hubieran	hablado comido vivido

Irregular Verbs

Infinitive Present Participle Past Participle	Indicative					Subjunctive		Imperative
	Present	Imperfect	Preterit	Future	Conditional	Present	Imperfect	Commands
andar andando andado	ando andas anda andamos andáis andan	andaba andabas andaba andábamos andabais andaban	anduve anduviste anduvo anduvimos anduvisteis anduvieron	andaré andarás andará andaremos andaréis andarán	andaría andarías andaría andaríamos andaríais andarían	ande andes ande andemos andéis anden	anduviera anduvieras anduviera anduviéramos anduvierais anduvieran	anda (tú), no andes ande (usted) andemos andad (vosotros), no andéis anden (ustedes)
caer cayendo caído	caigo caes cae caemos caéis caen	caía caías caía caíamos caíais caían	caí caíste cayó caímos caísteis cayeron	caeré caerás caerá caeremos caeréis caerán	caería caerías caería caeríamos caeríais caerían	caiga caigas caiga caigamos caigáis caigan	cayera cayeras cayera cayéramos cayerais cayeran	cae (tú), no caigas caiga (usted) caigamos caed (vosotros), no caigáis caigan (ustedes)
dar dando dado	doy das da damos dais dan	daba dabas daba dábamos dabais daban	di diste dio dimos disteis dieron	daré darás dará daremos daréis darán	daría darías daría daríamos daríais darían	dé des dé demos deis den	diera dieras diera diéramos dierais dieran	da (tú), no des dé (usted) demos dad (vosotros), no deis den (ustedes)
decir (i, i) diciendo dicho	digo dices dice decimos decís dicen	decía decías decía decíamos decíais decían	dije dijiste dijo dijimos dijisteis dijeron	diré dirás dirá diremos diréis dirán	diría dirías diría diríamos diríais dirían	diga digas diga digamos digáis digan	dijera dijeras dijera dijéramos dijerais dijeran	di (tú), no digas diga (usted) digamos decid (vosotros), no digáis digan (ustedes)
estar estando estado	estoy estás está estamos estáis están	estaba estabas estaba estábamos estabais estaban	estuve estuviste estuvo estuvimos estuvisteis estuvieron	estaré estarás estará estaremos estaréis estarán	estaría estarías estaría estaríamos estaríais estarían	esté estés esté estemos estéis estén	estuviera estuvieras estuviera estuviéramos estuvierais estuvieran	está (tú), no estés esté (usted) estemos estad (vosotros), no estéis estén (ustedes)
haber habiendo habido	he has ha hemos habéis han	había habías había habíamos habíais habían	hube hubiste hubo hubimos hubisteis hubieron	habré habrás habrá habremos habréis habrán	habría habrías habría habríamos habríais habrían	haya hayas haya hayamos hayáis hayan	hubiera hubieras hubiera hubiéramos hubierais hubieran	
hacer haciendo hecho	hago haces hace hacemos hacéis hacen	hacía hacías hacía hacíamos hacíais hacían	hice hiciste hizo hicimos hicisteis hicieron	haré harás hará haremos haréis harán	haría harías haría haríamos haríais harían	haga hagas haga hagamos hagáis hagan	hiciera hicieras hiciera hiciéramos hicierais hicieran	haz (tú), no hagas haga (usted) hagamos haced (vosotros), no hagáis hagan (ustedes)

Irregular Verbs (*continued*)

Infinitive Present Participle Past Participle	Indicative					Subjunctive		Imperative
	Present	Imperfect	Preterit	Future	Conditional	Present	Imperfect	Commands
ir yendo ido	voy vas va vamos vais van	iba ibas iba íbamos ibais iban	fui fuiste fue fuimos fuisteis fueron	iré irás irá iremos iréis irán	iría irías iría iríamos iríais irían	vaya vayas vaya vayamos vayáis vayan	fuera fueras fuera fuéramos fuerais fueran	ve (tú), no vayas vaya (usted) vamos, no vayamos id (vosotros), no vayáis vayan (ustedes)
oír oyendo oído	oigo oyes oye oímos oís oyen	oía oías oía oíamos oíais oían	oí oíste oyó oímos oísteis oyeron	oiré oirás oirá oiremos oiréis oirán	oiría oirías oiría oiríamos oiríais oirían	oiga oigas oiga oigamos oigáis oigan	oyera oyeras oyera oyéramos oyerais oyeran	oye (tú), no oigas oiga (usted) oigamos oíd (vosotros), no oigáis oigan (ustedes)
poder (ue) pudiendo podido	puedo puedes puede podemos podéis pueden	podía podías podía podíamos podíais podían	pude pudiste pudo pudimos pudisteis pudieron	podré podrás podrá podremos podréis podrán	podría podrías podría podríamos podríais podrían	pueda puedas pueda podamos podáis puedan	pudiera pudieras pudiera pudiéramos pudierais pudieran	
poner poniendo puesto	pongo pones pone ponemos ponéis ponen	ponía ponías ponía poníamos poníais ponían	puse pusiste puso pusimos pusisteis pusieron	pondré pondrás pondrá pondremos pondréis pondrán	pondría pondrías pondría pondríamos pondríais pondrían	ponga pongas ponga pongamos pongáis pongan	pusiera pusieras pusiera pusiéramos pusierais pusieran	pon (tú), no pongas ponga (usted) pongamos poned (vosotros), no pongáis pongan (ustedes)
querer (ie) queriendo querido	quiero quieres quiere queremos queréis quieren	quería querías quería queríamos queríais querían	quise quisiste quiso quisimos quisisteis quisieron	querré querrás querrá querremos querréis querrán	querría querrías querría querríamos querríais querrían	quiera quieras quiera queramos queráis quieran	quisiera quisieras quisiera quisiéramos quisierais quisieran	quiere (tú), no quieras quiera (usted) queramos quered (vosotros), no queráis quieran (ustedes)
saber sabiendo sabido	sé sabes sabe sabemos sabéis saben	sabía sabías sabía sabíamos sabíais sabían	supe supiste supo supimos supisteis supieron	sabré sabrás sabrá sabremos sabréis sabrán	sabría sabrías sabría sabríamos sabríais sabrían	sepa sepas sepa sepamos sepáis sepan	supiera supieras supiera supiéramos supierais supieran	sabe (tú), no sepas sepa (usted) sepamos sabed (vosotros), no sepáis sepan (ustedes)

Irregular Verbs (*continued*)

Infinitive Present Participle Past Participle	Indicative					Subjunctive		Imperative
	Present	Imperfect	Preterit	Future	Conditional	Present	Imperfect	Commands
salir saliendo salido	salgo sales sale salimos salís salen	salía salías salía salíamos salíais salían	salí saliste salió salimos salisteis salieron	saldré saldrás saldrá saldremos saldréis saldrán	saldría saldrías saldría saldríamos saldríais saldrían	salga salgas salga salgamos salgáis salgan	saliera salieras saliera saliéramos salierais salieran	sal (tú), no salgas salga (usted) salgamos salid (vosotros), no salgáis salgan (ustedes)
ser siendo sido	soy eres es somos sois son	era eras era éramos erais eran	fui fuiste fue fuimos fuisteis fueron	seré serás será seremos seréis serán	sería serías sería seríamos seríais serían	sea seas sea seamos seáis sean	fuera fueras fuera fuéramos fuerais fueran	sé (tú), no seas sea (usted) seamos sed (vosotros), no seáis sean (ustedes)
tener (ie) teniendo tenido	tengo tienes tiene tenemos tenéis tienen	tenía tenías tenía teníamos teníais tenían	tuve tuviste tuvo tuvimos tuvisteis tuvieron	tendré tendrás tendrá tendremos tendréis tendrán	tendría tendrías tendría tendríamos tendríais tendrían	tenga tengas tenga tengamos tengáis tengan	tuviera tuvieras tuviera tuviéramos tuvierais tuvieran	ten (tú), no tengas tenga (usted) tengamos tened (vosotros), no tengáis tengan (ustedes)
traer trayendo traído	traigo traes trae traemos traéis traen	traía traías traía traíamos traíais traían	traje trajiste trajo trajimos trajisteis trajeron	traeré traerás traerá traeremos traeréis traerán	traería traerías traería traeríamos traeríais traerían	traiga traigas traiga traigamos traigáis traigan	trajera trajeras trajera trajéramos trajerais trajeran	trae (tú), no traigas traiga (usted) traigamos traed (vosotros), no traigáis traigan (ustedes)
venir (ie) viniendo venido	vengo vienes viene venimos venís vienen	venía venías venía veníamos veníais venían	vine viniste vino vinimos vinisteis vinieron	vendré vendrás vendrá vendremos vendréis vendrán	vendría vendrías vendría vendríamos vendríais vendrían	venga vengas venga vengamos vengáis vengan	viniera vinieras viniera viniéramos vinierais vinieran	ven (tú), no vengas venga (usted) vengamos venid (vosotros), no vengáis vengan (ustedes)
ver viendo visto	veo ves ve vemos veis ven	veía veías veía veíamos veíais veían	vi viste vio vimos visteis vieron	veré verás verá veremos veréis verán	vería verías vería veríamos veríais verían	vea veas vea veamos veáis vean	viera vieras viera viéramos vierais vieran	ve (tú), no veas vea (usted) veamos ved (vosotros), no veáis vean (ustedes)

Stem-Changing and Orthographic-Changing Verbs

Infinitive Present Participle Past Participle	Indicative					Subjunctive		Imperative
	Present	Imperfect	Preterit	Future	Conditional	Present	Imperfect	Commands
almorzar (ue) (c) almorzando almorzado	almuerzo almuerzas almuerza almorzamos almorzáis almuerzan	almorzaba almorzabas almorzaba almorzábamos almorzabais almorzaban	almorcé almorzaste almorzó almorzamos almorzasteis almorzaron	almorzaré almorzarás almorzará almorzaremos almorzaréis almorzarán	almorzaría almorzarías almorzaría almorzaríamos almorzaríais almorzarían	almuerce almuerces almuerce almorcemos almorcéis almuercen	almorzara almorzaras almorzara almorzáramos almorzarais almorzaran	almuerza (tú), no almuerces almuerce (usted) almorcemos almorzad (vosotros), no almorcéis almuercen (ustedes)
buscar (qu) buscando buscado	busco buscas busca buscamos buscáis buscan	buscaba buscabas buscaba buscábamos buscabais buscaban	busqué buscaste buscó buscamos buscasteis buscaron	buscaré buscarás buscará buscaremos buscaréis buscarán	buscaría buscarías buscaría buscaríamos buscaríais buscarían	busque busques busque busquemos busquéis busquen	buscara buscaras buscara buscáramos buscarais buscaran	busca (tú), no busques busque (usted) busquemos buscad (vosotros), no busquéis busquen (ustedes)
corregir (i, i) (j) corrigiendo corregido	corrijo corriges corrige corregimos corregís corrigen	corregía corregías corregía corregíamos corregíais corregían	corregí corregiste corrigió corregimos corregisteis corrigieron	corregiré corregirás corregirá corregiremos corregiréis corregirán	corregiría corregirías corregiría corregiríamos corregiríais corregirían	corrija corrijas corrija corrijamos corrijáis corrijan	corrigiera corrigieras corrigiera corrigiéramos corrigierais corrigieran	corrige (tú), no corrijas corrija (usted) corrijamos corregid (vosotros), no corrijáis corrijan (ustedes)
dormir (ue, u) durmiendo dormido	duermo duermes duerme dormimos dormís duermen	dormía dormías dormía dormíamos dormíais dormían	dormí dormiste durmió dormimos dormisteis durmieron	dormiré dormirás dormirá dormiremos dormiréis dormirán	dormiría dormirías dormiría dormiríamos dormiríais dormirían	duerma duermas duerma durmamos durmáis duerman	durmiera durmieras durmiera durmiéramos durmierais durmieran	duerme (tú), no duermas duerma (usted) durmamos dormid (vosotros), no durmáis duerman (ustedes)
incluir (y) incluyendo incluido	incluyo incluyes incluye incluimos incluís incluyen	incluía incluías incluía incluíamos incluíais incluían	incluí incluiste incluyó incluimos incluisteis incluyeron	incluiré incluirás incluirá incluiremos incluiréis incluirán	incluiría incluirías incluiría incluiríamos incluiríais incluirían	incluya incluyas incluya incluyamos incluyáis incluyan	incluyera incluyeras incluyera incluyéramos incluyerais incluyeran	incluye (tú), no incluyas incluya (usted) incluyamos incluid (vosotros), no incluyáis incluyan (ustedes)
llegar (gu) llegando llegado	llego llegas llega llegamos llegáis llegan	llegaba llegabas llegaba llegábamos llegabais llegaban	llegué llegaste llegó llegamos llegasteis llegaron	llegaré llegarás llegará llegaremos llegaréis llegarán	llegaría llegarías llegaría llegaríamos llegaríais llegarían	llegue llegues llegue lleguemos lleguéis lleguen	llegara llegaras llegara llegáramos llegarais llegaran	llega (tú), no llegues llegue (usted) lleguemos llegad (vosotros), no lleguéis lleguen (ustedes)

Stem-Changing and Orthographic-Changing Verbs (*continued*)

Infinitive Present Participle Past Participle	Indicative					Subjunctive		Imperative
	Present	Imperfect	Preterit	Future	Conditional	Present	Imperfect	Commands
pedir (i, i) pidiendo pedido	pido pides pide pedimos pedís piden	pedía pedías pedía pedíamos pedíais pedían	pedí pediste pidió pedimos pedisteis pidieron	pediré pedirás pedirá pediremos pediréis pedirán	pediría pedirías pediría pediríamos pediríais pedirían	pida pidas pida pidamos pidáis pidan	pidiera pidieras pidiera pidiéramos pidierais pidieran	pide (tú), no pidas pida (usted) pidamos pedid (vosotros), no pidáis pidan (ustedes)
pensar (ie) pensando pensado	pienso piensas piensa pensamos pensáis piensan	pensaba pensabas pensaba pensábamos pensabais pensaban	pensé pensaste pensó pensamos pensasteis pensaron	pensaré pensarás pensará pensaremos pensaréis pensarán	pensaría pensarías pensaría pensaríamos pensaríais pensarían	piense pienses piense pensemos penséis piensen	pensara pensaras pensara pensáramos pensarais pensaran	piensa (tú), no pienses piense (usted) pensemos pensad (vosotros), no penséis piensen (ustedes)
producir (zc) (j) produciendo producido	produzco produces produce producimos producís producen	producía producías producía producíamos producíais producían	produje produjiste produjo produjimos produjisteis produjeron	produciré producirás producirá produciremos produciréis producirán	produciría producirías produciría produciríamos produciríais producirían	produzca produzcas produzca produzcamos produzcáis produzcan	produjera produjeras produjera produjéramos produjerais produjeran	produce (tú), no produzcas produzca (usted) produzcamos producid (vosotros), no produzcáis produzcan (ustedes)
reír (i, i) riendo reído	río ríes ríe reímos reís ríen	reía reías reía reíamos reíais reían	reí reíste rió/rio reímos reísteis rieron	reiré reirás reirá reiremos reiréis reirán	reiría reirías reiría reiríamos reiríais reirían	ría rías ría riamos riáis/riais rían	riera rieras riera riéramos rierais rieran	ríe (tú), no rías ría (usted) riamos reíd (vosotros), no riáis/riais rían (ustedes)
seguir (i, i) (ga) siguiendo seguido	sigo sigues sigue seguimos seguís siguen	seguía seguías seguía seguíamos seguíais seguían	seguí seguiste siguió seguimos seguisteis siguieron	seguiré seguirás seguirá seguiremos seguiréis seguirán	seguiría seguirías seguiría seguiríamos seguiríais seguirían	siga sigas siga sigamos sigáis sigan	siguiera siguieras siguiera siguiéramos siguierais siguieran	sigue (tú), no sigas siga (usted) sigamos seguid (vosotros), no sigáis sigan (ustedes)
sentir (ie, i) sintiendo sentido	siento sientes siente sentimos sentís sienten	sentía sentías sentía sentíamos sentíais sentían	sentí sentiste sintió sentimos sentisteis sintieron	sentiré sentirás sentirá sentiremos sentiréis sentirán	sentiría sentirías sentiría sentiríamos sentiríais sentirían	sienta sientas sienta sintamos sintáis sientan	sintiera sintieras sintiera sintiéramos sintierais sintieran	siente (tú), no sientas sienta (usted) sintamos sentid (vosotros), no sintáis sientan (ustedes)
volver (ue) volviendo vuelto	vuelvo vuelves vuelve volvemos volvéis vuelven	volvía volvías volvía volvíamos volvíais volvían	volví volviste volvió volvimos volvisteis volvieron	volveré volverás volverá volveremos volveréis volverán	volvería volverías volvería volveríamos volveríais volverían	vuelva vuelvas vuelva volvamos volváis vuelvan	volviera volvieras volviera volviéramos volvierais volvieran	vuelve (tú), no vuelvas vuelva (usted) volvamos volved (vosotros), no volváis vuelvan (ustedes)

Spanish – English Glossary

The number following each entry in bold corresponds to the chapter in which the word is introduced for active mastery. Non-bold numbers correspond to the introduction of words for receptive use.

A

a condición de que on condition that, provided that **4**

a fin de que so that, in order to/that **4**

a lo mejor perhaps **5**

a menos que unless **4**

abandono infantil, el child abandonment **4**

abdominales, los sit-ups **3**

abogado/a, el/la lawyer **2**

abogar (por) to advocate (for) **4**, 6; argue for 3

aburrir to bore **2**

acabar to run out of 3

acaso perhaps **4**

acercarse (a) to approach **2**

acogedor/a cozy, welcoming 1, 3

aconsejar to advise **4**

acontecimiento, el event 1

acoso (sexual), el bullying, (sexual) harrassment **6**

acostarse (ue) to go to bed **2**

acto caritativo, el charitable act **4**

actual current, present (-day) 6

actualización, la update 3

actualizar to update **3**

adivinar to guess 2, 3

adjunto/a attached **3**

adolescencia, la adolescence **2**

adultez, la adulthood **2**

advenedizo/a, el/la newcomer, social climber 3

advertir (ie, i) to take notice of, warn 4

aeropuerto, el airport 1

afeitarse (un hombre) to shave **2**

aficionado/a, el/la fan 5

afinar to fine tune 3

afortunado/a fortunate, lucky 6

agenda, la agenda, appointment book **3**

agregar to add 1

aguaducho, el small, open air café 3

aguas residuales, las wastewater **2**

agudeza, la wit 1

ahorrar to save (money) 3

albergar to house 3

aldaba, la door knocker 1

aleatorio/a random 4

alegrarse (de) to be glad (about) **4**

alejarse to stay away from 5

alguna vez ever, at some time 6

alojamiento, el accommodations **1**

alojar(se) to lodge, house, stay **1**

altorrelieve, el high relief 1

altura, la height 1

ambigüedad, la ambiguity **5**

amistad, la friendship **3**

amplio/a spacious, roomy **1**

añadir to add 3

anafre, el cooker 3

análisis, el analysis 1

ancho, el width 2

anchura, la width 1

anclar to anchor 1

andino/a Andean 1

anexo, el (e-mail) attachment **3**

ángel, el angel 1

animar to encourage **6**

ante todo first and foremost **3**

anteriormente previously 3

antes de (que) before 1, 2, 3, 4, 5, 6

apagar to go out, turn off 3

apariencia, la appearance 1

apático/a apathetic **4**

apodo, el nickname 2

aportar to contribute 2

apoyar to support (a cause) 4

apreciar to value, appreciate 3

aprendizaje a través de servicio, el service learning **4**

apresuradamente hastily 4

apretar (ie) to press 4

apretón de mano, el handshake 4

aprovechar to take advantage of 1

apto/a suitable **1**

armar to put together 6

arreglarse to fix oneself up, get ready 2

arreglo floral, el flower arrangement 2

arrimado/a leaning 5

arte callejero, el street art 5

asemejarse to resemble 1

asentir (ie, i) to nod 3

asequible affordable 1, 4

asomarse a (la ventana) to peek into 5; to look out of (the window) 6

ataúd, el casket 4

atraer to attract **1**

atrapado/a trapped 2

atrasar to delay 4

atrevido/a daring **4**

aula de clase, el (España) classroom 6

aunque although, even though 4

autoestima, la self-esteem **6**

avanzado/a advanced 6

aves de rapiña, las birds of prey 4

ayuda humanitaria internacional, la international humanitarian aid **4**

ayudar to help 1

B

bachillerato, el high school 6

bacteriano/a bacterial 2

baile de salón, el ballroom dancing 6

bajo, el bass 5

barra de agarre, la grab bar 1

barrera, la barrier 1

bastar to be enough 2

batata, la yam 2

batido, el shake 2

(bellas) artes, las (fine) arts 5

biblioteca, la library 1

billete (de avión/tren), el (España) plane/train ticket 1

bloguero/a, el/la blogger 1

boleto (de avión/tren), el plane/train ticket 1

borrador, el draft 1, 2, 3, 4, 5, 6

borrar to erase 3

brecha generacional, la generation gap **2**
brindar por to toast **2**
brindis, el toast 2
bucear to scuba dive 1, 6
buena educación, la good manners 1
buscar to look for 4

C

caer to fall, drop, spill 3
caer bien/mal to like/dislike [a person] 2
cadena de televisión, la television station 1
café, el café; coffee 1
cafetería, la cafeteria 1
cajero/a, el/la cashier 4
calambre, el cramp 2
calidad, la quality, grade **1**
cálido/a warm 1, 4
calificación, la grade 6
calificar to grade **6**
Calvario, el Calvary, from the Bible 6
camiseta, la t-shirt 5
campaña, la campaign 3
campo de golf, el golf course 6
cancha, la court 6
cántaro, el pitcher 3
capacitación, la training 3
cargo, el job 4
carrera (profesional), la (professional) career 1, 2, 3, 4, 5, 6
casero/a homemade 4
caudal, el flow rate 1
caudaloso/a mighty 1
causa, la cause **4**
cercano/a nearby 1
cerrajero/a, el/la locksmith 1
cerro, el hill **1**
césped, el lawn, grass 1
chisme, el piece of gossip 3
choque cultural, el culture shock **1**
choques, los misunderstandings 3
ciego/a blind 1
cinismo, el cynicism **6**
cirujano/a, el/la surgeon 2
ciudadanía, la citizenship 4
ciudadano/a, el/la citizen 2
clavar los ojos to stare 4
cliente/a, el/la client, customer 1, 2, **3**, 4, 5

clientela, la clientele **3**
coche, el car 1, 3, 4, 5, 6
colega, el/la colleague **1**, 3
colegio, el elementary/grade school 6
colgado/a hung 5
cometer un error to make a mistake **6**
como how(ever) 4
como si as if, as though 5
cómodo/a comfortable 1
componer to compose 5
comportarse to behave 5
comprar to buy 2
comprometerse (con) to commit (to), engage (in) **4**
compromiso cívico, el civic engagement **4**
comunicado de prensa, el press release **4**
con tal de que provided that 4
concienciar to raise awareness 4
concordancia, la agreement 1
confianza, la trust 3
confiar (en) to trust (in), count on **3**
conjetura, la conjecture, speculation **5**
conocer to know, be familiar with 4
consejo, el (piece of) advice 3, 5
conserje, el/la concierge **1**
conservador/a, el/la curator 6
contaminación, la pollution 4
convalidar to validate **1**
coro, el chorus 5
corregir (i, i) to correct **6**
correo electrónico, el e-mail (message) **3**
cortés polite 4
cosmopolita cosmopolitan **1**
cotilleo, el gossip 3
cotización, la price quote **3**
Coyoacán a borough of Mexico City 1
crear to create 5
creatividad, la creativity **5**
creativo/a creative **5**
crecer to grow up 2
creer to believe 4
criarse to grow up 2
crisis, la crisis 1
crucero, el cruise 1
crucigrama, el crossword puzzle 5
cuadro, el picture, painting 5

cualidad, la quality **4**
cuando when 1, 2, 3, 4, 5, 6
cuanto antes as soon as possible 3
cuarto, el (bed)room 1
cubiertos, los utensils 1
cuenta, la bill 3; account 3
cumplido, el compliment, praise **2**

D

dar to give 2
dar(le) clases particulares (a) to tutor **4**
dar pena to upset, make (one) sad 2
de manera que so that 4
de modo que so that 4
deberes, los homework 6
decir (i, i) to say, tell 2, 4
dejadez, la negligence 1
delegar to delegate **4**
demorado/a delayed 6
denunciar abusos to denounce abuses 4
depilarse (una mujer) to remove one's body hair, wax 2
derechos (humanos), los (human) rights **4**
derrumbar to collapse 2
desafiante challenging 3, 6
desafío, el challenge 3, **4**
desapercibido/a unnoticed 5
desarrollar to develop 1, 3, 4, 5, **6**
desastre natural, el natural disaster 4
descomponer(se) to break (down) 3
descuento, el discount 3
desear to desire, to want 4
desembocadura, la mouth, estuary 1
desempeñar (un papel) to carry out, play (a role) 1, **4**
desfavorecido/a disadvantaged **4**
desilusión, la disappointment 4
desorden, el disorder **1**
desordenado/a disorderly, untidy, messy **1**
desplazado/a displaced **4**
desplazar to move, scroll 6
despreciar to despise, look down on **3**
después de (que) after 1, 2, 3, 4, 5, 6
destacarse to stand out **1**, 3

desviar to divert 4
detenidamente carefully 4
D.F. Federal District (Mexico City) 1
día, el day 1, 2, 3, 4, 5, 6
diagnosticar to diagnose 2
diapositiva, la slide 3
dictar clase(s) to teach/give class(es) 6
didáctico/a didactic, teaching 6
difunto/a, el/la deceased 1
dilema, el dilemma 1
diligencias, las errands 3
director/a (de la escuela), el/la (school) principal 6
dirigirse a to address 4
discurso hablado, el spoken discourse 4
discurso, el speech 1
diseño, el design 1, 3
disfrazarse to wear a costume 4
disparidad, la disparity 3
disponible available 3
dispositivo, el device 1
dispuesto/a (a) willing, ready (to) 3, 4
distraer to distract 1
Distrito Federal Federal District (Mexico City) 1
doctorado, el Ph.D. 5
doler (ue) to hurt 2, 4
dolor, el pain 2
doloroso/a painful 2
donar (sangre) to donate (blood) 4
donde where, wherever 4
dotes de mando, las leadership qualities 4
drama, el drama 1
dudar (de) to doubt 4
dueño/a, el/la owner 1
duradero/a long-lasting 3
durar to last, go on for 1

E

echar de menos to miss 1
echarse para adelante to move ahead 4
edad adulta, la adulthood 2
edificio, el building 1
efervescencia, la sparkle 5
eficaz effective 3
ejercer (de) to practice (a profession) (as) 2
El Patito Feo The Ugly Duckling 5

elogiar to praise, compliment, flatter 2
elogio, el compliment, praise 2
e-mail, el e-mail 3
empatía, la empathy 6
empoderamiento, el empowerment 4
emprendedor/a entrepreneurial 5
emprendedor/a, el/la entrepreneur 3, 5
emprender to undertake, embark (up)on 5
emprendimiento, el entrepreneurship 5
empresario/a, el/la entrepreneur 3, 5
en apuros in danger, in a predicament 4
en caso de que in case 4
en cuanto as soon as 4
en el extranjero abroad 1, 3, 4, 5, 6
en negrita boldface 1, 2, 4, 5, 6
encajar to fit (in) 5
encantar to delight 2
enfadarle (a uno) to anger (one) 4
enfermero/a, el/la nurse 2
enfermo/a ill, sick 2
enfermo/a, el/la ill person 2
enlace, el link 3
enojarle (a uno) to anger (one) 4
enriquecedor/a enriching 6
ensayar to rehearse 5
ensayo, el essay 1
enseñar to teach 6
ente, el being 5
enterrar (ie) to bury 4
entrenador/a, el/la coach, trainer 6
entrenar to train 3
entretener (ie) to entertain 1, 5
entretenimiento, el entertainment 5
entristecerle (a uno) to make (one) sad 4
envase, el container 3
enviar (un mensaje de texto) to send (a text message) 2
erguido/a erect 3
es: es aconsejable it's advisable; **es bueno** it's good; **es deseable** it's desirable; **es dudoso** it's doubtful; **es importante** it's important; **es (im)posible** it's (im)possible; **es (im)probable** it's (im)probable; **es (in)cierto**

it's (un)certain; **es indispensable** it's crucial; **es interesante** it's interesting; **es malo** it's bad; **es mejor** it's better; **es necesario** it's necessary; **es preciso** it's essential; **es preferible** it's preferable; **es raro** it's odd; **es recomendable** it's advisable; **es ridículo** it's ridiculous; **es seguro** it's certain; **es sorprendente** it's surprising; **es terrible** it's terrible; **es una lástima** it's a shame; **es urgente** it's urgent; **es verdad** it's true 4
esbozar to sketch, outline 5
escalada en roca, la rock climbing 4
esclavo/a indígena, el/la indigenous slave 5
esconderse to hide oneself 2
escribir to write 2
escuela primaria, la elementary/grade school 6
escuela secundaria, la high school 6
esfera, la sphere 5
esforzarse (ue) por (+ INF) to strive to (+ INF) 2
especialidad (de estudios), la major (studies) 3
especializarse (en) to major (in), specialize (in) 3
esperado/a expected 2
esperar to expect, hope 4
esquema, el outline 1, 2, 3, 4, 5, 6
estabilidad política, la political stability 4
estacionamiento, el parking lot 1
estante, el bookshelf 4
estar to be 6: **estar contento/a (de)** to be happy (about) 4; **estar dotado/a (de)** to be endowed, equipped (with) 3; **estar encargado/a (de)** to be in charge (of) 3; **estar seguro/a (de)** to be sure (of) 4
estimado/a dear 3
estrés, el stress 2
estudiante, el/la student 1
etiqueta, la tag, label 3
etiquetar to tag 3
exactitud, la accuracy 6
examen de ingreso, el entrance exam 2

excursión, la hike, excursion, brief trip **1**
exigir to demand 4
éxito, el success 6
extrañar to miss **1**
extranjero/a foreign 1, 6
extranjero/a, el/la foreigner 1, 5

F

facciones, las features 4
factible feasible 3, 4
faringitis estreptocócica, la strep throat 2
fascinar to fascinate 2
fiable trustworthy 3; reliable 6
ficha, la index card 5
fichero, el file, filing cabinet 4
fiel faithful 4
flexiones, las push-ups 3
filmar to film **5**
financiamiento colectivo, el crowdsourcing 4
finanzas, las finance 3
fingido/a made-up 5
flojo/a weak 3
fomentar to encourage, foster, promote **3**, 4
forma, la form 1
foto(grafía), la photo(graph) 1
fotógrafo/a, el/la photographer 4
fotoperiodista, el/la photojournalist 4
fracaso, el failure 5, **6**
frontera, la border 2
la fuente fountain 1; source 1, 2, 5, 6; font 5
fundación, la foundation 4
futbolín, el foosball 3

G

ganancias, las profits **3**
ganarse la vida to earn a living 2
ganas, las desire 4
gato/a, el/la cat 1
gaveta, la drawer 4
gerencia, la management **3**
gerente, el/la manager 1, 3
gesto, el gesture 4
gestor/a, el/la agent 1
gira, la tour, outing **1**
grafitero/a, el/la graffiti artist 5
granizo, el hail 1

granjero/a, el/la farmer 1
grifo del lavabo, el sink faucet 5
guardería, la daycare facility 1
guerra, la war 4
gustarle (a uno) to please (one) 4

H

haber (+ participio pasado) to have (+ past participle) 6
habitación, la (bed)room 1
hacer (un) trabajo/servicio voluntario to do volunteer work/service, to volunteer **4**
hacerse daño to get hurt 2
halagar to praise, compliment, flatter **2**
halago, el compliment, praise **2**
hambre, el hunger 4
hambruna, la famine **4**
hasta que until 4
hay there is/are 4
hecho, el fact 6
herido/a hurt, wounded **2**
hermano/a, el/la brother; sister 1
herramienta, la tool 1, 3, 4
hito, el milestone **2**, 6
hogar de acogida, el orphanage 4
hombre, el man 1
hotelero/a, el/la hotel manager 1
hueso, el bone 4
hundir to sink 1

I

imagen, la image **3**
imaginación, la imagination **5**
imaginario/a imaginary **5**
imaginativo/a imaginative **5**
impartir clase(s) to teach/give class(es) **6**
impreso/a printed 3
impresora, la printer 3
impuesto sobre la renta, el income tax 6
incorporarse to stand up 4
Indias, las America 3
indígena indigenous **1**
individuo, el individual 1
inesperado/a unexpected **2**
inestabilidad política, la political instability **4**
infatigable tireless 4
influir (en) to influence 1
informática, la computer science 4

innovación, la innovation **5**
innovar to innovate **5**
inolvidable unforgettable 3
inscribir(se) (en) to enroll (in), register/sign up (for) **6**
insistir (en) to insist (on) 4
inspiración, la inspiration **5**
inspirado/a inspired **5**
instituto, el high school 6
intercambio, el exchange 1, 2, 3, 4, 5, 6
intermedio/a intermediate 6
intervenir (ie) (en un momento de crisis) to intervene (in a moment of crisis) 4
introducir (datos) to enter (data) 2
inventar to invent 5
investigación, la research 1
involucrar to involve, entail 1, **3**, 4
IRM MRI 2
Islas de la Bahía, las Bay Islands 1
itinerario, el itinerary **1**

J

jardinería, la gardening 1
jefe/a, el/la boss 1
jubilarse to retire **6**
juiciosamente judiciously 2

L

La Sirenita The Little Mermaid 5
laguna generacional, la generation gap 2
lamentar to regret 4
lanzar to launch **3**
lápiz, el pencil 1
le to you (for.), him, her, it 3
lema, el slogan 4
les to you all (for.), them 3
letra, la lyrics 3
ley, la law 4
liado/a busy 3
licenciatura, la Bachelor's degree 5
liderazgo, el leadership 3, **4**
lidiar (con) to deal (with) **5**
lienzo, el canvas 5
limpieza, la cleanliness 1
llamado, el (Américas) appeal **4**
llamamiento, el (España) appeal **4**
llenar un formulario to fill out a form **4**
lluvia de ideas, la brainstorming 1

local, el premises 4
lograr to achieve 3, 6
lona, la tarp 3
lonchera, la lunchbox 3
luchador/a, el/la wrestler 4
lucha libre, la wrestling 4

M

maestro/a, el/la grade/high school teacher 6
malandanza, la misfortune 5
malvivir to scrape by 4
manada, la herd, pack 4
mandar (un mensaje de texto) to send (a text message) **2**; to order 4
mano, la hand 1
maquillarse to put on makeup 2
maras, las gangs 4
marcas blancas, las generic brands 2
marginado/a marginalized 4
mascota, la pet 2, 4
matrícula, la tuition 6
matricular(se) (en) to enroll (in), register/sign up (for) 6
mayor older, larger, greater 1
mayoritario/a majority 1
me (to) me, myself 2, 3
médico/a, el/la (medical) doctor 2
medida, la measure 4
medios de transporte, los means of transport(ation) 1
medios sociales, los social media 3
mejor better 1, 4
mejorar to improve, make better 4
menor younger, smaller 1
mensaje de texto, el text message 2, 3
mercado, el market 5
mercadotecnia, la marketing 3
merecer la pena to be worth it 6
meta, la goal 2, 3, 4, 5, **6**
mientras (que) as long as, while 4
mirar to look at 2
mirarse to look at oneself 2
mochila, la backpack 1
mochilear to backpack **1**
mochilero/a, el/la backpacker **1**
modo, el mood 4
molestar to bother, annoy 2, 4
moro/a, el/la Moor 3

morir (ue, u) to die, pass away 2
mostrador, el counter **1**
mostrar (ue) to show 2
moto(cicleta), la motorcycle 1
mudanza, la moving (from one place/house to another) **1**
mudarse to move, change residences 1, 4
mujer, la woman 1
multa, la fine 6
mundo laboral, el the work world 6
mutar to change 5

N

nacer to be born **2**
naturaleza, la nature 1
necesitar to need 4
negar (ie) to deny 4
negocios, los business 3
niñez, la childhood **2**
niño/a, el/la child 4
noche, la night 1
nos (to) us, ourselves 2, 3
nota, la grade 6
novato/a, el/la freshman 3
nutrirse de to feed on 4

O

obsequio, el gift 1
ocurrir to occur (to), come up with 3
ofender to offend 2
ofrecer clases de formación to offer training **4**
ojalá (que) I wish, if only 5
óleo, el oil painting 5
olvidar to forget, slip one's mind 3
orden aleatorio, el random order 2
orden, el order 1
ordenado/a orderly, tidy, neat 1
orfanato, el orphanage 4
organización (benéfica), la (charitable) organization 4
Organización de las Naciones Unidas (ONU), la United Nations (UN) **4**
organización no gubernamental (ONG), la nongovernmental organization (NGO) **4**
organización sin fines de lucro, la nonprofit organization 1, **4**
os (to) you all, yourselves (familiar, Spain) 2, 3

osadía, la audacity, daring, boldness **5**
otorgar to award, grant **5**
oyente, el/la listener 4

P

paciente, el/la patient 2
país en vías de desarrollo, el developing country **4**
paisaje, el landscape **1**
paliza, la beating 3
pantalla, la screen 5
pantimedias, las pantyhose 2
para nada at all 3
para que so that, in order to/that 4
parecer to seem 2
parecerse to look alike 1; resemble 4
Paria, la a gulf in the Caribbean 6
partida, la game 5
pastel, el pie, cake 2
Patrimonio de la Humanidad, el World Heritage Site **1**
patrocinar to sponsor 4
pauta, la guideline 1
pedido, el purchase order 3
pedir (i, i) to ask 4
peligroso/a dangerous 4
pensamiento, el thought 2
pensar (ie) to think 4
peor worse 1
perder (ie) to lose, miss 3
perfil, el profile 1, **3**, 4
perforación corporal/en el cuerpo, la body piercing 2
perforar(se) el cuerpo/las orejas to pierce one's body/ears 2
permitir to permit 4
perseverancia, la perserverance **5**
persona, la person 1, 4
personal, el personnel, staff 6
personas mayores, las the elderly, senior citizens 4
pertrecho, el gear 1
perturbado/a upset 4
pesca, la fishing 1
pestaña, la tab 6
petición de asilo, la request for asylum 4
petición, la request 3
pez, el fish 1
piercing, el body piercing **2**
piloto, el/la pilot 1

pintor/a, el/la painter 5
pintura, la picture, painting 5
piso, el (España) apartment 1
pista de atletismo, la (running) track 4
pista, la clue 1
placentero/a pleasant 4
pleno/a full 6
plomero/a, el/la plumber 1
población, la population **4**
ponencia, la talk 4
ponerle contento/triste (a uno) to make (one) happy/sad 4
ponerse (contento/a, furioso/a, triste) to become (content, angry, sad) 2
por: por ahora for now; **por ejemplo** for example; **por eso** for that reason; **por fin** finally, at last; **por lo general** in general; **por lo menos** at least; **por lo tanto** therefore; **por primera/última vez** for the first/last time; **por supuesto** of course 1
por casualidad by chance 3
portada, la cover 4
portátil, el laptop 4
pozo de agua, el well 4
práctica, la internship 1
predecir (i, i) to predict **5**
prejuicio, el prejudice 3; bias 6
prejuicio de género, el gender bias 5
preocuparle (a uno) to worry (one) 4
preparar to prepare 2
presupuesto, el budget 1, 3, **5**, 6
primera infancia, la infancy **2**
principiante beginner **6**
procurar to strive to 3
profesor/a, el/la professor 1
profundo/a deep 1
prohibir to prohibit 4
promocionar to promote 5
propietario/a, el/la owner 3
proponer to propose 4
proporcionar to provide **4**
propuesta, la proposal 5
protección del medio ambiente, la environmental protection 4
proveer (de) to provide, supply (with) **4**
proyectar to project, plan **3**

puesto (vacante), el job (opening), position 1, 3
pulgada, la inch 2
pulir to polish (up) 3
puna, la highlands 1

Q

¡Qué bueno...! How nice...! 4
¡Qué casualidad! What a coincidence! 1
¡Qué lástima...! What a shame...! 4
¡Qué malo...! How awful...! 4
¿Qué onda? (México) What's up? 1, 5
quedar to leave behind 3
quedarse to stay **1**
querer (ie) to want 4
quitar to take away 2
quizá(s) perhaps 5

R

radiografía, la x-ray **2**
rana, la frog 1
razón, la reason 4
rebelde, el/la rebel 1
recado, el message 1
recaudar fondos to fundraise **4**
recetar to prescribe 2
rechazar to reject **4**
reciclar (aluminio, plástico, vidrio) to recycle (aluminum, plastic, glass) 4
recomendar (ie) to recommend 4
reconocer to acknowledge 1
recopilar to gather, collect **6**
recorrido, el journey, route **1**
recuperar(se) to recover, retrieve **6**
recurso, el resource 1, 2, 3, 4, 6
recursos humanos, los human resources **3**
red (social), la (social) network 3
reducir to reduce **2**
reembolsar to reimburse **6**
refrán, el saying, proverb **6**
refugiado/a, el/la refugee 1, **4**
regalar to gift 2
registro, el range 5
relajarse to relax **1**
repartir to distribute, divide 3, 4
repiqueteo, el tapping 1
reportajes de actualidad, los reports on current events 1

reprender to reprimand, chide 4
reseña, la (critical) review 1, 5
residencia, la dorm 1
restos, los remains 4
resucitar to revive 4
reto, el challenge 1, 2, **3**, 4, 5
retrato, el portrait 5
reunión, la meeting 1
rieles, los rails 5
riesgo, el risk 1, 2, 3, 4, **5**
reñir (i, i) to scold 4
rincón, el corner 1
rodar (ue) to film **5**
rogar (ue) to beg 4
romper to break, tear 3
ron, el rum 6
rostro, el face 4
ruido, el noise 5

S

sabroso/a tasty 1
sal, la salt 1
sala de arte, la art gallery 1
salón de clase, el classroom 6
salud (física, mental), la (physical, mental) health **2**
sanar to heal **2**
sandez, la nonsense 3
sano/a healthy, wholesome 1, **2**
sastrería, la tailor (shop) 1
satisfacer to satisfy 1
se yourself (for.), himself, herself; yourselves (for.), themselves; to you (all) (for.), him, her, it, them 2, 3
sede (de una organización), la headquarters (of an organization) **4**
sedentario/a sedentary **3**
seguridad, la safety 1
señalar to point out 4
sensible sensitive 5
sentimiento, el feeling **2**
sentir (ie, i) to regret, feel 4
sentirse (ie, i) aludido/a to take personally 5
sentirse (ie, i) (estresado/a, feliz, molesto/a) to feel (stressed, happy, annoyed) 2
ser to be 6
servicios sociales, los social services 4
servir (i, i) to serve 2
si if, whether 3, 5

SIDA, el AIDS 4
sierra, la saw 3
significativo/a meaningful, significant 2
simposio, el symposium 3
sin que without 4
sinceridad, la sincerity 2
sindicato, el labor union **4**
sinergias, las synergies 3
sobresaliente outstanding, brilliant **6**
sobresalir to stand out, excel **6**
sobrevivir to survive 2
sol, el sun 1
solicitante, el/la applicant 5
solicitar to apply for 3
solidario/a supportive **4**
sollozo, el sob 4
sonda, la probe 2
sordo/a deaf 1
sorprendente surprising 3
sostenibilidad, la sustainability 1
sucursal, la branch office 3
sueño, el sleep 2
sugerir (ie, i) to suggest 4
"suin", el swing 5
superarse to outdo oneself 6
superficie, la surface 2
superpoblado/a overpopulated 4
suponer to suppose, entail, imply **1**

T

tal vez perhaps 5
tamaño, el size 1
tan pronto como as soon as 4
tarea, la homework 6
tarjeta de crédito/débito, la credit/debit card 3

tarrajear to plaster 1
tasa, la rate 1
tatuaje, el tattoo **2**
tatuar(se) to (get a) tattoo **2**
te (to) you, yourself (familiar) 2, 3
tecnología, la technology **3**
tejer to knit 4
temer to fear 4
templado/a mild 1
temporada, la season 1
tener (ie) miedo (de) to be afraid (of) 4
terapia, la therapy **2**
tienda de buceo, la dive shop 1
timbre, el doorbell 1
tono, el mood 5
torero/a, el/la bullfighter 3
toro, el bull 1
trabajador/a autónomo/a, el/la independent worker/contractor 3
trabajador/a itinerante, el/la migrant worker **4**
tramitar to arrange, attend to 2
tranquilo/a tranquil, calm, quiet **1**
trasnochar to pull an all-nighter, to stay up all night **6**
trastos, los junk 4
traumático/a traumatic **2**
tregua, la truce 4
tren de cercanías, el commuter train 1
turismo, el tourism 1
turista, el/la tourist 1

U

ubicado/a located **1**
unirse (a) to join (an organization, a cause) **4**

V

vaca, la cow 1
varón male 5
vecindad, la neighborhood 1, 3
vecindario, el neighborhood 2, 3, 4
vecino/a, el/la neighbor 3
vejez, la old age **2**
velero, el sailboat 1
vencer to expire 3
venidero/a upcoming 1
ventaja, la advantage 1
ventas, las sales **3**
ver to see 4
vestirse (i, i) to get dressed 2
viajar to travel 1
viaje, el trip 1
víctima, la victim 1
vivienda asequible, la affordable housing **4**
volar (ue) to fly 1
vuelo, el flight 1
vulnerable vulnerable **4**

Y

ya already, now 6
yate, el yacht 1

Z

zaragozano/a, el/la a person from Zaragoza 4

English – Spanish Glossary

A

accommodations el alojamiento **1**
account la cuenta **3**
accuracy la exactitud **6**
achieve, to lograr **6**
acknowledge, to reconocer **1**
add, to agregar **1**; añadir **3**
address, to dirigirse a **4**
adolescence la adolescencia **2**
adulthood la adultez **2**; la edad adulta **2**
advanced avanzado/a **6**
advantage la ventaja **1**
advice, (piece of) el consejo **3**, 5
advise, to aconsejar **4**
advocate (for), to abogar (por) **4**, 6
affordable (housing) asequible **1**; (la vivienda) asequible **4**
after después de (que) 1, 2, 3, 4, 5, 6
agenda la agenda **3**
agent el/la gestor/a **1**
agreement la concordancia **1**
AIDS el SIDA **4**
airport el aeropuerto **1**
already ya **6**
although aunque **4**
ambiguity la ambigüedad **5**
America las Indias 3, las Américas
analysis el análisis **1**
anchor, to anclar **1**
Andean andino/a **1**
angel el ángel **1**
anger (one), to enfadarle (a uno) **4**; enojarle (a uno) 4
annoy, to molestar **4**
apartment el piso (España) **1**
apathetic apático/a **4**
appeal el llamado (Américas) **4**; el llamamiento (España) **4**
appearance la apariencia **1**
applicant el/la solicitante **5**
apply (for), to solicitar 2, 3
appointment book la agenda **3**
appreciate, to apreciar **3**
approach, to acercarse (a) **2**
argue for, to abogar (por) **3**
arrange, to tramitar **2**
art gallery la sala de arte **1**
as if como si **5**
as long as mientras (que) **4**
as soon as en cuanto, tan pronto como **4**
as soon as possible cuanto antes **3**
as though como si **5**
ask, to pedir (i, i) **4**

at all para nada **3**
at some time alguna vez **6**
attached adjunto/a **3**
attend to, to tramitar **2**
attract, to atraer **1**
audacity la osadía **5**
available disponible **3**
award, to otorgar **5**

B

Bachelor's degree la licenciatura **5**
backpack la mochila **1**
backpack, to mochilear **1**
backpacker el/la mochilero/a **1**
bacterial bacteriano/a **2**
ballroom dancing el baile de salón **6**
barrier la barrera **1**
bass el bajo **5**
Bay Islands las Islas de la Bahía **1**
be afraid (of), to tener (ie) miedo (de) **4**
be born, to nacer **2**
be glad (about), to alegrarse (de) **4**
be, to estar 6; ser 6
be worth it, to merecer la pena **6**
beating la paliza **3**
become (content, angry, sad), to ponerse (contento/a, furioso/a, triste) **2**
(bed)room el cuarto, la habitación **1**
be enough, to bastar **2**
before antes de (que) 1, 2, 4, 5, 6
beg, to rogar (ue) **4**
beginner principiante **6**
behave, to comportarse **5**
being el ente **5**
believe, to creer **4**
better mejor 1, **4**
bias el prejuicio **6**
bill la cuenta **3**
birds of prey las aves de rapiña **4**
blind ciego/a **1**
blogger el/la bloguero/a **1**
body piercing la perforación corporal/ en el cuerpo, el piercing **2**
boldface en negrita 1, 2, 4, 5, 6
bone el hueso **4**
bookshelf el estante **4**
border la frontera **2**
bore, to aburrir **2**
boss el/la jefe/a **1**
bother, to molestar **2**
brainstorming la lluvia de ideas **1**
branch office la sucursal **3**

break (down), to descomponer(se) **3**
break, to romper **3**
brilliant sobresaliente **6**
brother el hermano **1**
budget el presupuesto 1, 3, **5**, 6
building el edificio **1**
bull el toro **1**
bullfighter el/la torero/a **3**
bullying el acoso **6**
bury, to enterrar (ie) **4**
business los negocios **3**
busy liado/a **3**
buy, to comprar **2**
by chance por casualidad **3**

C

café el café **1**
cafeteria la cafetería **1**
cake el pastel **2**
Calvary (from the Bible) el Calvario **6**
campaign la campaña **3**
canvas el lienzo **5**
car el coche 1, 3, 4, 5, 6
career la carrera 1, 2, 3, 4, 5, 6
carefully detenidamente **4**
carry out, to desempeñar 1, **4**
cashier el/la cajero/a **4**
casket el ataúd **4**
cat el/la gato/a **1**
cause la causa **4**
challenge el desafío **3**, 4; el reto 1, 2, **3**, 4, 5
challenging desafiante **3**, 6
change, to mutar **5**
charitable act el acto caritativo **4**
charitable organization la organización benéfica **4**
chide, to reprender **4**
child el/la niño/a **4**
child abandonment el abandono infantil **4**
childhood la niñez **2**
chorus el coro **5**
citizen el/la ciudadano/a **2**
citizenship la ciudadanía **4**
civic engagement el compromiso cívico **4**
classroom el aula de clase (España), el salón de clase **6**
cleanliness la limpieza **1**
client el/la cliente/a **3**
clientele la clientela **3**
clue la pista **1**

coach el/la entrenador/a **6**
coffee el café 1
collapse, to derrumbar 2
colleague el/la colega **1**, 3
collect, to recopilar **6**
come up with, to ocurrir 3
comfortable cómodo/a **1**
commit (to), to comprometerse (con) **4**
commuter train el tren de cercanías 1
compliment el cumplido, el elogio, el halago **2**
compliment, to elogiar, halagar 2
compose, to componer 5
computer science la informática 4
concierge el/la conserje **1**
conjecture la conjetura 5
container el envase 3
contribute, to aportar 2
cooker el anafre 3
corner el rincón 1
correct, to corregir (i, i) **6**
cosmopolitan cosmopolita **1**
count on, to confiar (en) **3**
counter el mostrador **1**
court la cancha 6
cover la portada 4
cow la vaca 1
cozy acogedor/a **1**, 3
cramp el calambre 2
create, to crear 5
creative creativo/a 5
creativity la creatividad 5
credit/debit card la tarjeta de crédito/débito 3
crisis la crisis 1
(critical) review la reseña 1, 5
crossword puzzle el crucigrama 5
crowdsourcing el financiamiento colectivo 4
cruise el crucero 1
culture shock el choque cultural **1**
curator el/la conservador/a 6
current actual 6
customer el/la cliente/a 1, 2, **3**, 4, 5
cynicism el cinismo **6**

D

dangerous peligroso/a **4**
daring atrevido/a **4**
daring la osadía 5
day el día 1, 2, 3, 4, 5, 6
daycare facility la guardería 1
deaf sordo/a 1
deal (with), to lidiar (con) **5**
dear estimado/a 3
deceased el/la difunto/a 1
deep profundo/a 1

delay, to atrasar 4, demorar 6
delayed demorado/a 6
delegate, to delegar **4**
delight, to encantar 2
demand, to exigir 4
denounce abuses, to denunciar abusos **4**
deny, to negar (ie) 4
design el diseño **1**, 3
desire las ganas 4
desire, to desear 4
despise, to despreciar 3
develop, to desarrollar 1, 3, 4, 5, **6**
developing country el país en vías de desarrollo 4
device el dispositivo 1
diagnose, to diagnosticar 2
didactic didáctico/a **6**
die, to morir (ue, u) **2**
dilemma el dilema 1
disadvantaged desfavorecido/a **4**
disappointment la desilusión 4
discount el descuento 3
disorder el desorden 1
disorderly desordenado/a **1**
disparity la disparidad 3
displaced desplazado/a **4**
distract, to distraer 1
distribute, to repartir 3, 4
dive shop la tienda de buceo 1
divert, to desviar 4
divide, to repartir 3, 4
doctor el/la médico/a 2
do volunteer work/service, to hacer (un) trabajo/servicio voluntario 4
donate (blood), to donar (sangre) 4
door knocker la aldaba 1
doorbell el timbre 1
dorm la residencia 1
doubt, to dudar (de) 4
draft el borrador 1, 2, 3, 4, 5, 6
drama el drama 1
drawer la gaveta 4
dressed, to get vestirse (i, i) **2**
drop, to caer 3

E

earn a living, to ganarse la vida 2
effective eficaz 3
elderly, the las personas mayores 4
elementary/grade school el colegio 6; la escuela primaria 6
e-mail el e-mail 3
e-mail (message) el correo electrónico 3
(e-mail) attachment el anexo 3
embark (up)on, to emprender 5
empathy la empatía 6
empowerment el empoderamiento 4

encourage, to fomentar **3**, 4; animar **6**
engage (in), to comprometerse (con) **4**
enriching enriquecedor/a **6**
enroll (in), to inscribir(se) (en) **6**; matricular(se) (en) **6**
entail, to involucrar 1, **3**, 4
enter (data), to introducir (datos) 2
entertain, to entretener (ie) 1, **5**
entertainment el entretenimiento 5
entrance exam el examen de ingreso 2
entrepreneur el/la emprendedor/a 3, **5**; el/la empresario/a 3, **5**
entrepreneurial emprendedor/a **5**
entrepreneurship el emprendimiento **5**
environmental protection la protección del medio ambiente 4
erase, to borrar 3
erect erguido/a 3
errands las diligencias 3
essay el ensayo 1
even though aunque 4
event el acontecimiento 1
ever alguna vez 6
excel, to sobresalir **6**
exchange el intercambio 1, 2, 3, 4, 5, 6
expect, to esperar 4
expected esperado/a **2**
expire, to vencer 3

F

face el rostro 4
fact el hecho 6
failure el fracaso 5, **6**
faithful fiel 4
famine la hambruna **4**
fan el/la aficionado/a 5
farmer el/la granjero/a 1
fascinate, to fascinar 2
fear, to temer 4
feasible factible 3, 4
feature la facción 4
Federal District (Mexico City) Distrito Federal (D.F.) 1
feed on, to nutrirse de 4
feel (stressed, happy, annoyed), to sentirse (ie, i) (estresado/a, feliz, molesto/a) **2**
feeling el sentimiento **2**
file el fichero 4
fill out a form, to llenar un formulario **4**
film, to filmar **5**, rodar (ue) **5**
finance las finanzas **3**
fine la multa 6
fine tune, to afinar 3
(fine) arts las (bellas) artes 5

first and foremost ante todo **3**
fish el pez **1**
fishing la pesca **1**
fit in, to encajar **5**
fix oneself up, to arreglarse **2**
flatter, to elogiar **2**; halagar **2**
flight el vuelo **1**
flow rate el caudal **1**
flower arrangement el arreglo floral **2**
fly, to volar (ue) **1**
font la fuente **5**
foosball el futbolín **3**
foreign extranjero/a **1**, **6**
foreigner el/la extranjero/a **1**, **5**
forget, to olvidar **3**
form la forma **1**
fortunate afortunado/a **6**
foster, to fomentar **3**, **4**
foundation la fundación **4**
fountain la fuente **1**
freshman el/la novato/a **3**
friendship la amistad **3**
frog la rana **1**
full pleno/a **6**
fundraise, to recaudar fondos **4**

G

game la partida **5**
gangs las maras **4**
gardening la jardinería **1**
gather, to recopilar **6**
gear el pertrecho **1**
gender bias el prejuicio de género **5**
generation gap la laguna generacional
   2; la brecha generacional **2**
generic brands las marcas blancas **2**
gesture el gesto **4**
gift el obsequio **1**, el regalo
gift, to regalar **2**
give class(es), to dictar/impartir clases **6**
give, to dar **2**
goal la meta **2, 3, 4, 5, 6**
golf course el campo de golf **6**
good manners la buena educación **1**
gossip el cotilleo **3**
go to bed, to acostarse (ue) **2**
go out, to apagar **3**
grab bar la barra de agarre **1**
grade la calidad **1**; la calificación, la
   nota **6**
grade, to calificar **6**
grade/high school teacher el/la
   maestro/a **6**
graffiti artist el/la grafitero/a **5**
grant, to otorgar **5**
greater mayor **1**
grow up, to crecer **2**; criarse **2**
guess, to adivinar **2, 3**

guideline la pauta **1**
gulf in the Caribbean, a la Paria **6**

H

hail el granizo **1**
hand la mano **1**
handshake el apretón de mano **4**
hastily apresuradamente **4**
have (+ past participle), to haber
   (+ participio pasado) **6**
headquarters (of an organization) la
   sede (de una organización) **4**
heal, to sanar **2**
health la salud **2**
healthy sano/a **1**, **2**
height la altura **1**
help, to ayudar **1**
herself se **2**
hide oneself, to esconderse **2**
high relief el altorrelieve **1**
high school el bachillerato **6**; la escuela
   secundaria **6**; el instituto **6**
highlands la puna **1**
hike la excursión **1**
hill el cerro **1**
himself se **2**
homemade casero/a **4**
homework los deberes, la tarea **6**
hope, to esperar **4**
hotel manager el/la hotelero/a **1**
house, to albergar **3**
How awful...! ¡Qué malo…! **4**
How nice...! ¡Qué bueno…! **4**
how(ever) como **4**
human resources los recursos humanos **3**
(human) rights los derechos (humanos) **4**
hung colgado/a **5**
hunger el hambre **4**
hurt herido/a **2**
hurt, to doler (ue) **2**, **4**
hurt, to get hacerse daño **2**

I

if si **3, 5**
if only ojalá (que) **5**
ill enfermo/a **2**
ill person el/la enfermo/a **2**
image la imagen **3**
imaginary imaginario/a **5**
imagination la imaginación **5**
imaginative imaginativo/a **5**
improve, to mejorar **4**
in case en caso de que **4**
in danger en apuros **4**
in a predicament en apuros **4**
inch la pulgada **2**
income tax el impuesto sobre la renta **6**

independent worker/contractor el/la
   trabajador/a autónomo/a **3**
index card la ficha **5**
indigenous indígena **1**
indigenous slave el/la esclavo/a
   indígena **5**
individual el individuo **1**
infancy la primera infancia **2**
influence, to influir (en) **1**
innovate, to innovar **5**
innovation la innovación **5**
in order to/that a fin de que **4**; para que **4**
insist (on), to insistir (en) **4**
inspiration la inspiración **5**
inspired inspirado/a **5**
intermediate intermedio/a **6**
international humanitarian aid la ayuda
   humanitaria internacional **4**
internship la práctica **1**
intervene (in a moment of crisis), to
   intervenir (ie) (en un momento de
   crisis) **4**
invent, to inventar **5**
involve, to involucrar **1**, **3**, **4**
itinerary el itinerario **1**
itself se **2**

J

job (opening) el cargo **4**; el puesto
   (vacante) **1**, **3**
join (an organization, a cause), to
   unirse (a) **4**
journey el recorrido **1**
judiciously juiciosamente **2**
junk los trastos **4**

K

knit, to tejer **4**
know (a fact), to saber **4**
know, be familiar with, to conocer **4**

L

label la etiqueta **3**
labor union el sindicato **4**
landscape el paisaje **1**
laptop el portátil **4**
larger mayor **1**
last, to durar **1**
launch, to lanzar **3**
law la ley **4**
lawn el césped **1**
lawyer el/la abogado/a **2**
leadership el liderazgo **3**, **4**
leadership qualities las dotes de mando **4**
leaning arrimado/a **5**
leave behind, to quedar **3**

library   la biblioteca 1
like/dislike [a person], to   caer bien/mal 2
link   el enlace 3
listener   el/la oyente 4
located   ubicado/a 1
locksmith   el/la cerrajero/a 1
lodge, to   alojar(se) 1
long-lasting   duradero/a 3
look alike, to   parecerse 1
look at (oneself), to   mirar(se) 2
look down on, to   despreciar 3
look for, to   buscar 4
look out of (the window), to   asomarse
   a (la ventana) 6
lose, to   perder (ie) 3
lucky   afortunado/a 6
lunchbox   la lonchera 3
lyrics   la letra 3

M

made-up   fingido/a 5
major (in), to   especializarse (en) 3
major (studies)   la especialidad (de
   estudios) 3
majority   mayoritario/a 1
make a mistake, to   cometer un error 6
make (one) happy, to   ponerle contento
   (a uno) 4
make (one) sad, to   entristecerle (a uno)
   4; ponerle triste (a uno) 4
make better, to   mejorar 4
male   varón 5
man   el hombre 1
management   la gerencia 3
manager   el/la gerente 1, 3
marginalized   marginado/a 4
market   el mercado 5
marketing   la mercadotecnia 3
meaningful   significativo/a 2
means of transport(ation)   los medios
   de transporte 1
measure   la medida 4
meeting   la reunión 1
mental health   la salud mental 2
message   el recado 1
mighty   caudaloso/a 1
migrant worker   el/la trabajador/a
   itinerante 4
mild   templado/a 1
milestone   el hito 2, 6
misfortune   la malandanza 5
miss, to   echar de menos 1; extrañar 1;
   perder (ie) 3
misunderstandings   los choques 3
mood   el modo 4; el tono 5
Moor   el/la moro/a 3
motorcycle   la moto(cicleta) 1
mouth   la desembocadura 1

move (one's place of residence), to
   mudarse 1, 4
move ahead, to   echarse para adelante 4
moving (from one place/house to
   another)   la mudanza 1
MRI   IRM 2
myself   me 2

N

natural disaster   el desastre natural 4
nature   la naturaleza 1
nearby   cercano/a 1
need, to   necesitar 4
negligence   la dejadez 1
neighbor   el/la vecino/a 3
neighborhood   la vecindad, el vecindario
   1, 2, 3, 4
newcomer   el/la advenedizo/a 3
nickname   el apodo 2
night   la noche 1
nod, to   asentir (ie, i) 3
noise   el ruido 5
nongovernmental organization (NGO)
   la organización no gubernamental
   (ONG) 4
nonprofit organization   la organización
   sin fines de lucro 1, 4
nonsense   la sandez 3
nurse   el/la enfermero/a 2

O

offend, to   ofender 2
offer training, to   ofrecer clases de
   formación 4
oil painting   el óleo 5
old age   la vejez 2
older   mayor 1
on condition that   a condición de que 4
order   el orden 1
order, to   mandar 4
orderly   ordenado/a 1
orphanage   el hogar de acogida, el
   orfanato 4
ourselves   nos 2
outdo oneself, to   superarse 6
outline   el esquema 1, 2, 3, 4, 5, 6
outline, to   esbozar 5
outstanding   sobresaliente 6
overpopulated   superpoblado/a 4
owner   el/la dueño/a 1; el/la
   propietario/a 3

P

pack   la manada 4
pain   el dolor 2
painful   doloroso/a 2

painter   el/la pintor/a 5
painting   el cuadro 5; la pintura 5
pantyhose   las pantimedias 2
parking lot   el estacionamiento 1
pass away, to   morir (ue, u) 2
patient   el/la paciente 2
peek into, to   asomarse a 5
pencil   el lápiz 1
people   la gente, las personas 4
perhaps   acaso 4; quizá(s) 5; tal vez 5; a
   lo mejor 5
permit, to   permitir 4
perserverance   la perseverancia 5
person   la persona 1
person from Zaragoza   el/la
   zaragozano/a 4
personnel   el personal 6
pet   la mascota 2, 4
Ph.D.   el doctorado 5
photo(graph)   la foto(grafía) 1
photographer   el/la fotógrafo/a 4
photojournalist   el/la fotoperiodista 4
physical health   la salud física 2
picture   el cuadro 5; la pintura 5
pie   el pastel 2
(piece of) advice   el consejo 3, 5
(piece of) gossip   el chisme 3
pierce one's body/ears, to   perforar(se)
   el cuerpo/las orejas 2
pilot   el/la piloto 1
pitcher   el cántaro 3
plan, to   proyectar 3
plane/train ticket   el billete (de avión/tren)
   (España) 1; el boleto (de avión/tren) 1
plaster, to   tarrajear 1
play (a role), to   desempeñar (un papel) 4
pleasant   placentero/a 4
please (one), to   gustarle (a uno) 4
plumber   el/la plomero/a 1
point out, to   señalar 4
polish (up), to   pulir 3
polite   cortés 4
political (in)stability   la (in)estabilidad
   política 4
pollution   la contaminación 4
population   la población 4
portrait   el retrato 5
position   el cargo 4; el puesto 1, 3
practice (a profession) (as), to   ejercer
   (de) 2
praise   el cumplido, el elogio, el halago 2
praise, to   elogiar 2; halagar 2
predict, to   predecir (i, i) 5
prejudice   el prejuicio 3
premises   el local 4
prepare, to   preparar 2
prescribe, to   recetar 2
present (-day)   actual 6
press release   el comunicado de prensa 4

press, to apretar (ie) 4
previously anteriormente 3
price quote la cotización 3
printed impreso/a 3
printer la impresora 3
probe la sonda 2
(professional) career la carrera (profesional) 1, 2, 3, 4, 5, 6
professor el/la profesor/a 1
profile el perfil 1, 3, 4
profits las ganancias 3
prohibit, to prohibir 4
project, to proyectar 3
promote, to fomentar 3, 4; promocionar 5
proposal la propuesta 5
propose, to proponer 4
proverb el refrán 6
provide, to proporcionar 4; proveer (de) 4
provided that con tal de que 4; a condición de que 4; con tal de que 4
pull an all-nighter, to trasnochar 6
purchase order el pedido 3
push-ups las flexiones 3
put on a costume, to disfrazarse 4
put on makeup, to maquillarse 2
put together, to armar 6

Q

quality la calidad 1; la cualidad 4

R

rails los rieles 5
raise awareness, to concienciar 4
random el aleatorio/a 2, 4
range el registro 5
rate la tasa 1
ready (to) dispuesto/a (a) 4
ready, to get arreglarse 2
reason la razón 4
rebel el/la rebelde 1
recommend, to recomendar (ie) 4
recover, to recuperar(se) 6
recycle (aluminum, plastic, glass), to reciclar (aluminio, plástico, vidrio) 4
reduce, to reducir 4
refugee el/la refugiado/a 1, 4
register/sign up (for), to inscribir(se) (en) 6; matricular(se) (en) 6
regret, to lamentar 4; sentir (ie, i) 4
rehearse, to ensayar 5
reimburse, to reembolsar 6
reject, to rechazar 4
relax, to relajarse 1
reliable fiable 6
remains los restos 4

remove one's body hair, to depilarse (una mujer) 2
reports on current events los reportajes de actualidad 1
reprimand, to reprender 4
request la petición 3
request for asylum la petición de asilo 4
research la investigación 1
resemble, to asemejarse 1; parecerse 4
resource el recurso 1, 2, 3, 4, 6
retire, to jubilarse 6
retrieve, to recuperar 6
revive, to resucitar 4
risk el riesgo 1, 2, 3, 4, 5
rock climbing la escalada en roca 4
roomy amplio/a 1
rum el ron 6
run out of, to acabar 3
(running) track la pista de atletismo 4

S

safety la seguridad 1
sailboat el velero 1
sales las ventas 3
salt la sal 1
satisfy, to satisfacer 1
save (money), to ahorrar 3
saw la sierra 3
say, to decir (i, i) 2
saying el refrán 6
(school) principal el/la director/a (de la escuela) 6
scold, to reñir (i, i) 4
scrape by, to malvivir 4
screen la pantalla 5
scroll, to desplazar 6
scuba dive, to bucear 1, 6
season la temporada 1
sedentary sedentario/a 3
see, to ver 4
seem, to parecer 2
self-esteem la autoestima 6
send (a text message), to mandar (un mensaje de texto) 2; enviar (un mensaje de texto) 2
senior citizens las personas mayores 4
sensitive sensible 5
serve, to servir (i, i) 2
service learning el aprendizaje a través de servicio 4
set apart, to destacarse 3
(sexual) harrassment el acoso (sexual) 6
shake el batido 2
shave, to afeitarse (un hombre) 2
show, to mostrar (ue) 2
sick enfermo/a 2
significant significativo/a 2
sincerity la sinceridad 2

sink faucet el grifo del lavabo 5
sink, to hundir 1
sister la hermana 1
sit-ups los abdominales 3
size el tamaño 1
sketch, to esbozar 5
sleep el sueño 2
slide la diapositiva 3
slip one's mind, to olvidar 3
slogan el lema 4
small open air café el aguaducho 3
smaller menor 1
so that a fin de que 4; de manera que 4; de modo que 4; para que 4
sob el sollozo 4
social media los medios sociales 3
social services los servicios sociales 4
(social) network la red (social) 3
source la fuente 1, 2, 5, 6
spacious amplio/a 1
sparkle la efervescencia 5
specialize (in), to especializarse (en) 3
speculation la conjetura 5
speech el discurso 1
sphere la esfera 5
spill, to caer 3
spoken discourse el discurso hablado 4
sponsor, to patrocinar 4
staff el personal 6
stand out, to destacarse 1; sobresalir 6
stand up, to incorporarse 4
stare, to clavar los ojos 4
stay away from, to alejarse 5
stay up all night, to trasnochar 6
stay, to quedarse 1
street art el arte callejero 5
strep throat la faringitis estreptocócica 2
stress el estrés 2
strive to (+ INF), to esforzarse (ue) por (+ INF) 2; procurar 3
student el/la estudiante 1
success el éxito 6
suggest, to sugerir (ie, i) 4
suitable apto/a 1
sun el sol 1
supply (with), to proveer (de) 4
support (a cause), to apoyar 4
supportive solidario/a 4
suppose, to suponer 1
surface la superficie 2
surgeon el/la cirujano/a 2
surprising sorprendente 3
survive, to sobrevivir 2
sustainability la sostenibilidad 1
swing el "suin" 5
symposium el simposio 3
synergies las sinergias 3

T

tab la pestaña 6
tag la etiqueta **3**
tag, to etiquetar **3**
tailor (shop) la sastrería 1
take advantage of, to aprovechar **1**
take away, to quitar 2
take personally, to sentirse (ie, i) aludido/a 5
talk la ponencia 4
tapping el repiqueteo 1
tarp la lona 3
tasty sabroso/a 1
tattoo el tatuaje **2**
tattoo, to get (a) tatuar(se) **2**
teach, to enseñar 6
tear, to romper 3
technology la tecnología **3**
television station la cadena de televisión 1
tell, to decir (i, i) 4
text message el mensaje de texto **2**, 3
The Little Mermaid La Sirenita 5
The Ugly Duckling El Patito Feo 5
themselves se 2
therapy la terapia **2**
there is/are hay 4
think, to pensar (ie) 4
thought el pensamiento **2**
tidy ordenado/a **1**
tireless infatigable **4**
to her le 3
to him le 3
to it le 3
to me me 3
to them les 3
to you (for.) le 3
to you all (for.) les 3
to you (familiar) te 3
to you all (fam.; Spain) os 3
toast el brindis 2
toast, to brindar por **2**
tool la herramienta 1, 3, 4
tour la gira 1
tourism el turismo 1
tourist el/la turista **1**
train, to entrenar 3

trainer el/la entrenador/a **6**
training la capacitación 3
tranquil tranquilo/a **1**
trapped atrapado/a 2
traumatic traumático/a **2**
travel, to viajar **1**
trip el viaje **1**
truce la tregua 4
trust la confianza 3
trust (in), to confiar (en) **3**
trustworthy fiable 3
t-shirt la camiseta 5
tuition la matrícula **6**
tutor, to dar(le) clases particulares (a) **4**

U

undertake, to emprender **5**
unexpected inesperado/a **2**
unforgettable inolvidable 3
United Nations (UN) la Organización de las Naciones Unidas (ONU) **4**
unless a menos que 4
unnoticed desapercibido/a 5
untidy desordenado/a **1**
until hasta que 4
upcoming venidero/a 1
update la actualización 3
update, to actualizar **3**
upset perturbado/a 4
upset, to dar pena 2
utensils los cubiertos 1
utility el servicio público 1

V

validate, to convalidar **1**
value, to apreciar **3**
victim la víctima 1
volunteer, to hacer (un) trabajo/servicio voluntario **4**
vulnerable vulnerable **4**

W

want, to desear 4; querer (ie) 4
war la guerra 4

warm cálido/a 1, 4
warn, to advertir (ie, i) 4
wastewater las aguas residuales 2
wax, to depilarse (una mujer) 2
weak flojo/a 3
wear a costume, to disfrazarse 4
welcoming acogedor/a **1**, 3
well el pozo de agua 4
What a coincidence! ¡Qué casualidad! 1
What a shame...! ¡Qué lástima...! 4
What's up? ¿Qué onda? (México) 1, 5
when cuando 1, 2, 3, 4, 5, 6
where donde 4
wherever donde 4
while mientras (que) 4
wholesome sano/a 1, **2**
width la anchura 1; el ancho 2
willing dispuesto/a (a) **3**
wit la agudeza 1
without sin que 4
woman la mujer 1
work world, the el mundo laboral 6
World Heritage Site el Patrimonio de la Humanidad **1**
worry (one), to preocuparle (a uno) 4
worse peor 1
wounded herido/a **2**
wrestler el/la luchador/a 4
wrestling la lucha libre 4
write, to escribir 2

X

x-ray la radiografía **2**

Y

yacht el yate 1
yam la batata 2
younger menor 1
yourself (fam.) te 2
yourself (for.) se 2
yourselves (fam., Spain) os 2
yourselves (for.) se 2

Credits

Text Credits

Chapter 1

p. 36: Excerpt from pp. 22-6 [1150 words] from *Guerra en la Penumbra* by Daniel Alarcón. Copyright © 2005 por Daniel Alarcón. Tradución © 2005 por Julio Paredes Castro. Reprinted by permission of HarperCollins Publishers.

Chapter 2

p. 82: Excerpt from "Unos cuerpos son como flores" by Luís Cernuda from *Los Placeres Prohibidos.* Copyright © Herederos de Luis Cernuda. Used with permission of the author's estate. **p. 83:** "Isabel" by Sylvia Solé from *Diacronía del Miedo.* Prensas Universitarias de Zaragoza, 2007. Used by permission of Prensas Universitarias de Zaragoza.

Chapter 3

p. 129: "Escándalo" by Rafael Cardenas Crespo and Ruben Fuentes Gasson. Copyright © 1961 by Promotora Hispano Americana de Musica, S. A. Administered by Peer International Corporation. Copyright Renewed. Used by permission of Peer International Corporation.

Chapter 4

p. 157: "La fotografía puede ayudar a cambiar el mundo" by Paula Figols from www.heraldo.es/noticias/sociedad/2012/03/18/fotografia_puede_ayudar_cambiar_mundo_180415_310.html, 18 March 2012. Used by permission of Grupo Heraldo. **p. 174:** "El fotógrafo de la muerte (fragmentos)" by Mario Bencastro from *Arbol de la Vida:*

Historias de la Guerra Civil by Mario Bencastro. Copyright © 1997 by Arte Público Press-University of Houston. Used by permission of Arte Público Press.

Chapter 5

p. 190: Alejandro Dolina, *Crónicas del Ángel Gris.* © Ediciones Colihue SRL, 1996. **p. 205:** "La emisión de luz creativa" and two photos by Luis Bagatolli, from a personal communication with the author, Annie Abbott. Used by permission of Luis Bagatolli. **p. 217:** "El programa," startupchile.org.

Chapter 6

p. 266: "Los paraísos más económicos del Caribe…" by Ernesto Cardenal from *Poesía Completa,* Vol. 3. La Editorial de la Universidad Veracruzana, 2008. Used by permission of Ernesto Cardenal.

Photo Credits

Chapter 1

p. 1: Mariusz Prusaczyk/Fotolia; **p. 5:** michaeljung/Fotolia; **p. 6 (l):** Mapics/Fotolia; **(r):** ferretcloud/Fotolia; **p. 7:** Bryan Busovicki/Fotolia; **p. 11 (t):** Stocksnapper/Fotolia; **(c):** Enrique Izquierdo/Shutterstock; **(b):** Rudy Balasko/Shutterstock; **p. 13 (tl):** Tifonimages/Shutterstock; **(tr):** Tifonimages/Shutterstock; **(bl):** LanKS/Shutterstock; **(br):** Kerstin Schoene/Shutterstock; **p. 14 (tl):** AlexandreNunes/Shutterstock; **(tc):** Sergey Nivens/Shutterstock; **(tc):** Nejron Photo/Shutterstock; **(tr):** Memo Angeles/Shutterstock; **(bl):** Nikola Bilic/Shutterstock;

(bc): Stocksnapper/Shutterstock; **(bc):** Ariwasabi/Shutterstock; **(br):** David Stuart Productions/Shutterstock; **p. 18:** berc/Fotolia; **p. 20:** Toniflap/Fotolia; **p. 21:** vision images/Fotolia; **p. 22:** (c) Pearson Education; **p. 24:** Agence Der/Fotolia; **p. 28:** Maridav/Shutterstock; **p. 29 (t):** holbox/Shutterstock; **(b):** Rich Carey/Shutterstock; **p. 31 (t):** J.T. Lewis/Shutterstock; **(b):** Renata Sedmakova/Shutterstock; **p. 32:** Vadim Petrakov/Shutterstock; **p. 33 (t):** Markus Sevcik/Shutterstock; **(c):** Luiz Rocha/Shutterstock; **(b):** sunsinger/Shutterstock; **p. 34:** Gail Johnson/Fotolia; **p. 38:** mdmfotos/Fotolia; **p. 39:** Freesurf/Fotolia; **p. 46:** Rgbspace/Fotolia.

Chapter 2

p. 49: Bst2012/Fotolia; **p. 50:** bst2012/Fotolia; **p. 52:** Fotomicar/Fotolia; **p. 53 (t):** kenzo/Fotolia; **(c):** Carolina K Smith MD/Fotolia; **(b):** Franck Boston/Fotolia; **p. 56:** Monkey Business/Fotolia; **p. 57:** draxo12/Fotolia; **p. 58 (l):** Andres Rodriguez/Fotolia; **(r):** Valua Vitaly/Fotolia; **p. 59 (l):** Petro Feketa/Fotolia; **(r):** Petro Feketa/Fotolia; **p. 60 (tl):** shooterg03/Fotolia; **(tc):** Igor Mojzes/Fotolia; **(tc):** AlonaPhoto/Shutterstock; **(tr):** Arena Creative/Shutterstock; **(bl):** Tyler Olson/Fotolia; **(bc):** nyul/Fotolia; **(bc):** bonninturina/Fotolia; **(br):** Viktor Pravdica/Fotolia; **p. 61 (tl):** Langstrup/Shutterstock; **(tr):** Nejron Photo/Fotolia; **(cl):** paultarasenko/Fotolia; **(cr):** Africa Studio/Fotolia; **(bl):** GWImages/Shutterstock; **(br):** GWImages/Shutterstock; **p. 64:** Andres Rodriguez/Fotolia; **p. 66:** laviejasirena/Fotolia; **p. 67:** Lotharingia/Fotolia; **p. 68:** (c) Pearson Education; **p. 70:** Tyler Olson/Fotolia; **p. 71:** Adam

Gregor/Fotolia; **p. 75:** Tyler Olson/ Fotolia; **p. 76:** Gelpi/Fotolia; **p. 79:** Robert Kneschke/Fotolia; **p. 80:** ep stock/Fotolia; **p. 81 (l):** Eric Crama/ Shutterstock; **(c):** Stephane Benito/ Fotolia; **(c):** full image/Fotolia; **(r):** bourbon numérik/Fotolia; **p. 84:** ALCE/Fotolia; **p. 85:** Tupungato/ Fotolia; **p. 87:** catcha/Fotolia; **p. 89:** FXEGS Javier Espuny/Shutterstock; **p. 92:** Dasha Petrenko/Shutterstock; **p. 93:** Andres Rodriguez/Fotolia.

Chapter 3

p. 95: mangostock/Fotolia; **p. 96 (l):** pressmaster/Fotolia; **(c):** littleny/ Fotolia; **(r):** andreshka/Fotolia; **p. 99 (t):** michaeljung/Fotolia; **(c):** WavebreakmediaMicro/Fotolia; **(b):** berc/Fotolia; **p. 102:** bst2012/ Fotolia; **p. 103:** ViewApart/Fotolia LLC; **p. 105:** diego cervo/Fotolia; **p. 107:** Monkey Business/Fotolia; **p. 109:** Lvnel/Fotolia; **p. 114:** Roland Spiegler/Fotolia; **p. 115:** gaelj/Fotolia; **p. 116:** (c) Pearson Education; **p. 119 (t):** serge_nouchi/ Fotolia; **(c):** bst2012/Fotolia; **(b):** michaeljung/Fotolia; **p. 121:** Rido/ Fotolia; **p. 130:** federico igea/ Fotolia; **p. 131:** Halfpoint/Fotolia; **p. 139:** Andres Rodriguez/Fotolia.

Chapter 4

p. 141: WavebreakmediaMicro/ Fotolia; **p. 142 (l):** Kurhan/

Fotolia; **(c):** dundanim/Fotolia; **(r):** Andres Rodriguez/Fotolia; **p. 145:** Pictorial Press Ltd/Alamy; **p. 146 (t):** gosphotodesign/ Fotolia; **(c):** Kzenon/Fotolia; **(b):** Khakimullin Aleksandr/Shutterstock; **p. 150 (t):** arekmalang/Fotolia; **(c):** George Wada/Fotolia; **(b):** Robert Kneschke/Fotolia; **p. 153:** Andres Rodriguez/Fotolia; **p. 154:** fmarsicano/Fotolia; **p. 155 (t):** Rob/Fotolia; **(c):** GCRO Images/ Fotolia; **(b):** Andy Dean/Fotolia; **p. 157:** hiroshiteshigawara/Fotolia; **p. 160:** Carlos Fuentes/Shutterstock; **p. 161:** csp/Shutterstock; **p. 162:** (c) Pearson Education; **p. 164 (t):** Europa Newswire/Alamy; **(b):** epa european pressphoto agency b.v./ Alamy; **p. 165 (t):** bst2012/Fotolia; **(c):** gnohz/Fotolia; **(b):** Andres Rodriguez/Fotolia; **p. 168:** Carolyn Kaster/AP Photo; **p. 173 (l):** MARKA/ Alamy; **(cl):** Everett Collection Inc/ Alamy; **(c):** Mark Obstfeld/UPPA/ Photoshot/Newscom; **(cr):** Julio Etchart/Alamy; **(r):** Beth Dixson/ Alamy; **p. 178:** Michele Perbellini/ Shutterstock; **p. 179:** Goodluz/ Shutterstock; **p. 187:** Paul Moore/ Fotolia.

Chapter 5

p. 189: Lilya/Fotolia; **p. 190:** JR Photography/Fotolia; **p. 193:** gioppi/Fotolia; **p. 197:** Africa Studio/Fotolia; **p. 198:** Sergey

Mostovoy/Fotolia; **p. 202:** Jose Ignacio Soto/Fotolia; **p. 203:** KaYann/Fotolia; **p. 205:** Luis Bagatolli; **p. 207:** Amathieu/Fotolia; **p. 208:** reflektastudios/Fotolia; **p. 209:** josofitrips/Fotolia; **p. 210:** (c) Pearson Education; **p. 212:** bst2012/Fotolia; **p. 216:** goodluz/ Fotolia; **p. 217:** ollyia/Fotolia; **p. 218:** Andrey Kiselev/Fotolia; **p. 220:** nyul/Fotolia; **p. 224:** jkraft5/Fotolia; **p. 225:** Mariusz Prusaczyk/Fotolia; **p. 226:** Nikola Bilic/Fotolia; **p. 228:** Ann Abbott.

Chapter 6

p. 235: Rido/Fotolia; **p. 236:** contrastwerkstatt/Fotolia; **p. 239 (t):** implementarfilms/Fotolia; **(b):** Andres Rodriguez/Fotolia; **p. 244 (t):** stefano salemi/Fotolia; **(b):** lornet/Fotolia; **p. 247:** Robert Wilson/Fotolia; **p. 250 (l):** evarin20/ Fotolia; **(r):** evarin20/Fotolia; **(b):** Kantver/Fotolia; **p. 254:** (c) Pearson Education; **p. 256 (t):** micromonkey/ Fotolia; **(c):** Roland Spiegler/ Fotolia; **(b):** Don Perucho/Fotolia; **p. 260:** HaywireMedia/Fotolia; **p. 263:** Alexander/Fotolia; **p. 264:** merydolla/Fotolia; **p. 265:** Jose Antonio Lavado/Fotolia; **p. 268:** Paco Ayala/Fotolia; **p. 269:** binax/ Fotolia; **p. 271:** Paco Ayala/Fotolia.

Index